Erich Kasberger
Heldinnen waren wir keine

SERIE
PIPER

Zu diesem Buch

Was bestimmte den Alltag der Frauen im Dritten Reich? Gerade zu Beginn der NS-Zeit kümmerten sich viele vor allem um ihre Familien, ihre Gedanken kreisten um den bescheidenen Wohlstand und die ersten Reisen, die nach den Wirtschaftskrisen der 1920er Jahre wieder möglich waren. Ihre innere Einstellung schwankte zwischen Faszination und Hoffnung einerseits, Mißtrauen und Ablehnung gegenüber dem Regime andererseits. Doch schon bald verlor dieser Alltag seine vermeintliche Normalität: Die nationalsozialistische Ideologie prägte das Leben bis in den privaten Bereich hinein, Zwangsarbeiterinnen wurden ausgebeutet, zahlreiche Widerstandskämpferinnen und »nichtarische« Frauen entrechtet und ermordet. Das Leben im Krieg schließlich war von Hunger, Leid und Tod gezeichnet. Die persönlichen Erfahrungsberichte und zahlreichen Dokumente machen dieses Buch zu einem ergreifenden Zeugnis und ergänzen das Bild von der NS-Zeit, das wir aus den Geschichtsbüchern kennen.

Erich Kasberger, geboren 1946, studierte Germanistik und Geschichte in München, Regensburg und London. Nach einer Gastdozentur in Finnland kehrte er 1975 nach München zurück und arbeitet seitdem als Lehrer. Die NS-Zeit bildet einen der Forschungsschwerpunkte des Autors. Er schrieb außerdem die sehr erfolgreiche TV-Serie »Löwengrube. Die Familie Grandauer von 1933 bis 1941«.

Erich Kasberger
Heldinnen waren wir keine

Frauenalltag in der NS-Zeit

Mit 40 Abbildungen

Piper München Zürich

Ungekürzte Taschenbuchausgabe
Piper Verlag GmbH, München
März 2001
© 1995 Kabel Verlag GmbH, München
Umschlag: Büro Hamburg
Stefanie Oberbeck, Katrin Hoffmann
Foto Umschlagvorderseite: Ullstein Bilderdienst
Foto Umschlagrückseite: Porträt-Studio Meinen, München
Satz: KCS GmbH, Buchholz / Hamburg
Druck und Bindung: Clausen & Bosse, Leck
Printed in Germany   ISBN 3-492-23255-8

Inhalt

Vorbemerkung

Was bestimmte den Frauenalltag in der NS-Zeit? Welchen Problemen und Schwierigkeiten sahen sich Frauen in diesen Jahren gegenüber, wie erlebten sie die Bedrückungen oder Angebote des Regimes, wie erlitten sie Krieg, Hunger, Angst und vielfachen Tod? Welche Form der Privatheit und des Rückzugs gab es, vielleicht sogar des kleinen Glücks?

Es war den Nationalsozialisten keineswegs gelungen, zugleich mit dem Staatsstreich von 1933 auch die soziale Not zu beseitigen. Aber sie verstanden es vorzüglich, wieder den Glauben an die Zukunft zu wecken. Die Zeit war nicht vergessen, als sich nach der verheerenden Wirtschaftskrise von 1929 immer mehr Menschen in die Warteschlangen vor den Arbeitsämtern einreihen mußten. Nahezu sechs Millionen Arbeitslose hatten damals vergeblich auf eine Stelle gehofft – ein Fünftel davon Frauen. In allen Lebensbereichen waren Verunsicherung, Lähmung und soziale Not zu spüren gewesen, Neuanschaffungen hatte man auf den Sanktnimmerleinstag verschoben.

Kein Wunder, daß sich viele Hoffnungen auf einen Neuanfang an den Nationalsozialismus knüpften. An oberster Stelle stand der Wunsch nach einer festen Arbeit und einem gesicherten Einkommen. Da es aber nicht genügend bezahlte Arbeit zu verteilen gab, wurden zum einen für Männer und Frauen zusätzliche Arbeitsdienste eingerichtet. Zugleich sollten die Frauen möglichst aus dem Berufsleben herausgehalten werden: Mutterschaft, Herd und Familie entsprächen der »natürlichen Wesensbestimmung« und dem »natürlichen Glück des Weibes«, hieß es in der Sprache der Propaganda.

Dahinter wird, gleichsam wie ein Krebsgeschwür, ein ideologisches und strukturelles Konzept der NS-Politik sichtbar, die Verschmelzung der öffentlichen und privaten Sphäre: »Indem der NS-Staat den herkömmlichen Begriff von Politik aufhob und die deutsche Frau unter den der personalen Verantwortung enthobenen, irrationalen und mythischen Begriff der ›Hüterin der arischen Rasse‹ subsumierte, hat er sowohl ideologisch als auch real die Grenzen zwischen ihren öffentlichen und ihren privaten Tätigkeiten unkenntlich gemacht«, schreibt die Historikerin Annette Kuhn.[1]

Die Folgen dieser Grenzüberschreitung waren weitreichend. Für Frauen, die dem Staat ideelle und materielle Unterstützung gewährten, war es nur ein Schritt von der Mitläuferin zur Mittäterin. Andererseits waren Frauen auch bei politischer Abstinenz vor Zugriffen des Staates nicht geschützt. Spürt man diesen Grenzbereichen nach, entdeckt man, wie leicht das Leben in der NS-Zeit seine Normalität verlor. Selbst privateste Bereiche wie Partnerschaft, Liebe, Schwangerschaft erfuhren eine Umwertung. Die Machthaber gefährdeten aus rassischen und politischen Gründen das Liebesglück zahlloser Paare.

Es sind vor allem die Schicksale der von der »Volksgemeinschaft« Ausgegrenzten, die den Nationalsozialismus als Unrechtsstaat entlarven: »Nichtarischen« Frauen drohte die Zwangssterilisation, Zwangsarbeiterinnen wurden bis zum Äußersten ausgebeutet, Widerstandskämpferinnen erwartete die Todesstrafe, Jüdinnen durchlitten den Weg der Entrechtung bis hin zur Deportation. Dabei entwickelten die Frauen besondere Strategien des Überlebens oder eigene Formen der Resistenz. Jedes Schicksal, das stellvertretend für andere aus der Anonymität ans Licht gehoben werden kann, bedeutet einen Schritt gegen das Vergessen.

Doch es gab nicht nur diese Seite. Viele Frauen erlebten zeitweise auch einen Alltag ohne Nationalsozialismus. Als Nutznießer scheinbarer Stabilität und Ordnung schufen sie sich in den Familien einen bescheidenen Wohlstand, genossen die heitere Traumwelt der Kinos oder erlaubten sich erste Urlaube. Die ideologischen Zielsetzungen hinter wohlfahrtsstaatlichen Einrichtungen wie Mütterdiensten oder Straßensammlungen für »Mutter und Kind« nahmen sie vielfach nicht zur Kenntnis, ihnen behagten die Hilfeleistungen und das besondere Ansehen als »deutsche Mutter«. Vor allem spürten sie Erleichterung nach den Jahren der Arbeitslosigkeit und des Hungers während der Weimarer Republik. Erst nach Kriegsbeginn, als die Bomben

Politik als Schauereignis. Die Münchner warten vor dem Karlstor auf den Staatsbesuch Mussolinis, 1938 (Foto: Heinrich Hoffmann)

fielen, begannen sie unter den Folgen der verantwortungslosen und menschenverachtenden Politik zu leiden.

Zu den Zeichen dieser Zeit, die das Frauenleben in besonderer Weise prägten, zählten die Todesboten. Von Beginn des »Dritten Reiches« an waren sie allgegenwärtig in den Gefängnissen und Konzentrationslagern. Nach Kriegsbeginn zogen sich im *Völkischen Beobachter* die Todesanzeigen für die Gefallenen über lange Spalten hin. Nur als Opfer für den Staat, in der Mystifizierung des Todes erhielt das Sterben des Ehemannes oder des Sohnes vermeintlich noch Sinn. Der Tod besetzte die Gedanken- und Gefühlswelt der Frauen – wußten sie denn, ob der Gatte, der Freund, der Bruder wieder gesund aus dem Kriege heimkehren würde?

Als der Krieg zu Ende ging, hofften die Frauen nur auf eines: »Durchhalten und überleben. Denn nach dem Ende, das ja einmal kommen mußte, mußte es ja irgendwie weitergehen«, schreibt eine Zeitzeugin. Doch das Leben in den Trümmern, Mangel und Hunger dauerten noch Jahre fort.

Anhand persönlicher Erzählungen und Erfahrungsberichte ein vielfältiges Spektrum des Frauenalltags dieser Zeit zu zeigen, gehört zur Absicht dieses Buches; es ist weniger Sinn und Aufgabe, all den schwierigen Fragen akribisch nachzugehen, die in der wissenschaftlichen Frauenforschung diskutiert werden. Die subjektive Sicht der Zeitzeuginnen ermöglicht atmosphärische Einblicke, gefühlsbetonte Erlebniswelten stehen neben ernüchternder Realität. Manches erscheint im Rückblick in einem gemilderten Licht, anderes gewinnt durch die Reflexion an Klarheit und Schärfe. Aber jede Äußerung erhält im Kontext der Zeit eigene politische Brisanz.

Wünsche und Hoffnungen – aus den Krisen ins kleine Glück

Er war mehr als ein Modegag, er war eine Revolution: der Bubikopf. Frauen, die in den zwanziger Jahren mit der Zeit gehen wollten, befreiten sich von ihrer Lockenpracht.[1] Was ein Teil der irritierten Männerwelt als Verlust der Weiblichkeit beklagte, war Sinnbild einer neuen Lebensauffassung: Selbstbewußte Frauen verfügten über Sex-Appeal, schnitten Zöpfe und Röcke ab; sie zeigten Stirn und tanzten frisch und ungeniert Swing oder Charleston. Vor allem in den Großstädten gehörte die moderne »neue Frau« zum Straßenbild.

Diese Mode wurde nicht nur zur Schau getragen, sie zeigte zugleich einen sozialen Wandel an. Frauen begannen, herkömmliche Erwartungen in Frage zu stellen und neue Lebensformen auszuprobieren: »Meine frühere Begeisterung für Heirat und Kinderkriegen ist heute einem großen Vorurteil gegen die Ehe gewichen«, schreibt 1932 eine Sekretärin aus München. »Ich ziehe es vor, allein zu bleiben, mir eine Stellung zu sichern, die mich befriedigt und es mir ermöglicht, allein und unabhängig zu sein. Als Junggesellin brauche ich keine Rücksicht auf einen Mann zu nehmen, kann in meiner freien Zeit tun, was ich will und kann mir die Leute, mit denen ich mich verstehe, aussuchen.«[2]

War es nicht längst an der Zeit, daß die Frauen einforderten, was ihnen die Weimarer Verfassung zumindest auf dem Papier garantierte – die Gleichberechtigung von Mann und Frau? Gab es nicht auch andere Lebensformen als Ehe und Kinder? Gehörten nicht Sexualität und Schwangerschaft zu den intimsten Bereichen weiblicher Selbstbestimmung? Warum sollten nicht auch Frauen studieren? Noch wagten es nur wenige, diesen Schritt in die Selbständigkeit zu tun, erschwerten doch die sozialen Probleme nach der verheerenden Wirtschaftskrise von 1929 die notwendige finanzielle Absicherung. Und für politisch engagierte Frauen war es schwieriger geworden, ihren Anliegen öffentlich Gehör zu verschaffen, hatte sich doch die Zahl der weiblichen Reichstagsabgeordneten in den Jahren der Republik von ursprünglich 41 auf nahezu die Hälfte reduziert.

Vorkämpferinnen der konservativen Revolution

Die neuen Gedanken- und Lebenswelten emanzipierter Frauen provozierten allerdings auch laute Gegenstimmen. In vielen Männerköpfen geisterte weiterhin die Vorstellung, Frauen seien für ein Studium oder einen akademischen Beruf schlicht nicht intelligent genug, zum Beispiel als Juristinnen. Bereits 1920 hatte es in einer Eingabe des preußischen Landtags geheißen: »Durch die Zulassung der Frauen zu diesen Ämtern sei eine Verschlechterung unserer Rechtsprechung zu befürchten, da Frauen sich zur Ausübung richterlicher, auf logischer Denkarbeit begründeter Funktionen, nicht eignen. Ein Mann, der sich dem Schutze und der öffentlichen Urteilssprechung und Strafvollstreckung des Weibes unterwerfe, habe aufgehört, den Namen ›Mann‹ zu verdienen.«[3]

Eine radikal-konservative Frauenbewegung lief seit Mitte der zwanziger Jahre gegen den vermeintlichen Verfall der Sitten Sturm. So rief beispielsweise der »Deutsche Frauen-Kampfbund« in zahlreichen Flugblättern zur »Bekämpfung der Entartung der Frauenwelt und zur Aufrichtung deutschchristlichen Frauentums« auf. Im Zentrum dieser wertekonservativen und rückwärtsgewandten Idyllen stand die Frau als Mutter, weiblich, aber unerotisch. Die Kampfschriften lesen sich nicht nur wie die Gegenstrophe zum Typus der »neuen Frau« der zwanziger Jahre, sie nehmen vielfach das Frauenbild der NS-Zeit vorweg:

»...so sprechen doch der Geburtenrückgang, das stete Anwachsen der Geschlechtskrankheiten, das Verlorengehen des Schamgefühls im Sport- und Badeleben und in öffentlichen Schaustellungen, die wachsende Zahl schamloser Abbildungen in illustrierten Zeitschriften ... und viele andere Erscheinungen eine furchtbare Sprache ... wie sich da ein Frauentypus breit macht, der undeutsch und unkultiviert ist, und wie unser gesamtes Geschlecht in Mißachtung gerät durch diese seine Vertreterinnen.«[4] Die Abwehrstrategien dieser Hüterinnen deutscher Werte richtete sich gleichermaßen gegen »Vermännlichung in Kleidung und Haartracht« wie gegen »Saxophon und Negertänze«.

Die Angriffe galten auch der »Unkultur im Tanz« und moderner Musik wie dem Jazz, der »ekelerregenden, ohrenzerreißenden Negermusik«: »Das alles ist nicht von ungefähr. Im Gegenteil: es paßt ganz ausgezeichnet zu den kurzen Kleidern mit ihrer möglichsten Entblößung, zu dem Bubikopf und den fleischfarbenen Strümpfen, zu den Zigaretten der ›Damen‹ und den Likören. Die Seele, die sich hier einen Ausdruck sucht und in dieser Musik und in diesem Tanz sich selbst herausgibt, ist eine entartete.«

Konservative Frauenbünde gab es im ganzen Reich; sie waren wie die Nationalsozialisten dem völkisch-nationalen Block zuzurechnen. In Verkennung der drohenden Gefahren von rechts maß das preußische Innenministerium in der Weimarer Republik diesen Frauenvereinigungen keine politische Bedeutung bei, obwohl zum Beispiel allein der »Stahlhelm-Frauenbund« sechzig Ortsgruppen zählte, mit allein 1000 Anhängerinnen in einer Stadt wie Magdeburg. Gleichsam als Motto diente der Spruch: »Mit eisernem Besen / Aus Herzen und Haus / Das undeutsche Wesen / Zum Lande hinaus.«

Das Leitbild der deutschen Frau orientierte sich vor allem an germanischen Frauengestalten, wie sie etwa in den mittelalterlichen Epen Wolfram von Eschenbachs erstehen. Zu den erstrebenswerten Wesenszügen zählen Fraulichkeit und Opferbereitschaft, Treue und Mutterschaft. Die Familie sei ein völkischer Mikrokosmos, schreibt Luise Scheffen-Döring 1931 in ihrem Buch, *Frauen von heute,* »daß wir bewußter noch als frühere Generationen in der Familie sowohl die Menschwerdung schöpferischen Lebens, die Trägerin des Blutes sehen, wie auch die Urform der Gemeinschaft ...«[5] Sie formuliert bereits, was wenige Jahre später nationalsozialistisches Programm wird:

Reinblütige Frauen sollen dem Volke zu Kindern verhelfen, »minderwertiges Leben« hingegen muß unfruchtbar gemacht werden.

Die Verfasserinnen von Frauenbüchern führten dann in der NS-Zeit dieses Frauenbild und das völkisch-rassische Ideengut weiter: Hochgewachsen, blond, blauäugig, nordisch und stolz, mütterlich und bescheiden sollte die Frau sein, deren vornehmste Aufgabe das Gebären war. Alles andere attackierten sie als »fortpflanzungsfeindlich und daher volkszerstörend«.

Die Vorstellung von Frau und Kind, von Wesensbestimmung und Aussehen, wurde in einfache Bilder und Formeln gefaßt. Dies erlaubte es im Prinzip allen Frauen, sich mit der neuen Volksgemeinschaft zu identifizieren. Sie enthielt die Idee einer die Zeit und die Gesellschaft umfassenden Einheit: Das nordisch-germanische Element beispielsweise verknüpfte Geschichte und Gegenwart. Die Gleichschaltung aller Frauenvereine unter dem Dach des »Deutschen Frauenwerks«, die Erfassung aller Mädchen und Frauen in den nationalsozialistischen Organisationen erweckte den Eindruck einer klassenlosen Gesellschaft. Einheit bedeutete zugleich Vereinheitlichung. Am augenfälligsten wird dies an der Uniformierung beispielsweise im BdM, im »Bund deutscher Mädel«.

»Seitdem herrschen wieder Schneckenfrisur und Flanellbluse ...«

Auch die Mode sollte dem Typus der neuen Weiblichkeit gerecht werden: Eine Frau kleidete sich zum Beispiel richtig mit dreiviertellangem Rock und sportlicher Flanellbluse oder einem schlichten Kleid aus Kunstfaser mit aufgenähten geklöppelten Blüten am Kragen und mit silbernen Knöpfen. Hosen waren natürlich verpönt, denn das weibliche Erscheinungsbild sollte sich deutlich vom männlichen absetzen. Wenn es die finanziellen Mittel nicht anders erlaubten, schneiderten sich die Frauen ihre Kleider selbst. Wer es sich leisten konnte, kaufte im Kaufhaus oder bestellte über Versandgeschäfte.

Gefragt war vor allem Volkstümlichkeit: Trachtenkleidung

Selbstgeschneidertes – die »neue Frau« aus der Perspektive des Parteiblatts NS Frauenwarte, *1939*

drückte Verbundenheit mit deutschem Volk und deutschem Boden aus, gedacht vornehmlich für die Normalverbraucherinnen. Hinter frechen, gar erotisierenden Kleiderschnitten argwöhnte man gleich ein Zuviel an Selbstbewußtsein oder Emanzipation und schalt solche »Auswüchse« als jüdisch.

Dies alles galt nicht für die neue exquisite Mode, die einer privilegierten Schicht, den sogenannten »Hohen Frauen«, »Hüterinnen der Rasse«, vorbehalten war. Modedesigner entwarfen für sie Abend- und Ballkleider, Kostüme für die Jagd oder den Sport und – Brautkleider. Das Brautkleid durfte auf keiner Modenschau fehlen; zur Betonung der nordischen Herkunft führte man sogar die Brautkrone wieder ein, die die Mutter an die Tochter weitergab.[6]

An Gelegenheiten, sich zu präsentieren, fehlte es nicht. So zum Beispiel 1937 in München am »Tag der Deutschen Kunst«: »Die große Terrasse des Hauses der Deutschen Kunst war voll besetzt mit den Würdenträgern des Reiches und ihren Frauen. Schon bei der Auffahrt der Wagen konnten die Münchner ihre neue Aristokratie bestaunen. Ein Auto schöner als das andere und in ihnen saßen die spartanischen Führer des Reichs und winkten leutselig dem jubelnden Volk zu. Man glaubte die Zeit König Ludwigs wieder auferstanden … Die Toiletten, die die Damen an diesem Abend trugen, entlockten den Zuschauern Rufe der Bewunderung. Die Brillanten blitzten, die Kleider leuchteten in allen Farben, frohes Gelächter begleitete das üppige Mahl … Und das Volk stand stumm …«[7] Hier war Repräsentation gefragt, und elegante Damen wurden zu Schaustücken.

Für Frauen aus einfachen Kreisen sollte jedoch gelten, so der exilierte Philosoph und Schriftsteller Ernst Bloch 1937 sarkastisch in einem Aufsatz, »die deutsche Frau schminkt sich nicht, die deutsche Frau denkt nicht«; es herrsche wieder das »Doppelbild aus Schneckenfrisur und Flanellbluse, wenigstens der Norm nach«. Wäre es nach der Propaganda gegangen, hätten sich die deutschen Frauen in Aschenputtel verwandelt: Erwünscht war, die Haare nicht modisch kurz zu schneiden, ungeschminkt durchs Leben zu gehen, nicht zu rauchen oder Alkohol zu trinken. Nur so entfalte sich die »natürliche Schönheit« der Frauen, und nur so erhielten sie ihre Gesundheit, um ihren Mutterpflichten nachkommen zu können.

Natürlich hatten viele Frauen einfach keine Lust, sich an propagandistische Vorgaben zu halten, schließlich setzte für sie 1933 nicht eine neue Zeitrechnung ein. Wenn es die Geldbörse erlaubte, kaufte man sich Kosmetika oder ließ sich eine Dauerwelle legen. »Auch meine Mutter kleidete sich immer modisch«, erinnert sich eine Zeitzeugin. »Sie manikürte sich vor dem Krieg gelegentlich die Fingernägel rot, färbte sich die Augenbrauen und trug Stöckelschuhe. Auch die Frau des Gemeindepfarrers, eine Industriellentochter, war stets geschminkt.«[8]

Selbst Eva Braun, die langjährige Geliebte Adolf Hitlers, wollte nicht auf alle Attribute weiblicher Verschönerungen verzichten. »Sie war ein einfaches Mädchen mit anspruchslosen Träumen und Gedanken, die beherrscht waren von Liebe, Mode, Film und Klatsch, von der beständigen Sorge, verlassen zu werden, sowie von Hitlers egozentrischen Launen und kleinlicher Haustyrannenart«, schreibt der Hitler-Biograph Joachim Fest. »In seinem Reglementierbedürfnis hatte er ihr das Sonnenbaden, Tanzen und Rauchen verboten (›Wenn ich merken würde, daß die Eva raucht, würde ich sofort Schluß machen.‹).«[9] So schminkte sich Eva also, wenn »ihr Führer« nicht zugegen war. Hitler versuchte vergebens, ihr den Lippenstift mit der Bemerkung zu verleiden, er würde »in Paris aus dem Blut der Schlachthäuser und den Abwässern« hergestellt. Auch sonst schien Eva Braun in unbeobachteten Momenten den kleinen Genüssen nicht abhold, trank sie doch gerne Whisky mit Soda, rauchte und frönte mit Vergnügen den verpönten Tänzen der zwanziger Jahre.[10]

In den ersten Jahren der NS-Zeit mußte allerdings ein Großteil der Frauen aus anderen Gründen auf Kosmetika, schöne Kleider oder feine Schuhe verzichten. Es fehlte einfach das Geld: »Die Wohnungsmiete betrug bei uns monatlich 24 Mark. Die Wohlfahrtsunterstützung für die ganze Familie 89 Mark monatlich, der Wohngeldzuschuß 10 Mark. Eine vierköpfige Familie mußte also mit 75 Mark im Monat auskommen, wovon Essen, Kleidung, Schuhe, Heizung, Licht, – alles zu bestreiten war«, erinnert sich eine Arbeiterfrau.[11]

Durchgelaufene Schuhe ließ man beim Flickschuster richten, Kleider mußten geflickt und Strümpfe gestopft werden. »Wir waren gezwungen, unsere Kleidung zu schonen«, schreibt die Münchnerin Hannelore Fiedler, »denn pflegeleichte Gewebe wurden erst viele Jahre später gebräuchlich. Allein das Strümpfestopfen kostete so manchen Samstagnachmittag.« Was zuhause befolgt wurde, galt erst recht im Büro. Eine Schreibkraft trug selbstverständlich Ärmelschoner, um sich vor Tintenflecken zu schützen und die Ellbogen nicht durchzuscheuern.

Immer mehr Kleider waren aus billigen Spinnstoffen und Zellfasern hergestellt, die man eigens entwickelt hatte, um nicht auf ausländische Rohstoffe angewiesen zu sein, wollte man doch im Kriegsfalle autark bleiben. Später galt die besondere Aufmerksamkeit der Verwendung von Alt- oder Ersatzmaterialien. 1936 machte Propagandaminister Goebbels in einer Rede darauf aufmerksam, daß die Frauen bei privaten Bedarfsartikeln alle persönlichen Ansprüche zurückstellen sollten, da der vom »Führer« verkündete Vierjahresplan verwirklicht werden müsse.

Deshalb sollte zum Beispiel auch die Lederwarenindustrie möglichst auf einheimische Ersatzmaterialien zurückgreifen: »Es ist Aufgabe des Fabrikanten, für seine Ware aus gutem deutschen Ersatz bei den Käuferinnen nationalsozialistischen Stolz zu erwecken. Stellen sie die Waren aus Ersatzstoff so gut her, daß jede ›deutsche Frau und jede Dame‹ mit Freude ihre Fabrikate kauft«, tönte Goebbels, um dann den eigentlichen Hintergrund zu verdeutlichen: »Unsere neue große Armee muß

Jetzt weißt Du, woran Du bist!

Das ist das „Zeichen für Kleidung aus arischer Hand!"
Jeder Volksgenosse soll Kleidung aus arischer Hand erkennen können. Deshalb wurde in Gemeinschaft mit dem deutschen Textil-Einzelhandel das hier abgebildete Zeichen geschaffen. Kleidung, die dieses Zeichen trägt, ist deutsche Kleidung im besten Sinne! Vom Weber und Wirker, über den Fabrikanten bis zum Einzelhandel ist die so gekennzeichnete Ware nur durch arische Hände gegangen. Darum verlange beim Einkauf ausdrücklich „ADEFA"-Kleidung, die Du schon im Schaufenster an diesem Zeichen erkennst.

● „Nur Garantie für arisches Erzeugnis, wenn außer dem „Zeichen für Ware aus arischer Hand" auch das ADEFA-Etikett in das Kleidungsstück eingenäht ist."

»Deutsche« Ware hat ihren Preis: Selbst in der Kleiderbranche zeigte sich der alltägliche Rassismus. Anzeige im Illustrierten Beobachter, *1938*

für jeden Fall und für alle Bedürfnisse dreifach eingedeckt sein. Bis zu dem letzten Soldaten brauchen wir die dreifache Bekleidung, die dreifache Ausrüstung, die dreifache Bewaffnung.«[12] Damit waren die Prioritäten klar gesetzt: Vorrang hatten militärische und wirtschaftliche Fragen. Private weibliche Wünsche und Bedürfnisse mußten dahinter zurückstehen, an ihre Stelle trat, gleichsam als nationalsozialistischer Ersatzwert, der Stolz.

»Es reicht nicht zur Heirat, zur Miete, zum Haushalt, zu Kindern erst recht nicht ...«

1934 hielt Adolf Hitler in Nürnberg vor der NS-Frauenschaft eine Rede, in der er seine Vorstellung des Wesens von Mann und Frau und deren unterschiedlichen Aufgaben in der nationalsozialistischen Volksgemeinschaft umriß. Die Welt der Gefühle, des Dienens und der Opferbereitschaft wies er dem weiblichen Teil zu, Intellekt, Entschlußkraft, Kampf hingegen dem männlichen. Hitler bot alle rhetorischen Mittel der Vereinfachung, wolkiger Beschwörung, aber auch lobender Bestätigung auf, den Zuhörerinnen griffige Lebensformeln anzubieten: »Was der Mann an Opfern bringt im Ringen seines Volkes, bringt die Frau an Opfern im Ringen um die Erhaltung dieses Volkes in den einzelnen Zellen. Was der Mann einsetzt an Heldenmut auf dem Schlachtfeld, setzt die Frau ein in ewig geduldeter Hingabe, in ewig geduldigem Leiden und Ertragen. Jedes Kind, das sie zur Welt bringt, ist eine Schlacht, die sie besteht für Sein oder Nichtsein ihres Volkes. Und beide müssen sich deshalb auch gegenseitig schätzen und achten, wenn sie sehen, daß jeder Teil die Aufgabe vollbringt, die ihm Natur und Vorsehung zugewiesen hat.«[13]

Zur »natürlichen Wesensbestimmung« der Frau gehörten somit Mutterschaft, Herd und Familie. Mit einer ganzen Reihe von Maßnahmen versuchten die Nationalsozialisten ihre Ideologie auf ein soziales Fundament zu stellen. Als verführerischer Einstieg in die Ehe wurde ab Juni 1933 ein zinsloses »Ehestandsdarlehen in Höhe von DM 1000,–«[14] angeboten, eine für damalige Verhältnisse sehr hohe Summe. Dafür mußte die Ehefrau zum Zeitpunkt der Eheschließung aus dem Berufsleben aussteigen, wenn der Ehemann monatlich mehr als 125 Reichsmark verdiente. Rückzug aus dem öffentlichen Leben und Verzicht auf die sozialen Kontakte am Arbeitsplatz, dies war der Preis für das stattliche Angebot. Über das Darlehen war allein der Mann verfügungsberechtigt, nur im Falle einer Trennung wurde es geteilt. Die Auszahlung erfolgte großteils in Bezugsscheinen für Möbel und Hausgeräte.

Mit solchen Maßnahmen gewann das Regime an Popularität. Fast eineinhalb Millionen Paare nahmen bis 1939 ein »Ehestandsdarlehen« auf. Mit jedem Kind verringerte sich die Schuldsumme um ein Viertel, mit vier Kindern war man also schuldenfrei. Dies sollte den Entschluß der deutschen Paare zu Kindern erleichtern; das scheinbar »soziale« Darlehen diente also der Ideologie.

Trotz solcher finanziellen Anreize blieb die Abnabelung von daheim, die viele junge Frauen mit einer Eheschließung verbanden, ein Traum, denn es gab zu wenig Wohnungen. Frischvermählte lebten daher oft noch jahrelang mit den Eltern unter einem Dach. Das Wohnungsamt teilte gewöhnlich erst dann eine Wohnung zu, wenn sich Nachwuchs anmeldete. Wohnräume und Ausstattung entsprachen nationalsozialistischen Lebensvorstellungen, verbat doch die schwierige soziale Lage Luxus und unnötigen Konsum.

Selbst neu errichtete Siedlungshäuser beschränkten das Wohnvergnügen für eine vierköpfige Familie auf 42 Quadratmeter, allerdings zum günstigen Mietpreis von 29 Reichsmark. Die Wohnungseinrichtung sollte den Charakter einer »Volkswohnung« behalten. Jedes Möbelchen mußte richtig plaziert, jedes Wäschestück planvoll verstaut werden, wie es in einer offiziellen Broschüre heißt: »Vor allem ist die Möblierung so vorzunehmen, daß sie im rechten Verhältnis zu Lebenshaltung, Familienstand und Einkommen des Bewohners steht. Wichtig ist die richtige Ausnützung der Räume, die erleichtert wird, wenn die Maße der Möbel zur Raumgröße passen … Wenige schlichte, dafür aber gut geformte und gearbeitete Möbelstücke machen den Raum groß und licht, große und dunkle Möbel dagegen wirken beengt und unfreundlich.«[15] »Schönheit des

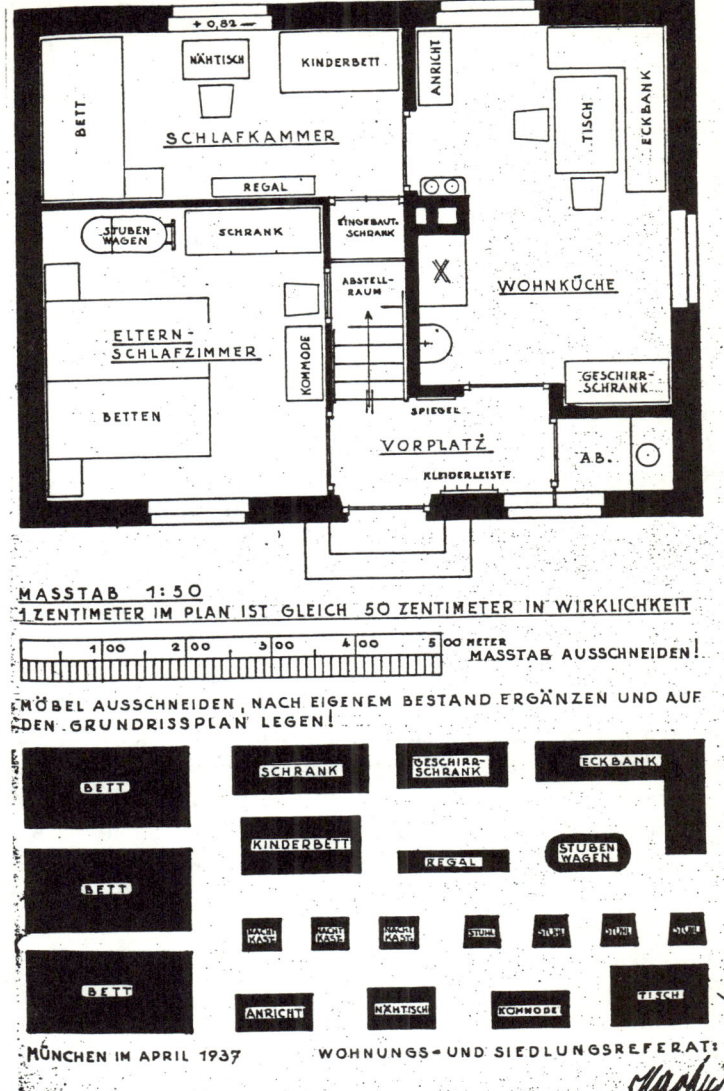

Wohnen nach Maß: Die Möbel müssen in 42qm Wohnfläche einge-paßt werden. Plan von 1937

Wohnens« hieß dieses Einrichtungsprogramm, das den Frauen als Empfehlung vom Reichsheimstättenamt an die Hand gegeben wurde. Aber nur wenige Familien kamen in den Genuß einer neuen Wohnung, denn Parteimitglieder wurden bei der Vergabe bevorzugt.

Auch nach sechs Jahren nationalsozialistischer Aufbauwirtschaft konnte der Wohnungsbedarf nicht annähernd gedeckt werden. Selbst in den Geheimberichten des Sicherheitsdienstes wird 1938 die Lage als wenig rosig geschildert. Die Wohnverhältnisse in den ländlichen Gebieten Ostpreußens, in Schlesien, aber auch im Ruhrgebiet seien katastrophal, die hygienischen Verhältnisse gesundheitsschädlich. Sogar in Berlin fehlten noch schätzungsweise 200 000 Wohnungen: »45 000 Volksgenossen bewohnen noch Lauben, 20 000 Volksgenossen bis zu neun Köpfen bewohnen noch Kellerwohnungen … 83 000 Volksgenossen bis zu acht Köpfen bewohnen eine 1$^1/_2$-Zimmer-Wohnung …«[16] Der großspurig angekündigte Bau der Siedlungshäuser machte gerade zehn Prozent des gesamten Bauvolumens aus.

Ein Haus mit eigenem Grund und Boden stand, als »Dankopfer der Nation«, in erster Linie Kriegerwitwen mit heranwachsenden Kindern und sogenannten »Frontkämpfern« zu.[17] Die Grundstücke wurden verlost und nach dem Erbbaurecht vergeben. Der Pachtzins lag so günstig, daß er selbst für Wohlfahrtsempfänger erschwinglich war. Beim Bau des Hauses mußte der Siedler als Eigenleistung mindestens 3000 Arbeitsstunden in Form von Selbst- oder Nachbarschaftshilfe einbringen. Die Siedleridee, die noch aus der Zeit der Weimarer Republik stammte, wurde in der NS-Zeit weitergeführt mit dem Ziel, den Siedler an die »Scholle« zu binden, denn »Blut und Boden sind die Angelpunkte des neuen politischen Denkens geworden«. Ein Grundstück zwischen 600 und 1000 Quadratmetern diente der Kleintierhaltung und der Selbstversorgung der Siedler mit Gemüse und Obst. Die Nutzfläche der Wohn- und Kellerräume des Hauses betrug etwa 55 Quadratmeter, ein Badezimmer gab es nicht. Nach wie vor galt, kleinsten Wohnraum mit größter Einfachheit und Sparsamkeit zu verbinden.

Das besserverdienende Bürgertum und die Parteifunktionäre kannten natürlich keine Wohnungssorgen. Geradezu märchenhaft lebten Propagandaminister Joseph Goebbels und seine Frau Magda in Berlin.[18] Noch im Juni 1940, während der Krieg bereits voll im Gang war, ließ Frau Goebbels die nach ihren Wünschen gestalteten Privaträume mit neuen Wandstoffen ausgestalten, Mobiliar austauschen und neues anfertigen, wann immer es beliebte. Aus »Sparsamkeitsgründen« ordnete die Dame des Hauses an, unerwünschte Einrichtungsgegenstände dem Auktionator zu überlassen. Bedenkt man, daß das Haus erst drei Jahre vorher für etwa dreieinhalb Millionen Reichsmark errichtet wurde – die Inneneinrichtung nicht mitgerechnet –, kann man die Großzügigkeit der Ausgestaltung erst richtig ermessen. In diesen repräsentativen Räumlichkeiten bot die aus großbürgerlichen Verhältnissen stammende Magda Goebbels ihrem Trauzeugen Adolf Hitler immer wieder gesellschaft-

Das kleine Glück. Frauenleben zwischen Kindern und großer Wäsche, Prödel 1934 (Privatfoto)

liches Ambiente und Familienanschluß: Die NS-Ideologie hatte neue Eliten geschaffen, deren Privilegien und Formen der Selbstdarstellung sich auch im Wohnen dokumentieren.

Das Leben der einfachen Hausfrau hingegen spielte in einer anderen Welt. Küche und Waschküche waren die Orte der »Selbstverwirklichung«, an denen die Frau ohne Entgelt waltete. Hier erhielt der Paragraph 2 des Arbeitsbeschaffungsprogramms, alle Arbeiten seien durch menschliche Arbeitskraft auszuführen, einen höchst ironischen Akzent. Natürlich konnte man Waschmaschinen oder gasbetriebene Wäscheschleudern im Handel kaufen, doch nur in den wenigsten Haushalten standen solche technischen Hilfen zur Verfügung. Die Hausfrau war Köchin, Haushälterin und Reinigungsfrau in einer Person. Mit diesen Arbeiten verrannen viele Stunden ihres Tagesablaufs. Mindestens zweimal im Jahr kam das Großreinemachen hinzu: »Parkettböden abziehen und goldgelb einlassen, Matratzen, Polstermöbel und die Teppiche zum Klopfen in den Hof schleppen, Vorhänge abnehmen, waschen, bügeln und wieder aufhängen.«[19]

Damit war aber das »natürliche Glück des Weibes« noch nicht am Ende. Gewöhnlich stand einmal in der Woche großer Waschtag an, eine Mühsal, derer sich die Großmütter noch heute nur ungern erinnern. Berge von Wäsche waren in Seifenlauge einzuweichen, um das Ausbürsten zu erleichtern. Dann mußte die Wäsche gebrüht, gespült, gewrungen werden, schließlich waren die Waschkörbe zum Trocknen in den Garten oder in den Speicher zu schleppen. Bevor die Wäsche wohlgeordnet im Schrank landete, kam noch die Prozedur des Einsprengens, Ziehens, Bügelns, Ausbesserns, Zusammenlegens hinzu.[20] Kindersegen konnte so über die Wäscheberge zur Kinderplage werden.

Der kleine Wohlstand

Oberstes Gebot der Hausfrau blieb eine sparsame Lebensführung. Zu tief saßen die Erfahrungen bitterer Jahre der Wirtschaftskrise, die Angst vor Arbeitslosigkeit und Hunger, hatte doch vor 1933 ein Fünftel der deutschen Bevölkerung in einem Zustand der Verarmung und drohender Verelendung gelebt. Man wollte den Mangel nicht noch einmal am eigenen Leibe erfahren: »Wir mußten ja selbst so sehr sparen«, erinnert sich die damals knapp zehnjährige Heide Grunwald an die letzten Jahre der Weimarer Republik, »und wenn ich bei Großmama war, dachte ich immer, das wären ganz reiche Leute, weil sie abends schwarzen Tee tranken und Streichwurstsemmeln aßen. Bei uns gab es nur selbstgepflückten Huflattich- oder Pfefferminztee und Topfenkäse ...«[21]

Sparen, sparen und nochmals sparen hieß die goldene Lebensregel, erinnern sich viele Zeitzeuginnen. Was man abknapsen konnte, legte man auf die hohe Kante; 1938 verfügte jede zweite Person im Reich über ein eigenes Sparbuch. Die Hausfrau leistete ihren Beitrag durch knapp kalkulierte Haushaltsführung: »Mutter konnte gut wirtschaften, war eine ausgezeichnete Köchin und eine Meisterin im Resteverwerten. Größere Einkäufe wurden lange erwogen, und die Anschaffung war ein Familienereignis. Verschwendung konnte der Vater nicht leiden. Marmelade aufs Butterbrot war für ihn schon fast ein vermessener Anspruch.«[22]

Viele Frauen führten ein Haushaltsbuch, denn das Haushaltsgeld wurde vom Ehemann zugewiesen und mußte für einen Monat reichen. Deshalb bedeuteten zum Beispiel die ständigen Sammelaktionen während des Dritten Reiches, sei es für das »Hilfswerk Mutter und Kind« oder das »Winterhilfswerk«, einen empfindlichen Eingriff in das private Budget. Regelmäßige »Pflicht«-Spenden mußten als feste Ausgaben eingeplant werden. Es gehörte zu den schwierigen, wenn auch selten offen ausgesprochenen Aufgaben der Frauen, das Stigma der Armut von der Familie fernzuhalten. Sparen bot Sicherheit nach innen. Nach außen hin durfte der Betrag auf den Spendenlisten nicht zu knauserig ausfallen, an den Wäscheleinen keine löchrige Wäsche hängen, und die Kinder mußten sauber gekleidet zur Schule gehen.

Ordnung und Sauberkeit galten nun als deutsche Werte ersten Ranges. Deshalb spielten diese Vorstellungen bei der Kindererziehung eine große Rolle. Die Schule erhob sie zu

Glaubenssätzen, wie sich eine ehemalige Schülerin erinnert: »Wir Kinder wurden zum Duschen geführt, nicht etwa nach der Turnstunde, sondern zu einer Art Wasch- und Sauberkeitsunterricht, wie denn überhaupt unsere Lehrerin fast täglich die Sauberkeit von Händen und Fingernägeln nachprüfte, sogar wöchentlich einmal mit festem Griff in jeden Haarschopf fuhr, um nach Kopfläusen zu suchen. Und sie wurde da immer wieder fündig, selbst in diesem Wohnviertel der Gutsituierten ...«[23]

Als Sinnbild für den kleinen Wohlstand sowie für Ordnung und Sauberkeit firmierte der Wäscheschrank. Hier zeigte sich, was die Hausfrau an Aussteuer in die Ehe mitgebracht hatte und wie sie es verstand, den Hausstand in Ordnung zu halten. Die Qualität der Ausstattung verriet, wieviel man sich bereits wieder leisten konnte. Zahlreiche Bettwäsche galt als kleine Kostbarkeit und wurde sorgfältig gepflegt. Natürlich hatte die Hausfrau den Herrenhemden des Familienoberhaupts besondere Aufmerksamkeit zu schenken. Öffnete man den Schrank, roch es zumeist intensiv nach Mottenkugeln, mußten doch die Bestände bürgerlichen Wohlstands vor unliebsamen Plagegeistern geschützt werden. Manche Mütter horteten teure Leinen- oder Damaststoffe bereits im Hinblick auf die zukünftige Aussteuer ihrer Töchter.

Den Kindern sollte es einmal besser gehen, als man es selbst gehabt hatte: »Ich bekam den heißersehnten Roller, später Rollschuhe und Schlittschuhe ...«, erinnerte sich die Münchnerin Ida Thiele an ihre Kindheit. »Ab der zweiten Klasse bekam ich Klavierunterricht bei Frau Anker in der Trivastraße. Geklimpert hatte ich vorher schon gern. Sollten Begabung und Können ausreichen, hofften meine Eltern, daß ich nach der mittleren Reife aufs Konservatorium gehen und später Musik unterrichten könnte.«[24] Eltern konnten also wieder Kinderwünsche erfüllen und eigene Hoffnungen in Berufsweg und Karriere des Kindes projizieren.

Langsam hielt der kleine Wohlstand Einzug in die Familie, Anschaffungen erleichterten die Küchen- und Hausfrauenarbeit: »Etwas ›Luxus‹ hatten wir aber doch: einen Siemens-Kübelstaubsauger ... der Eisschrank wurde zweimal in der

Woche mit Stangerleis bedient, und unser Gasdurchlauferhitzer füllte samstags die Blechbadewanne.« Ida Thieles Vater war es 1934 gelungen, eine Blattgold- und Schlagmetallvertretung aufzubauen, die Mutter half bei der Korrespondenz. Ein gesichertes Einkommen und eine stabile Wirtschaftskonjunktur bildeten die Basis. Viele Frauen hatten schon bald nach der »Machtergreifung« den Eindruck, »daß es wieder aufwärtsgeht«, und ständige propagandistische Reden von Aufbruch und Aufschwung trugen das ihre dazu bei.

Schöne neue Welt?

Manche Zeitzeuginnen, die die Existenznöte der Weltwirtschaftskrise kennengelernt hatten, bezeichnen in Gesprächen
die Jahre zwischen 1933 und 1939 als die besten ihres Lebens.
Selbst die folgenden Kriegs- und Hungerjahre lasten sie auch im
Rückblick nicht immer den Nationalsozialisten an: Man erlitt
sie mit dumpfer Schicksalsergebenheit. Es gab sogar Familien,
die in den Weimarer Jahren vor der drohenden Arbeitslosigkeit
ausgewandert waren und die nun in das Nazi-Deutschland
zurückkehrten:

»Als die Depression, die in den USA herrschte, auf Kanada
übergriff und aus München Briefe kamen, daß es ›wieder auf-
wärts gehe‹, entschlossen sich meine Eltern 1935 zur Rückkehr – trotz der Warnung, daß Hitler Krieg bedeuten würde.«[1]
Der Vater der damals noch kleinen Münchnerin Irene Gaertner-
Schloss, die dies erzählt, erhielt als gelernter Kfz-Mechaniker
mit Auslandserfahrung eine Stelle in einer großen Opel-Werk-
statt. Das Gefühl der eigenen sozialen Absicherung wog mehr
als die Warnungen vor Hitlers Kriegsplänen. Propaganda und
soziale Erfolge der Nazis verfehlten somit ihre Wirkung nicht.

Es gab viele Ursachen für die große Anziehungskraft dieser
offenkundig menschenverachtenden Diktatur. Beurteilten
nicht viele Frauen ihre eigene Existenz unter überwiegend
wirtschaftlichen Aspekten? Bedienten sie sich nicht gern der
Angebote der Wohlfahrtspolitik? Konnten nicht die Selbstdarstellung des Regimes, seines Führers und nicht zuletzt das
propagierte Lebensgefühl eine große Faszination ausüben?

Im Rückblick speist sich für viele Frauen die Attraktivität
jener Jahre aus ihrer eigenen günstigen wirtschaftlichen Lage.
Der positiv bewertete Zeitraum umfaßt nicht zufällig die Jahre
von 1933 bis 1941, erst dann schlugen die Auswirkungen des
Krieges voll auf die privaten Haushalte durch. So erlebte es zum
Beispiel auch die Münchnerin Hermine Buschor: »Meine Eltern

hatten sich inzwischen wieder etwas zusammengespart, Vater war kurz vor seiner Rentisierung; da machten sie uns den Vorschlag, ob wir nicht zusammenhelfen wollten, um am Stadtrand ein kleines Grundstück mit einem noch bewohnbaren Haus zu kaufen, in dem wir dann zusammen wohnen könnten. Nachdem wir die letzten drei Jahre seit der Machtergreifung doch ganz gut verdient hatten und ein paar Tausend Mark auf der Bank hatten, uns inzwischen auch ein einfaches Geschäftsauto leisten konnten, gingen wir zusammen auf die Suche nach einem geeigneten Objekt ...«

Ab Mitte 1941 änderten sich dann Einschätzung und Verhältnisse: »Bis zu diesem Zeitpunkt ging es uns Deutschen in unserem Lebensstandard noch verhältnismäßig gut. Dann ging es aber allmählich abwärts. Es gab ja keinen Import und Export mehr. Die Auswahl an Lebensmitteln, insbesondere an Obst, wie z. B. Bananen, wurde immer geringer. Die Behörden führten Lebensmittelmarken ein. In unserem Geschäft wurde unser Auto für kriegswichtige Zwecke beschlagnahmt, und der Umsatz ging schlagartig zurück, weil wir kaum noch Ware hereinbekamen.«[2] Mit dem Krieg zerbröckelte die Aufbauideologie, das mühsam ersparte Auto, sorgfältig gepflegtes Statussymbol, ging in fremde Hände über – Saturiertheit verkehrte sich erneut in Existenzangst.

Bis Kriegsausbruch konnte das Regime den Eindruck erwecken, die materielle Lebensgrundlage aller Volksgenossen, auch der untersten Schichten, sei gesichert. Schließlich hatte man mit der Nationalsozialistischen Volkswohlfahrt (NSV)[3], der zweitgrößten NS-Massenorganisation, ein beachtliches Unterstützungsprogramm auf die Beine gestellt. Vor allem Frauen arbeiteten in diesem weitverzweigten Fürsorgeprogramm mit und gehörten auch zu seinen Nutznießern. Hier fanden sie Bestätigung und Hilfe, zudem ein Gefühl der Sicherheit, das sich in der Weimarer Republik wegen der defizitären Sozialpolitik und der langjährigen Notsituation nicht einstellen konnte.

Unbestritten erbrachte die NSV auch beachtliche Leistungen, vor allem mit dem »Winterhilfswerk« und dem »Hilfswerk Mutter und Kind«. Die ideologischen Zielsetzungen wurden von vielen Frauen nicht erkannt, verdrängt oder aber mitgetragen. In perspektivischer Verengung standen für viele Zeitgenossen das Wir-Gefühl der Volksgemeinschaft und die schichtenübergreifende Wirksamkeit der NSV im Vordergrund.

Die sozialpolitischen, wirtschaftlichen und außenpolitischen Erfolge Hitlers in den ersten sechs, sieben Jahren steigerten die Zustimmung zum Nationalsozialismus beträchtlich. Frauen wie Männer glaubten an Redlichkeit und Integrität, an Kraft und Unfehlbarkeit ihres Führers. Die teilweise fanatische Verehrung, die religiös-mythische Züge trug, erhielt das System am Leben. Man nahm Hitler noch zu einer Zeit von jeder Kritik aus, als die NSDAP und die »Parteibonzen« schon längst ins Kreuzfeuer geraten waren. Mit dem Niedergang seiner Autorität ging im Dritten Reich die entscheidende Integrationsinstanz verloren.[4]

Hitlers Faszination lag unter anderem in der mythischen Überhöhung, die er selbst ganz gezielt mit seiner Person betrieb. Er gab sich den Massen in effektvollen Inszenierungen gänzlich hin und umgab sich zugleich mit einer Aura der Unnahbarkeit. Im Grunde sei er eine Theaterexistenz gewesen, resümiert der Hitlerbiograph Joachim Fest, der nur in Scheinwelten gelebt habe, die er der Wirklichkeit entgegensetzte.[5] Diese Phänomene trugen sicherlich dazu bei, daß Hitlers inszenierte Ausstrahlung Männer wie Frauen in den Bann zog.

Was die einen an Hitlers Erscheinungsbild und Stimme anzog, stieß andere ab. Die exilierte Schriftstellerin und Pazifistin Annette Kolb zum Beispiel fand für Hitlers Rhetorik, die andere begeisterte, 1933 nur verächtliche Sätze: »Dann Worte, von mir zum ersten- und letztenmal vernommen – in einem niederträchtigen Deutsch, eine Stimme, die in Gebell ausartete. Töne und Untertöne des Hasses, der Rachgier, der hündischen Wut … Vom Bewußtsein der Macht war dieser unbefugte Redner getragen, und wenn er sie behielt, dann war Krieg, ein neuer, unmenschlicher Krieg unabwendbar. Aber nicht mit mir.«[6]

An anderer Stelle schreibt Annette Kolb: »Wenn man die Bilder genau betrachtet, die von Hitler unversehens und nicht retuschiert entstanden, zeigt sich, daß er in Wahrheit weder die Augen noch die Nase, noch den Mund, noch die Stimme eines Menschen hatte, und auch der Bau eines Menschen war nicht so

Begeisterung kennt keine Grenzen. Politiker als Idole einer neuen Zeit (Privatfoto)

gedacht. Wir wissen, wie hoch sich einer aus Elend und Niedrigkeit zu Würde und Ansehen emporbringen kann, denn jede menschliche Schicht hat ihre Elite; aber mit seiner niedrigen Herkunft war dieser da mit jeder Faser seines Wesens so identisch und dabei ein wahres Phänomen der Täuschungskunst. Nur so ist das Unverständliche erklärlich, daß er zu einer Macht ohnegleichen heranwachsen konnte. Niemand glaubte in Deutschland, daß er sich halten würde, jedoch waren seine grausamen Unterdrückungsmittel schon so parat, daß unsereiner sich sofort bedroht wußte.« Mit fulminanter Schärfe und Hellsicht analysiert und verurteilt hier eine Intellektuelle, als Jüdin bedroht vom neuen Rassenwahn, die Folgen des Hitlerkultes. Das Exil blieb für sie die einzige mögliche Konsequenz.

Ganz anders hingegen die Schauspielerin und Regisseurin Leni Riefenstahl, als sie zum erstenmal im Berliner Sportpalast den Führer reden hört. Das entsprechende Kapitel ihrer *Memoiren* trägt die entlarvende Überschrift »Schicksalhafte Begegnung«: »Ich war wie gelähmt. Obgleich ich vieles in der Rede nicht verstand, wirkte sie auf mich faszinierend. Ein Trommelfeuer prasselte auf die Zuhörer nieder, und ich spürte, sie waren diesem Mann verfallen. Zwei Stunden danach stand ich fröstelnd auf der Potsdamer Straße. Ich war nicht in der Lage, ein Taxi anzuhalten, so stark wirkte das Erlebnis dieser Versammlung in mir nach. Kein Zweifel, ich war infiziert.«[7]

Zweifellos war Hitler ein fulminanter Redner mit perfekten Strategien der Präsentation und einer mythischen Überhöhung, die ihn entrückt und unangreifbar erscheinen ließ. Er selbst wurde ja nicht müde, seine eigene Vorsehung und Unfehlbarkeit zu predigen. Zugleich präsentierte ihn die Propaganda als den Mann, der sich aus einfachen Verhältnissen emporgearbeitet hatte und die Ängste und Nöte seiner Zuhörerschaft verstand. Er gab vor, die in ihn gesetzten Hoffnungen erfüllen und den Willen zur Veränderung verkörpern zu können.

Feste und Feiern

In ihren Erinnerungen betonen viele Frauen, wie leicht man sich verführen ließ von den gesellschaftlichen Perspektiven, vom Glanz und der Repräsentation der Aufmärsche und Feste, von Hitler selbst und der Rolle, die Deutschland im internationalen Konzert wieder spielen durfte. Die Nationalsozialisten verstanden es in der Tat vorzüglich, mit pompösen Veranstaltungen die Phantasie der Bevölkerung zu beschäftigen. In Anlehnung an den kirchlichen Kalender durchzogen Feste und Feiern den Jahresablauf. Zumeist feierte sich die Partei selbst, so am 30. Januar mit dem »Tag der Machtergreifung«, der »Parteigründungsfeier« am 24. Februar oder dem Gedenktag der »Gefallenen der Bewegung« am 9. November. Frauen waren hier zumeist nur als Zaungäste geduldet. Sie wurden am Muttertag besonders geehrt. Traditionell bäuerliche Feiern wie Sommersonnwende oder Erntedank bezogen dagegen die ganze Bevölkerung ein.

Zu den besonderen Festlichkeiten zählten in den Jahren 1937 bis 1939 Umzüge zum »Tag der Deutschen Kunst« in München oder die 700-Jahr-Feier in Berlin. Stolz nahmen junge Mädchen an den Festzügen als Statistinnen teil. Der Tag der Deutschen Kunst zum Beispiel zählte über 6000 kostümierte Mitwirkende. Dutzende aufwendig gestalteter Festwagen und prächtige Straßendekorationen boten die Organisatoren auf, um das Dritte Reich unter dem Motto »2000 Jahre deutsche Kultur« in Szene zu setzen: Historische Darstellungen wie »Die germanische Zeit«, »Die Zeit der Gotik« oder »Die Zeit der Klassik und der Romantik« kulminierten in der bedeutendsten Abteilung »Die neue Zeit«. Die Wirklichkeit verschwand hinter gleißendem Spektakel, Kulissen und Feuerwerk.[8]

Die alte Münchnerin Paula Annemarie Hasmeier vermittelt in ihren Schilderungen einen Eindruck von diesem Ereignis: »Im Sommer 1937 wurde von den Nazis ein groß aufgemachtes Fest gefeiert. Beim Festefeiern scheute diese diktatorische Regierung keine Ausgaben und keine Aufwendungen um ihre Macht und Größe zu repräsentieren und das Volk von anderem abzulenken, z. B. von der schwarzen Seite der Macht, den KZs«, erzählt sie. »Dieses große prunkvolle Fest nannten sie ›Tag der Deutschen Kunst‹. Es fand ein Umzug statt, mindestens drei Stunden lang, mit Tausenden von Menschen, die prunkvolle Gewänder im Stil der Antike und der darauffolgenden Jahrhunderte trugen, mit blumengeschmückten Wagen und riesigen Statuen – und als Krönung ein riesiges Modell vom ›Haus der deutschen Kunst‹, zu dessen Eröffnung die Feierlichkeiten überhaupt stattfanden.

Die Häuser der ganzen Innenstadt waren mit Lichtern beleuchtet, jede Straße in einer anderen Farbe. Die Theatinerstraße war lila und gelb beleuchtet, auch quer über die Straßen hingen Lüster. Man ging wie durch einen riesigen Baldachin. Überall in der ganzen Stadt waren in jedem Fenster kleine Lämpchen aufgestellt, auch bei uns in Untergiesing: rot, blau, grün, gelb. Das leuchtete und funkelte, es war eine Pracht. Der Englische Garten war geschmückt mit unzähligen Lampions an den Bäumen. Es war wie in einem Märchenwald. Meine Mutter sagte immer: ›Das gefällt mir nicht. Dieser riesige Aufwand, dieser Prunk und diese Pracht. Da kommt nichts Gutes nach. Wenn die Menschen so große Feste feiern und nicht mehr wissen, was sie tun – da kommt was nach, mir gefällt das nicht.‹«[9]

An diesem Ereignis hatten vorwiegend Frauen Teil, als Zuschauerinnen – weit über hunderttausend Zaungäste hatten Karten für den Umzug und die begleitenden Künstlerfeste erstanden – als Mitwirkende und nicht zuletzt als Geheimpolizistinnen in Zivil: »Eine neue Methode der Gestapobeamten ist, ihren Spitzeldienst in Begleitung von Damen auszuüben. Niemand denkt daran, daß das Liebespärchen, welches da vor ihm oder hinter ihm geht, in Polizeidiensten steht.«[10]

Diente dieses Fest anläßlich der Grundsteinlegung für das »Haus der deutschen Kunst« dazu, durch Tradition und Gegenwart die Volksgemeinschaft zu beschwören, so gab es in München noch ein weiteres Spektakel, das vorwiegend wegen seiner leicht geschürzten Teilnehmerinnen Eindruck machte: »Die Nacht der Amazonen«. Als Schirmherr fungierte Gauleiter Wagner, ein grobschlächtiger Parteibonze und Pferdenarr, der mit diesem Umzug seine Pferdesportveranstaltung »Das Braune Band von Deutschland« garnierte. Diese Festivität fand zwischen 1936 und 1939 alljährlich im nächtlichen Schloßpark von Nymphenburg statt. Zahllose Zuschauer drängten sich, um den vom Fackelschein illuminierten Nackedeizug »Nymphenburger Porzellan« oder »Im Blumenhain der Amazonenkönigin« zu bestaunen. Die Veranstalter gaben mit ihren Festlichkeiten München, der selbsternannten Hauptstadt der Bewegung, einen Anstrich von Freizügigkeit und Toleranz.

Vor allem die Olympischen Spiele von 1936 in Berlin ließen das Regime gastlich und tolerant erscheinen. Sportidole wie die Skiläuferin Christl Cranz oder die Fechterin Helene Mayer begeisterten mit glänzenden Erfolgen: Christl Cranz gewann die Goldmedaille im Slalom und in der Abfahrt, Helene Mayer eine Silbermedaille. Den Nationalsozialisten bedeuteten diese Aushängeschilder des deutschen Sports so viel, daß sie Helene Mayer, eine Halbjüdin, extra zu den Spielen nach Berlin holten. Damit ließ sich demonstrieren, daß selbst einer jüdischen Sportkarriere in Deutschland nichts im Wege stand. Nachdem die Gäste aus aller Welt abgereist waren, montierte man die Ver-

Wir waren dabei. Statistinnen des Festzugs am Tag der Deutschen Kunst im privaten Fotoalbum, München 1939

botsschilder an Parkbänken und Bibliotheken wieder an: »Für Juden verboten«.

»... und unsere jungen unerfahrenen Herzen glühten vor Begeisterung«

Die Mobilisierung der Gefühlswelten sollte die Identifikation mit der nationalsozialistischen Bewegung erhöhen. Dazu dienten vor allem die Jugendorganisationen BdM und HJ, der »Bund deutscher Mädel« und die »Hitlerjugend«. Die jungen Mädchen störte es meist wenig, daß die Freizeit im BdM organisiert und in der Regel verpflichtend war, sie freuten sich einfach auf die »herrliche Abwechslung«, wie es ein Mädchen formulierte. Die uniformierte Kleidung, ein dunkelblauer Rock mit Gürtel und Springfalte sowie eine weiße kurzärmelige Bluse mit schwarzem Dreiecktüchlein, verstärkte die Gleichheitsidee und hob den Weihecharakter der Veranstaltungen.

Die Lagerfeuerromantik auf BdM-Fahrten kam der schwärmerischen Seele junger Mädchen sehr entgegen: »Am Abend war Fahnenweihe mit brennenden Fackeln«, schildert Anna Bernhardt ihre Erinnerungen. »Es wurden Sprechchöre vorgetragen und ein Eid auf die HJ-Fahne geleistet. Zum Schluß sangen wir alle unser von Baldur v. Schirach verfaßtes HJ-Lied: ›Vorwärts, vorwärts, schmettern die hellen Fanfaren‹. Es war eine gespenstische Atmosphäre zu dieser Zeit. Die dunkle Waldlandschaft vor uns, Mond und Sterne am nachtfinsteren Himmel, die lodernden Flammen der Fackeln und unsere jungen unerfahrenen Herzen glühten vor Begeisterung.«[11]

Den Mädchen bescherte der BdM Gemeinschaftserlebnisse, aber auch die ersehnte Lockerung der Bande vom Elternhaus. »Die Mädchen erlebten die Aufnahme in den BdM als das Ende der Isolation und schwelgten in dem Gefühl, nicht allein zu sein, sondern Erste unter Gleichen.«[12] Die Eltern wiederum wußten die Töchter unter Aufsicht.

Im Gegensatz zur Arbeiterjugendbewegung waren Mädchen und Jungen in verschiedenen Organisationen getrennt. Die Leitsprüche des BdM und der HJ signalisieren die unterschied-

BdM-Mädchen – uniformierte Freizeit. Die NS-Ideologie verwischte die Grenzen zwischen Öffentlichem und Privatem. Mährenhausen/Coburg, etwa 1935 (Privatfoto)

lichen Zielsetzungen. Für die Mädchen galt »Sei wahr, sei klar, sei deutsch«, für die Jungen »Zäh wie Leder, flink wie Hunde, hart wie Kruppstahl«. Die Ungleichheit zeigt sich auch an der Präsenz in der Öffentlichkeit: Zum Nürnberger Reichsparteitag waren 100 000 Jungen eingeladen, aber nur 900 Mädchen.[13]

Im sportlichen Bereich konnte jedoch jedes Mädchen Anerkennung und Bestätigung finden, die hierarchische Struktur der Organisation erlaubte sogar eine kleine Karriere als Führerin. Politik fand statt, ohne daß groß über Politik geredet wurde.

Alle kleinen Erfolgserlebnisse machen verständlich, warum sich im Rückblick manche Erinnerungen verklären. Melitta Maschmann schreibt in *Fazit, mein Weg in die Hitlerjugend*: »Jeder von uns hat damals viel positive Leistung investiert und hat Gewinn aus der positiven Leistung seines Nebenmannes gezogen. Diese Erinnerungen verstellen uns den Blick. Erlaube mir ein gewagtes Bild: Man muß die bunten Blüten abreißen, um erkennen zu können, daß die Wurzeln giftig waren.«[14]

Die Identifikationsmuster, die sich über spielerische Freizeiterfahrungen im BdM einstellten, sollten auch für den späteren Beitritt zu einer der beiden großen Frauenorganisationen motivieren, die unter der Leitung der Reichsfrauenführerin Gertrud Scholtz-Klink standen: Die NS-Frauenschaft, 1935 offiziell als Teil der NSDAP etabliert, war als Kaderschmiede für spätere Führerinnen gedacht; bald wurde jedoch die Aufnahme weiterer Bewerberinnen erheblich reduziert, denn Frauen waren in Führungspositionen der Partei letztlich unerwünscht. Immerhin wies das Mitgliederverzeichnis 1939 über zwei Millionen Mitglieder aus.

Im Deutschen Frauenwerk konnte jede deutsche Frau über 21 Jahre mitarbeiten, gehörte doch zu den Zielen »die restlose Eingliederung aller deutschen Frauenkraft in den Dienst des Volkes und des Staates«. Hier betreuten Frauen ehrenamtlich Kindergruppen, arbeiteten für die Wohlfahrts- und Krankenpflege oder im Bereich des Mütterdienstes, wo sie beispielsweise in der Abteilung Volkswirtschaft-Hauswirtschaft Nähstubenarbeit anboten; das beinhaltete die sachgerechte Behandlung von Wäsche, das Bügeln oder Färben von Stoffen, kurz alles, was zu den Pflichten einer Hausfrau und Mutter gehörte.

Um den Veranstaltungen möglichst Freizeitcharakter und den ideologischen Zielsetzungen Leichtigkeit zu geben, verlegte man eine Reichsschulungstagung der NS-Frauenschaft beispielsweise auf die Insel Norderney. Die unverzichtbare Gymnastik fand am Strand statt, Segeltouren und Bootsfahrten machten die Veranstaltung zum Erlebnis. Andernorts bezog man in die Frauenschaftstreffen traditionelle Gebräuche ein und funktionierte Faschings-, Musik- und Gartenfeste zu NS-Festen um.[15]

»Die Menschen wurden in den Jahren vor dem Krieg sozusagen bei Laune gehalten …«

Es gehörte zu den erklärten Zielen der Nationalsozialisten, die Massen auch im Bereich der Freizeit, des »Unpolitischen«, zu organisieren. »Kraft durch Freude« hieß das gigantische Bildungs-, Urlaubs- und Unterhaltungsprogramm, gedacht für jedermann. Etwa vierzehn Millionen »Volksgenossen« erreichte »KdF« allein im Jahre 1936 mit einem bunten Angebot. Dazu gehörten Theateraufführungen, Frauennachmittage, Kinderfeste, Gymnastikkurse, Reitunterricht, Führungen durch Museen, Kochkurse, vor allem aber attraktive Ausflugsfahrten und Urlaube über das »Amt für Reisen, Wandern, Urlaub«. Selbst für den schmalsten Geldbeutel waren die Preise erschwinglich: »So war eine KdF-Fahrt für 100 Mark in die norwegischen Fjorde eine vielbestaunte Sensation; wer eine Romreise oder Venedigfahrt machen konnte, wurde beneidet«,[16] schreibt eine Zeitzeugin. Der Urlaub stieg zum Statussymbol auf, für das es sich zu sparen lohnte. Über KdF ließen sich lang gehegte Träume erfüllen. Weshalb sollte man ein Regime in Frage stellen, das so vieles anbot? Besonders die Schiffsreisen zogen viele Frauen an, und »Urlaubssportlehrgänge« mit Hochseesegelfahrten, Skikursen und Segelfliegerlagern boten einen Hauch der Lebensart der oberen Zehntausend.

Das Reichssportamt suchte insbesondere die Frauen zu gewinnen, »die dem Amüsierbetrieb aus Geld- und Zeitmangel fernbleiben oder ihn prinzipiell ablehnen«. In einem Flugblatt suggerierte es zum einen staatliche Fürsorge und betonte den selbstverständlichen Anspruch der Frauen auf Entspannung, zugleich enthüllte sich aber auch die Funktion seiner Bemühungen im Rahmen der NS-Ideologie:

»Deutsche Frau! Deutsche Mutter! Du bist ein Teil des ewigen Quellgrundes, in dem sich das Leben unseres Volkes unaufhörlich erneuert. Du bist die treue Kameradin deines Mannes und die sorgende Mutter deiner Kinder. Vielleicht auch stehst du kämpferisch im Leben des Berufes und tust täglich tapfer deine Pflicht. Zur Erfüllung dieser schweren Aufgaben mußt du stark, gesund und lebensfreudig sein! Gar oft bist du in Gefahr, über all der Arbeit und Fürsorge dich selbst zu vergessen, und manchmal bist du müde und abgespannt, ohne die notwendige Erholung zu finden. Das darf nicht sein! Du mußt immer frisch und froh, lebensmutig und tapfer sein. Du mußt dir die körperliche, geistige und seelische Spannkraft erhalten! Nur so wirst du den Sinn deines Lebens ganz erfüllen können! Aber kennst du auch den Weg? Weißt du, daß du immer so sein kannst, wenn du Leibesübungen treibst? Wenn du dich durch Gymnastik, Schwimmen oder Spielen ertüchtigst? Sage nicht, du seiest zu alt! ... Komm! Mach mit! Sei froh, gesund und stark durch Leibesübungen bei ›Kraft durch Freude‹.« Die Organisation KdF sollte also für den Erhalt der Kraftreserven sorgen, die die Frauen im Dienst des Staates so dringend brauchten.

Statt besserer Arbeits- und Lebensbedingungen verschaffe »Kraft durch Freude« mehr kleinbürgerliches Selbstgefühl, darin bestehe die scheinbare Lösung der sozialen Frage im Nationalsozialismus, konstatierte ein Berichterstatter der Sopade, der exilierten Sozialdemokratischen Partei Deutschlands. Er mußte allerdings einräumen, daß diese staatlich geförderte Monopolorganisation erfolgreich arbeitete. Die Formen der Geselligkeit und die neuen Erlebniswelten blieben vielen Frauen nachhaltig im Gedächtnis. Zugleich aber bemächtigte sich der Staat damit solcher Bereiche, die traditionell in der pluralistischen Vielfalt der Gesellschaft, etwa im Vereinsleben, oder aber in der Familie angesiedelt waren.

Denn Möglichkeiten vergnüglicher Freizeitgestaltung gab es auch außerhalb des KdF: »Beliebtes Urlaubsziel war damals die Gegend um den Samerberg«, schreibt eine Münchnerin, »wo man bei Bauern ein Bett für 80 Pfennige haben konnte. Vollpension gab es schon um vier Mark. Nach dem Anschluß Österreichs 1938 war auch Tirol ein beliebtes und erschwingliches Urlaubsziel. Ein Auto besaß von uns jungen Leuten niemand.

Italiensehnsucht. Urlaub deuteten viele als Zeichen wirtschaftlichen Aufschwungs. (Privatfoto)

Das Verkehrsmittel am Wochenende, sei es zum Bergsteigen oder Skifahren, war seinerzeit der Sonntagszug mit der ermäßigten Sonntagskarte.«[17]

Viele Frauen wählten bewußt die Familie als Refugium für ungestörte Freizeit. Freizeit außerhalb der staatlichen Organisation bekam damit Züge des Rückzugs, manchmal sogar der Verweigerung. Man machte gemeinsame Spaziergänge, nützte die kulturellen Angebote der Großstadt oder widmete sich der Musik. Auch die Kinder genossen diese Formen bürgerlicher Beschaulichkeit:

»Viel, viel schöner jedoch waren die Ferien mit Mutti, Vati, Lotte und Hansl …«, hält Marguerite Strasser in ihrer Biographie fest. »War das Wetter schön, gingen wir meistens in den Zoo, bei schlechtem Wetter ins Deutsche Museum. Wenn wir heimkamen, setzte sich Papa ans Klavier, und ich sang dazu. Manchmal hörten wir Musik vom Grammophon … Natürlich war die Wiedergabe nicht einwandfrei, aber das minderte unseren Kunstgenuß in keiner Weise.«[18] Gern blieb man auch zu Hause und lud Gäste ein, um die eigenen vier Wände nicht verlassen zu müssen: »Die Vorbereitungen für die Gäste mochte ich gern«, schildert eine Zeitzeugin ihre Kindheitserinnerungen. »Das ›gute‹ Porzellan auf schön gedecktem Tisch, Mutters berühmter Käse- oder Apfelkuchen und der Geruch sonntäglichen Bohnenkaffees weckten Vorfreude auf Besonderes. Der allwöchentliche Hefekranz reichte aber auch aus, Überraschungsgäste zu bewirten, denn die Ansprüche an Gastlichkeit waren bescheiden.«[19]

Nicht nur der Hort der eigenen vier Wände, auch der Zaun des Schrebergartens wurde zu einem Symbol für das private Refugium. War man glücklicher Besitzer eines solchen kleinen Königreichs, ließ sich Freizeit mit Natur verbinden. Der Rückzug ins Private erlaubte es den Frauen, sich von der Politik der Straße fernzuhalten und vermittelte das Gefühl einer »inneren Emigration«. Zugleich bedeutete dies aber ein stilles Tolerieren und Zulassen des Nationalsozialismus.

Kino – die beste aller Welten

Kein Zweig der Unterhaltungsindustrie bot leichtere Kost und bequemere Fluchten aus dem Alltag als das Kino. Auch für die Zeit nach 1933 galt, was der bedeutende Filmanalytiker und Soziologe Siegfried Kracauer für Kino und Publikum im Berlin der zwanziger Jahre konstatierte: Im Lichtspielhaus funktioniert der »Kult der Zerstreuung« noch. Die Besucher finden hier, was Arbeitsplatz und soziale Lage nicht befriedigen können, und sind »vom Bankdirektor bis zum Handlungsgehilfen, von der Diva bis zur Stenotypistin eines Sinnes«. Das Kino befriedigt Bedürfnisse und stimuliert Erregungen der Sinne, »daß nicht das schmalste Nachdenken sich zwischen sie einzwängen kann«.[20]

Während der NS-Zeit wiegten besonders Unterhaltungsfilme die Kinogänger in der verführerischen Vorstellung, man lebe – fern von aller Politik – »in der besten aller Welten, einer Welt des Juxes, der Heiterkeit und der Schlagerseligkeit«.[21] Wer sich die Propagandatöne der Wochenschau ersparen wollte, kam einfach etwas später zur Vorstellung. Natürlich schauten sich die meisten Frauen lieber scheinbar harmlose Unterhaltungsfilme an als irgendwelche Streifen mit missionierenden Politbotschaften. Deshalb befriedigte die NS-Filmpolitik mit dirigistischen Mitteln über wohlausgewählte Sujets und Stars die Bedürfnisse des Publikums.

Es war gar nicht so einfach für Reichspropagandaminister Goebbels, der sich mit Kennerschaft und Schläue des Films bemächtigt hatte, geeignete Stars am deutschen Filmhimmel zum Glitzern zu bringen, zu groß war im Zuge der Säuberungsaktionen der Verlust hervorragender, rassisch oder politisch unerwünschter Künstler gewesen: Regisseure wie Georg Wilhelm Pabst oder Paul Czinner mußten das Land ebenso verlassen wie die Filmschauspielerinnen Elisabeth Bergner, die Ehefrau Paul Czinners, wie Marlene Dietrich, Grete Mosheim, Carola Neher oder Tilla Durieux. Zu den wenigen vorzüglichen Darstellerinnen, die im Land blieben, gehörten Paula Wessely, Luise Ullrich, Käthe Dorsch oder Brigitte Horney. Einen Namen machte sich auch Lida Baarova, allerdings mehr als

Goebbels langjährige Geliebte. Zu wirklichen Stars avancierten aber vor allem Zarah Leander und Marika Rökk: Die eine rothaarig, die andere blond, spielten und tanzten sie sich in die Herzen ihrer weiblichen und männlichen Verehrer.

Viele Kinofans erhoben diese Leinwandheldinnen zu Vorbildern, denn mit ihnen ließen sich in der Traumfabrik Kino Emanzipation und Karriere erleben, die dem weiblichen Geschlecht in der Wirklichkeit vorenthalten waren. In dem 1939 gedrehten Streifen *Hallo Janine* zum Beispiel spielt Marika Rökk in der Großstadt Berlin ein unbekanntes Revue-Girl, das nach einem heiteren Verwechslungsspiel zum Star aufsteigt. Der sprechende Name des Helden an ihrer Seite, Prinz, wird zum Omen: Dem Märchen vom Aufstieg steht nichts mehr im Wege. Zudem gebärdet sich die Protagonistin im Film so, wie man es sich nur von einer emanzipierten, durch keine Verbote zu bändigenden Frau vorstellen konnte: »Inge ist eine ziemlich freche Autofahrerin, die bereits des öfteren mit den Verkehrsvorschriften in Konflikt gekommen ist. Nunmehr sind ihr 30 Tage Haft angedroht worden, nachdem sie wieder einmal in unglaublichem Tempo den Kurfürstendamm hinuntergerast war ...«, heißt es im Ankündigungsprospekt der Ufa.[22]

Zarah Leander hingegen besetzte überwiegend das tragische Fach. Sie verkörperte den Typus der mutigen Frau, leidensfähig und charakterstark, stolz und anmutig zugleich. Mit dem Film *Heimat*, erstaufgeführt 1938, erntete sie zusammen mit dem Regisseur Carl Froelich bei den Filmfestspielen in Venedig internationale Anerkennung. Sie gestaltet darin die Rolle der amerikanischen Sängerin Maddalena Dall'Orte, die bei einem Auftritt im Süden Deutschlands auf die Spuren ihres früheren Lebens stößt. Das Wiedersehen mit ihren Eltern dient als Anknüpfungspunkt für die Aufdeckung einer alten Liebschaft mit einem hartherzigen Bankier, Keller, der sie damals verführt und mit einem Kind sitzengelassen hatte. Der melodramatische Schluß dient der Auflösung des Knotens von moralischer Schuld und weiblicher Verantwortung, wie im Ankündigungstext ausgeführt wird:

»Eines Tages entdeckt ihr Vater jedoch, daß sie ein Kind hat. Inständig bittet er die Tochter, keine Schande über die Familie

Traumwelt Kino: Die Schauspielerin und Tänzerin Marika Rökk in dem Film Hallo Janine, *1939*

zu bringen und Keller zu heiraten. In einer pathetischen Szene, in der der alte Hauptmann sogar mit Selbstmord droht, widersetzt sie sich dem Willen ihres Vaters – ein Beispiel für die revoltierende junge Generation, die sich gegen die sinnlose Eigenliebe der Alten zur Wehr setzt, um sich ihr Lebensglück nicht zerstören zu lassen. Ihr Mut wird belohnt. Bankier Keller, bis dahin in der Öffentlichkeit der Exponent von Moral und Wohlanständigkeit, begeht Selbstmord, ehe Betrügereien von ihm aufgedeckt werden. Der Film endet mit Klängen aus der Matthäuspassion, die die Kirche von Ilmingen erbeben lassen. Die strahlende Stimme von Magda erhebt sich über den Chor, während der alte Hauptmann, Tränen der Freude weinend, Magdas Tochter in den Armen hält. Nun schämt er sich ihrer nicht mehr.«[23]

Heimat bot somit alles, was Goebbels von einem Film erwartete: Mit Zarah Leander, Heinrich George und Paul Hörbiger in den Hauptrollen waren die erwünschte künstlerische Qualität gewahrt und Beifall und Begeisterung des Publikums garantiert. In den Schlußsequenzen wurde die innovative Kraft der Jugend, des neuen Menschen und der Familie in Szene gesetzt, Bilder, in denen sich das »wahre Leben« widerspiegelte, Personen und Handlung machten »Echtheit« greifbar. Solche Filme boten jenseits aufdringlicher Propaganda gängige Identifikationsmuster der nationalsozialistischen Weltanschauung – zudem hielten sie die Menschen bei Laune.

In dem Streifen *Ich klage an*,[24] der 1941 in den Kinos anlief, verkörperte die junge Heidemarie Hatheyer die weibliche Hauptrolle. Sie spielte eine an Multipler Sklerose erkrankte Frau, die, als sie mit fortschreitender Krankheit keine Aussicht auf Rettung mehr sieht, die Ärzte um Sterbehilfe bittet. Deren Ablehnung nimmt der Ehemann zum Anlaß, selbst die Initiative zu ergreifen: »Ich habe meine Frau sehr geliebt ... und weil ich sie geliebt habe, habe ich es getan ...« Im letzten Drittel des Films wird der Fall vor Gericht verhandelt, wo einer der Geschworenen die eigentliche Botschaft des Films verkündet: »Ja, wenn einer verrückt ist oder schwermütig oder sonst keinen freien Willen hat, da muß eben der Staat die Verantwortung übernehmen! ... Man müßte Kommissionen einsetzen aus Ärzten und Juristen ...«

Aus offizieller Sicht war der Film kein Erfolg, denn das Publikum zeigte sich nur vom Kinotod der Heldin tief betroffen, nicht aber von den juristischen und moralischen Disputen. *Ich klage an* war als eine öffentliche Probeaufführung für das 1939 beschlossene »Euthanasieprogramm« gedacht, denn trotz strenger Geheimhaltung hatten Gerüchte zu ersten Beunruhigungen geführt. Der Regisseur Wolfgang Liebeneiner resümiert 1965 in einem NS-Prozeß: »Der Film hatte den Zweck, zu testen, ob ein Gesetz, das die Tötung auf Verlangen unter medizinischen und juristischen Kautelen straflos läßt, die Zustimmung der öffentlichen Meinung finden würde. Der Test verlief negativ, das Gesetz wurde nie erlassen ...«

»Die Herren des Dritten Reiches sind Meister der unsichtbaren Propaganda«, resümierte eine französische Streitschrift aus dem Jahre 1934. Diese These gilt ohne Abstriche auch für das Kino, das als modernstes Mittel der Massenbeeinflussung begriffen wurde. Eine Untersuchung aus dem Jahre 1943 mag die Wirkung verdeutlichen, benannten doch von 1260 befragten Mädchen und Jungen 686 als bevorzugte Filmthemen »Heldentum«, »deutschen Geist« und »Vaterlandsliebe«.[25] Auch das scheinbar Unpolitische im Film der NS-Zeit entpuppte sich unter der »Regie« von Joseph Goebbels als Täuschung. Das Kino schien nach außen seine künstlerische Freiheit bewahrt zu haben, es zeigte ein buntes Spektrum von historisierenden Streifen, über den Dokumentarfilm bis zur Filmposse. In Wirklichkeit aber überwachte das Propagandaministerium von der Stoffauswahl und der Vorprüfung der Drehbücher bis zum Filmtheater, von der Registrierung der Mitwirkenden bis zur Finanzierung alles.

»Und selbst in der Großstadt flammen die Lichter, tönen die Stimmen nicht mehr für uns!«

Ein vollkommen anderes Bild zeigte nach 1933 das kulturelle Leben, an dem Juden beteiligt waren. Filme, die von jüdischen Regisseuren gedreht, von jüdischen Autoren verfaßt waren oder in denen jüdische Künstler auftraten, mußten abgesetzt werden. Die Zeichen der Zeit waren deutlich: Elisabeth Castonier, jüdische Schauspielerin und Schriftstellerin, erzählt in ihren Erinnerungen, wie sie kurz nach der Machtergreifung einen neuen Bergner-Film besuchte.[26] Die Hauptdarstellerin Elisabeth Bergner, ebenfalls Jüdin, war wohl zu bekannt, als daß die neuen Machthaber gleich ein Filmverbot wagen wollten. Deshalb sei in Berlin-Moabit ein SA-Trupp »Kochende Volksseele« zusammengestellt worden, um die Vorstellung »spontan« zu stören. Als die Bergner auf der Leinwand erschien, habe der Pöbel laut »Juden raus« gerufen und nachher grölend die Absetzung des Films gefordert.

Elisabeth Castoniers eigenes Theaterstück *Sardinenfischer*, das bereits eine erfolgreiche Premiere hinter sich hatte, wurde gleichzeitig an siebzehn verschiedenen Bühnen storniert und verschwand vom Spielplan. Sie berichtet in ihren Erinnerungen auch von einer Aufführung der Berliner »Volksbühne« mit Käthe Dorsch und einer jüdischen Schauspielerin: Als einige Besucher das Stück durch »Juden raus«-Rufe unterbrechen wollten, legte die Dorsch schützend ihren Arm um die Kollegin und herrschte das Publikum von der Rampe aus an, sich anständig zu benehmen, worauf endlich Ruhe eintrat.

Was blieb den jüdischen Filmschauspielerinnen und Bühnenkünstlerinnen nach 1933 an Hoffnungen und Möglichkeiten? Aus der Sicht der Akteurinnen entlarvte sich das eigentliche Antlitz des Nationalsozialismus. Die Rassenideologie zerschnitt mit einem Mal die Kulturszene in eine arische und eine jüdische Kastengesellschaft. Der Gruppe der Parias blieb entweder die Flucht ins Exil oder eine Gettoisierung der jüdischen Kunst. Viele Künstlerinnen verließen bereits 1933 Deutschland, andere versuchten ihre Künstlerexistenz in einer der jüdischen Einrichtungen weiterzuführen.

Der Regisseur Kurt Baumann entwickelte zusammen mit dem Neurologen Kurt Singer umgehend den Plan, einen Kulturbund deutscher Juden einzurichten, um den jüdischen Berufsschauspielern und Berufsmusikern neue Wirkungs- und Erwerbsmöglichkeiten zu verschaffen.[27] Eine Statistik der jüdischen Künstlerinnen des Kulturbundes von 1937 nennt 81 Schauspielerinnen, 119 Opernsängerinnen, 148 Konzertsängerinnen, 61 Tänzerinnen und Artistinnen. Insgesamt waren 1425 Künstler beim Kulturbund tätig.

Die Veranstaltungen des Kulturbundes durften nur eingeschriebene Mitglieder besuchen. Der Monatsbeitrag betrug zweieinhalb Reichsmark und berechtigte zum Besuch von je einer Opern- und einer Theateraufführung, ferner zu einem Vortrag. Es durften allerdings keineswegs alle Werke zur Aufführung gelangen: Die gesamte literarische Klassik, außerdem Komponisten wie Beethoven und – nach dem Anschluß Österreichs – Mozart flogen aus den Programmen. Dies verdeutlicht nicht nur die grenzenlose Schikane und Kulturignoranz der zensierenden Behörden, sondern auch die Schwierigkeiten, denen die Künstler bei der Berufsausübung ausgesetzt waren.

Einige Künstlerinnen versuchten nun eine »zweite Karriere« auf den Brettern der Kleinkunstbühnen. Steffi Rosenbaum zum Beispiel trat mit großem Erfolg im musikalischen Lustspiel »Warum lügst Du, Cherie?« auf. Sie zählte zusammen mit der Harmonika-Virtuosin Cläre Arnstein bis 1941 zu den populärsten Frauendarstellerinnen der Kultur-Bühne.

Die Leipziger Kleinkunstbühne »Der bunte Karren« hatte zudem einen Star in seinen Reihen, der durch seine Vielseitigkeit und Vitalität begeisterte: Dela Lipinskaja. Auch auf Gastspielreisen wurde sie gefeiert: »Der europäische Ruf, der der Universalkünstlerin Dela Lipinskaja vorangeht, hat sich auch hier in München wieder als wohlerworben erwiesen. Sie ist jetzt an drei Abenden hintereinander im Kulturbund aufgetreten, an den drei Abenden vor ausverkauftem Haus. Nach Schluß der Vorstellungen verließ niemand das Haus. Beifallstürme entlockten der Künstlerin immer neue Gaben. Sie hat auch das Münchner Publikum im Sturme erobert. Wie soll man diese Kunst des rotblondgelockten, genialen Persönchens charakterisieren? Scheinbar mühelos, mit einem kaum spürbaren Kraftaufwand an stimmlichen und mimischen Mitteln bringt die kleine, quicklebendige Frau erstaunliche Wirkungen zustande. Sie singt in sechs Sprachen und begleitet sich oft selbst am Flügel. Man kann nicht sagen ob ihr musikalisches Feingefühl stärker ist als ihr großes schauspielerisches Talent. Bewegung, Gesang, Mimik sind hier eins ... Kurz, ein Erfolg auf der ganzen Linie.«[28]

Und doch offenbart sich in dieser wunderbaren Künstlerin die Tragik des jüdischen Kulturlebens, allgemein der jüdischen Existenz in Deutschland. Der Kulturbund ermöglichte ihnen ein Künstlerdasein auf Zeit. Nur den jüdischen Künstlerinnen, die rechtzeitig ins Exil geflohen waren, boten sich noch Chancen, auch weiterhin ihrer Berufung nachzugehen.

Karrieren

Karriere zu machen war für Frauen eigentlich nicht vorgesehen, weder in der Partei noch im Beruf, denn die Nationalsozialisten gingen von der prinzipiellen Ungleichheit von Mann und Frau aus. Bereits 1921 hatte die Partei festgelegt, Frauen weder in der Führung noch in den Gremien zuzulassen. Diese Linie galt grundsätzlich auch für die zwölf Jahre der NS-Herrschaft. Auch der berufliche Aufstieg wurde Frauen enorm erschwert.

Frauenerwerbstätigkeit sollte aus ideologischen Gründen so weit wie möglich eingeschränkt werden – ein Vorhaben, das man letztlich aus Gründen des kriegsbedingten Arbeitseinsatzes sehr inkonsequent handhabe. Doch immerhin schlossen 1938 die Mädchengymnasien ihre Pforten, für Studentinnen gab es an den Universitäten Zulassungsbeschränkungen, auch wenn man diese im Krieg teilweise wieder aufhob. Kampagnen gegen Doppelverdiener gingen zu Lasten der Frau, nur einer der beiden Ehepartner durfte berufstätig sein. Die einzige »Karriere«, die die NS-Ideologie für alle Frauen propagierte, war gleichsam eine Ersatzkarriere als Mutter.

»Das Kind adelt die Mutter!«

Als ideale Frau galt im NS-Staat die Mutter, die als Gebärerin ihren wesensgemäßen Beitrag zur Volksgemeinschaft leistete. Der Staat schuf eine ganze Reihe materieller Anreize, Frauen zur Mutterschaft zu bewegen: Steuererleichterungen, Ehestandsdarlehen und Kinderbeihilfen sollten kinderreiche Familien entlasten, für Mütter gab es Erholungsstätten und besondere KdF-Fahrten. Die Frauenschaften boten ein vielfältiges Kursprogramm, in denen sich die zukünftigen Mütter auf ihren Nachwuchs vorbereiten konnten.

Um die Ersatzkarriere ideell aufzuwerten, wurde die Mutterschaft zum Kult stilisiert. Der Muttertag stieg im nationalsozialistischen Festkalender zum »Ehrentag der deutschen Mutter« auf. Diejenigen Frauen, die dem Führer ein Kind schenkten, wie es in der Propagandasprache hieß, erhielten das »Ehrenkreuz der deutschen Mutter«: Für das vierte und fünfte Kind gab es das Ehrenkreuz in Bronze, für das sechste und siebte in Silber, für acht oder mehr Kinder in Gold.

Die Ankündigung des Mutterkreuzes im *Völkischen Beobachter*, Weihnachten 1938, verdeutlicht die gesellschaftliche Sonderrolle einer kinderreichen Mutter und zugleich die Koppelung von Mutter- und Führerkult: »Drei Millionen deutscher Mütter werden nunmehr am Tage der deutschen Mutter 1939 erstmalig in feierlicher Weise die neuen Ehrenzeichen durch die Hoheitsträger der Partei verliehen bekommen. Jahr für Jahr werden diese Feiern sich dann am Muttertag, am Ordenstag der kinderreichen Mütter, wiederholen. ›Das Kind adelt die Mutter!‹, so steht es auf der Rückseite des Ehrenkreuzes geschrieben. So werden die Feiern am Muttertage aufs neue künden von jener Wandlung in der inneren Haltung des deutschen Menschen vom wiedererwachten Willen zum Kind, den der Nationalsozialismus mit Recht als den größten seiner Erfolge bezeichnen darf. Bisher in diesem Umfang noch keinem Staate beschieden, ist die wiedererstandene Lebenskraft das Glaubensbekenntnis des deutschen Volkes zum nationalsozialistischen Staat, ist jedes neugeborene Kind der lebendige Vertrauensbeweis zu Führer und Volk. Der deutschen Mutter, die diesen Vertrauensbeweis erbrachte, ihr gilt mit dem neuen Ehrenzeichen auch nach außen hin der Dank ... Die Jugend vor allem, sie soll zur Ehrfurcht vor den Müttern des Volkes angehalten werden. So wird sich die Ehrung der kinderreichen deutschen Mutter nicht nur auf den Muttertag und auf die Ordensverleihung beschränken. Auch im öffentlichen Leben wird die kinderreiche Mutter in Zukunft den Platz einnehmen, der ihr zukommt ...«[1]

Nur in Ansätzen wurde die Wahnvorstellung in die Tat umgesetzt, mit Hilfe »reinblütiger« Frauen zu einer Höherzüchtung der arischen Rasse zu kommen.[2] »Lebensborn«

nannte Heinrich Himmler seine 1935 geschaffenen Heime zur Menschenzucht in den Reihen der SS. Hier sollten außer den Bräuten von SS-Männern noch weitere auserwählte Frauen für reinrassigen Nachwuchs und künftige Soldaten sorgen. Doch vorerst sollte dieses Projekt geheimgehalten werden, so daß die Frauen sich keineswegs in Rang und Ansehen setzen konnten, im Gegenteil. Sie mußten ihre Schwangerschaft verheimlichen, in den Heimen wurden sogar Standesämter und eigene polizeiliche Meldeämter eingerichtet. Etwa 8000 Kinder wurden auf diese Weise geboren.

Zugleich instrumentalisierten die Nationalsozialisten die Mutterschaft zu Zwecken der Rassepolitik. Da in einer Ehe nur reinblütige gesunde Frauen Kinder bekommen sollten, drohte anderen die Zwangssterilisation. Hunderttausende von Frauen wurden so zu Opfern, da ihre Mutterschaft offiziell unerwünscht war. Sie standen auf der Schattenseite des ideologischen Frauenbildes von Mutter und Kind.

»Wenn wir einmal an die Macht kommen, dann müssen Sie meine Filme machen.«

Blieben den Müttern berufliche Karrieren in der Regel versagt, so konnten sie wenigstens davon träumen. Die Unterhaltungsindustrie lieferte die Stoffe und die Vorbilder – Kinostars wie Lil Dagover, Marika Rökk, Luise Ullrich oder Paula Wessely. Eine außergewöhnliche Karriere als Schauspielerin und Filmemacherin schaffte die attraktive hochbegabte Berlinerin Leni Riefenstahl, die zu den schillerndsten Persönlichkeiten des Dritten Reiches zählte. Sie pflegte regen, fast vertrauten Kontakt mit Adolf Hitler und anderen Nazi-Größen und eröffnete sich so ungeahnte berufliche Möglichkeiten.

Ihre Biographie zeigt die ganze Widersprüchlichkeit einer scheinbar unpolitischen Künstlerkarriere zwischen innovativem Künstlertum und Propagandakunst: Dank ihrer vielseitigen Begabungen und ihres Könnens, ihres Ehrgeizes und ihrer Anpassungsbereitschaft gelang es Leni Riefenstahl, sich als Frau in einem von Männern dominierten intrigenreichen Umfeld durchzusetzen. Dabei reizte sie alle Kontakte, künstlerischen Freiheiten und technischen Möglichkeiten aus, um ihre filmischen Ideen zu realisieren.

Die Ergebnisse sind umstritten: Sind ihr bewundernswerte Dokumentarfilme gelungen oder schuf sie Propagandafilme? Machte sie sich nicht über ihre in- und ausländischen Erfolge zur Botschafterin des Nationalsozialismus? Verblendeten sie künstlerische Besessenheit und egoistische Freiräume so, daß sie die Schattenseiten der Nazi-Herrschaft in dieser Weise verkennen und ignorieren konnte? Nach 1945 gehörte Leni Riefenstahl jedenfalls zu den wenigen Persönlichkeiten der Filmindustrie, die für ihre Karriere im nationalsozialistischen Deutschland büßen mußten.

Bereits als Dreißigjährige war die 1902 in Berlin geborene Riefenstahl ein Star. Ihre vielseitigen Talente erlaubten es ihr, erfolgreich mehrere Karrieren hinter sich zu bringen. Sie begann als Ballett-Tänzerin und wurde von dem berühmten Regisseur Max Reinhardt für einige Aufführungen an das »Deutsche Theater« in Berlin verpflichtet. Eine Verletzung ließ sie 1925 zum Film wechseln. Hier avancierte sie unter dem Bergfilmspezialisten Arnold Fanck zu einer wagemutigen Darstellerin hochdramatischer Alpenfilme: Ohne Seilsicherung kletterte sie schwierigste Steilwände; das Skilaufen erlernte sie so perfekt, daß sie 1936 sogar für das olympische Skiteam nominiert wurde. Dieses ausgeprägte Gefühl für Bewegungsabläufe und Körperlichkeit nutzte sie später für die Darstellung von Wettkämpfen und Athleten im Olympiafilm, wo sie zeitgemäßen Körper- und Männlichkeitskult in Filmsprache übersetzte. Den Durchbruch als Regisseurin, Produzentin, Hauptdarstellerin und Mitautorin in einer Person schaffte sie 1932 mit dem Film *Das blaue Licht*, für den sie auf der Biennale in Venedig ausgezeichnet wurde.

Die Riefenstahl hatte sich auch international einen Namen gemacht und eine für die damalige Zeit ungewöhnliche Frauenkarriere erarbeitet. Die Freundschaft mit einem so hervorragenden Regisseur wie Josef von Sternberg, der zu dieser Zeit den Film *Der blaue Engel* mit Marlene Dietrich vorbereitete, ließen sogar den Sprung nach Hollywood in greifbare Nähe rücken.

Bewunderung. Adolf Hitler beglückwünscht Leni Riefenstahl nach der Uraufführung des Reichsparteifilms Triumph des Willens *mit einem Fliederstrauß. Berlin, 28. März 1935 (Pressefoto)*

Doch Leni Riefenstahl schätzte wohl zu sehr ihre Selbständigkeit und ihre technische Neugierde, um sich auf die Rolle einer Schauspielerin zu beschränken.

Zudem verstand sie es, immer dann die Initiative zu ergreifen und sich durchzusetzen, wenn es für ihre Karriere förderlich schien. Sie agierte neugierig, impulsiv, selbstbewußt, berechnend, aber auch naiv, ohne Gespür für mögliche Konsequenzen. Als sie im Februar 1932 Adolf Hitler auf einer politischen Veranstaltung erlebt hatte, teilte sie ihm in einem Brief ihre Bewunderung mit. Hitler vereinbarte ein Treffen, schätzte doch auch er diese vielversprechende Filmemacherin. Außerdem kannte er die massenpsychologische Wirkung des Films. Hätte es Leni Riefenstahl nicht sehr nachdenklich machen müssen, als ihr ein Politiker, zudem der Führer der Rechtsradikalen, bereits beim ersten Treffen anbot: »Wenn wir einmal an die Macht kommen, müssen Sie meine Filme machen«?[3]

Ernüchterung. In Polen wird Leni Riefenstahl Zeugin einer Erschießung. Daraufhin bricht sie ihre Arbeit als Kriegsbericht-erstatterin ab. (Fotograf unbekannt)

Nach der Machtergreifung eröffneten sich der knapp Drei-ßigjährigen völlig neue Perspektiven. Sie nahm sofort den Auf-trag an, über den Nürnberger Reichsparteitag einen Dokumen-tarfilm zu drehen. Auf *Sieg des Glaubens* folgte ein Jahr später mit *Triumph des Willens* ein weiterer Parteitagsfilm. Über diese Zugeständnisse an die nationalsozialistischen Machthaber erkaufte sie sich alle Möglichkeiten, die sie sich für ihre Arbeit wünschte. Sie ließ Türme, Brücken, Bahnen bauen und mit Kameras bestücken; so konnte sie statische Motive wie Aufmär-sche und Redner bewegt aufnehmen. In ihrem Buch *Hinter den Kulissen des Reichsparteitag-Films* hält sie dazu fest: »Oder am Adolf-Hitler-Platz wird in der Höhe des ersten Stockwerkes der Häuserfront entlang eine 20 Meter lange Fahrbahn gebaut, um die vorbeimarschierenden Truppen mit der bewegten Kamera von oben aufzunehmen … Unser Arbeitsstab ist all-mählich auf 120 Mann gewachsen. Ich zählte in Nürnberg 16

Kameraleute und 16 Hilfsoperateure mit 30 Apparaturen zum ›Stab‹. Daneben die 4 Tonapparaturen, die Beleuchter, 22 Autos mit ihren Chauffeuren, außerdem die SA.- und SS.-Wachen, die Feldjäger. Dazu 16 Wochenschau-Operateure, die mit ihren großen Erfahrungen eine wertvolle Unterstützung für den Film bedeuteten.«[4]

Ungewöhnliche Kameratechniken, neue Montagetechniken beim Filmschnitt und in der Tontechnik fügte Leni Riefenstahl zu einem bisher nicht gekannten Stil und einer neuartigen Ästhetik des Dokumentarfilms zusammen: Führer, Partei, Propagandazeichen wie Hakenkreuz und Fahne wurden mystifiziert, der Geist des Regimes auf Zelloloid gebannt. Diese Darstellungsart des Dokumentarischen schuf keine Distanz, sondern zog den Betrachter in das Bild und schuf Identifikationsmöglichkeiten.

Die Regisseurin behauptet in ihren Erinnerungen, sie habe während der Arbeit zu diesen Filmen nicht einen Augenblick an Propaganda gedacht und einen rein historischen Film gemacht. Selbst wenn dies für die Absicht der Filme gelten sollte, so keineswegs für ihre Wirkung: Nach der Premiere von *Sieg des Glaubens* sang das Publikum zusammen mit dem Führer das »Horst-Wessel-Lied«, *Triumph des Willens* erhielt die Prädikate »staatspolitisch und künstlerisch besonders wertvoll« und »volksbildend« und wurde 1935 mit dem »Nationalen Filmpreis« ausgezeichnet. Besonders mit ihrem zweiten Film war Leni Riefenstahl nicht nur ein ausgezeichneter »Dokumentarfilm« gelungen, sondern »vielleicht die wirksamste NS-Propaganda, die je ins Bild gesetzt wurde«.[5]

Die Ausnahmestellung dieser Karrieristin zeigt sich auch darin, daß *Triumph des Willens* keinerlei Zensur unterworfen war – ein einmaliger Vorgang in der von Joseph Goebbels kontrollierten Filmwelt. Leni Riefenstahl verstand es, sich außerhalb der systemimmanenten Normen zu stellen. Sie entzog sich aber gleichermaßen jeglicher ethischen Verantwortung, als sei die Wirkungsgeschichte nicht mehr Teil ihres Schaffens. In ihren ausführlichen Memoiren spielen jedenfalls ethische und moralische Erwägungen nur eine marginale Rolle.

Den Höhepunkt ihres Erfolgs erreichte Leni Riefenstahl mit

der filmischen Umsetzung der Olympiade 1936, einer Auftragsarbeit des Internationalen Olympischen Komitees. Auch hier stand ihr der gesamte technische und logistische Apparat zur Verfügung, so daß während der Spiele 800 000 Meter Film abgedreht werden konnten, die auf insgesamt 6000 Meter geschnitten wurden: Das Ergebnis waren die beiden abendfüllenden Olympiafilme *Fest der Völker* und *Fest der Schönheit*. Ihre künstlerische Qualität findet bis heute hohe Anerkennung, gewürdigt wird aber auch die politische Dimension:

»»Olympia‹ ist ohne Zweifel ein großes Ereignis in der Geschichte der Sportreportage. Nicht nur wegen der Mittel, die eingesetzt wurden, sondern wegen der Ingeniosität der ständig wechselnden Regieintentionen. Die Kamera schweift vom allgemeinen zum besonderen, geht aus der Totalen ins Detail, von der Masse der Zuschauer zum kämpfenden Sportler über … Das Interesse, das die Filme verdienten, ist historischer und politischer Art. Man sollte das Hakenkreuz auf dem schwarzen Badeanzug der Schwimmer, den Trikots der Boxer und Ringer sowie der anderen deutschen Sportler sehen. Man sollte beobachten und zur Kenntnis nehmen, mit welch' nationalistischem Stolz Deutschland seine Sieger feierte. Ihnen sind in diesen Filmen die lautesten Bravo-Rufe, die sorgfältigsten Gegenschüsse, die frenetischsten Kommentare gewidmet. Und der große Organisator dieses Fests der Völker und Schönheit, Hitler, ist stets gegenwärtig …«[6]

Nach nahezu zwei Jahren Bearbeitungszeit hatte der Olympiafilm am 20. April 1938 – Hitlers Geburtstag – in Berlin eine überwältigende Premiere. Die internationalen Erfolge glichen einem Siegeszug: Zahlreiche europäische Regierungen gaben anläßlich der Filmpremiere Festeinladungen, Stalin schickte ein Glückwunschtelegramm, auf der Biennale in Venedig erhielt der Film den »Goldenen Löwen«. In allen Kinos der Welt konnte nun, wenn auch mit zeitlicher Verzögerung, das Filmdokument eines friedliebenden gastgebenden Olympia-Deutschland gezeigt werden.

Immer wieder betont Leni Riefenstahl in ihren Erinnerungen, daß sie nicht in politische Zusammenhänge hineingezogen werden wollte und politische Zusammenhänge nicht durchschaut habe. Es gibt dagegen zahlreiche Stellen, die eine andere Sprache sprechen: Hitlers *Mein Kampf* hatte sie bereits vor 1933 gründlich gelesen und sogar mit Kommentaren versehen. Wenn sie diesen Aussagen auch keinen Glauben schenkte, so mußte sie die Flucht ihrer jüdischen Freunde nach der Machtergreifung doch eines besseren belehrt haben.

Es gab nur ganz wenige Frauen, die mit Hitler so vertraute Gespräche führten wie sie. Doch hier hielten sich ihr mutiges Auftreten und hartnäckiges Nachfragen in bescheidenen Grenzen, hier riskierte sie es nicht, alle Möglichkeiten auszuloten oder Grenzen um der Wahrheit willen zu überschreiten: Ihre Risikobereitschaft endete dort, wo sie ihre Karriere ernsthaft aufs Spiel gesetzt hätte.

Handlungsspielräume

In welcher Weise die Möglichkeiten innerhalb von Führungspositionen genutzt oder mißbraucht wurden, läßt sich am Beispiel zweier Fürsorgerinnen nachvollziehen: Zum einen die Hamburger Sozialpolitikerin Käthe Petersen, die ihre Kenntnisse und ihre Befugnisse im Sinne der NS-Herrschaft einsetzte, zum anderen die in der katholischen Fürsorge tätige Berliner Ordinariatsangestellte Margarete Sommer, die an die Bischofskonferenz unter anderem scharfe Appelle wegen der Menschenrechtsverletzungen richtete.

Käthe Petersen studierte Jura, Staatsrecht, Psychologie und Volkswirtschaft, promovierte und trat als Beamtin in den Dienst der hamburgischen Sozialverwaltung ein. Es war ein Privileg, den Sprung zur Staatsdienerin zu schaffen:[7] Während 1933 bereits über 800 000 Männer eine Beamtenurkunde in Händen hielten, war dies nur knapp 90 000 Frauen vergönnt. Bis 1939 verschlechterte sich dieses Verhältnis weiter: Es gab 1,1 Millionen Beamte, aber nur 88 000 Beamtinnen. Käthe Petersen schaffte 1939 den Aufstieg von einer Verwaltungsbeamtin im höheren Dienst zur Senatsrätin und Leiterin der Gesundheits- und Gefährdetenfürsorge.

In dieser Position machte sie ihre Zuständigkeiten der nationalsozialistischen Ideologie dienstbar, zählte sie doch zu den wenigen Spitzenbeamtinnen, die in einer Behörde in leitender Funktion tätig waren. Käthe Petersen machte es sich zur Aufgabe, zeitgemäße wissenschaftliche Konzepte der Sozialhygiene in die Tat umzusetzen. Die Frage von Verantwortung oder Schuld orientierte sich auch an den Handlungsspielräumen, die sich im Rahmen einer solchen Karriere ergaben.

Sozialdarwinistisch begründete Auslese- und Ausmerzekonzepte waren in Fürsorgekreisen schon seit den zwanziger Jahren weit verbreitet. Viele Fürsorgerinnen sahen deshalb in der von den Nazis durchgeführten erbbiologischen Erfassung der Bevölkerung und in der Zwangssterilisation kein Unrecht, sondern längst überfällige sozialhygienische Maßnahmen.[8] Der Umbau der öffentlichen Fürsorge in eine rassenhygienische Kontroll- und Selektionsbehörde gehörte zu den wichtigsten Anliegen der NS-Ideologie.[9] Dazu bedurfte es einer großen Zahl ideologisch möglichst zuverlässiger Fürsorgerinnen, und so kam es im Pflegerinnenbereich anfangs zu umfänglichen »Säuberungsaktionen« mit zahlreichen Entlassungen. Den Fürsorgerinnen fiel auf der Grundlage des »Gesetzes zur Verhütung erbkranken Nachwuches« die Aufgabe zu, erbbiologisch »minderwertige« Familien zu erfassen, um »erbkranke« Personen daran zu hindern, Nachwuchs zu bekommen. In Hamburg zum Beispiel wurden auf diesem Wege nahezu 16 000 Frauen und Männer zwangssterilisiert, im ganzen Reich sogar 300 000 Personen.[10]

Wie reibungslos sich hier die Fähigkeiten einer Person in das nationalsozialistische Ideengeflecht und Räderwerk einfügen konnten, wird an folgendem Verfahren deutlich: Frauen und Männer, die für eine Sterilisation vorgesehen waren, wurden unter eine Pflegschaft gestellt, also entmündigt. Zu den »gemeinschaftswidrigen« Frauen und Männern, die für einen solchen Eingriff vorgesehen waren, rechnete die Behörde zum Beispiel »Gewohnheitsverbrecher, Landstreicher, Zuhälter, Rauschgiftsüchtige und Dirnen, die immer wieder die gesundheitsbehördlichen Vorschriften übertreten; ferner Unwirtschaftliche und Arbeitsscheue, bei denen alle Erziehungsversuche vergeblich gewesen sind.«[11] Wer in behördlicher Pflegschaft stand, konnte sich gegen den geplanten Eingriff juristisch nicht zur Wehr setzen, denn ein Einspruchsrecht gegen die Beschlüsse des Erbgesundheitsgerichts gab es nicht.[12] Die Betreuung dieser Personen übernahmen Pflegerinnen, die zugleich als Vertrauenspersonen die Möglichkeit bekamen, bei den Familien des Pfleglings Informationen einzuholen, um sich damit mögliche Begründungen für eine Zwangssterilisation zu beschaffen.

Käthe Petersen wirkte in einem Referentenentwurf selbst an der Ausarbeitung dieser sozialen Kategorisierung mit, die Erfassung, Kontrolle und Vollzug erleichtern sollte. Deutlich durchdringt das nationalsozialistische Wertesystem ihre Vorstellungen von Fürsorge und Erziehung: Sie erarbeitete Richtlinien, leitete Zwangserziehungsmaßnahmen und Sterilisationsverfahren ein, erteilte Ratschläge. Ihre Position erlaubte es ihr, eigenständig zu arbeiten und zu entscheiden. Sie legalisierte durch einen Verwaltungsakt, wer aus der Volksgemeinschaft auszuschließen sei.

Für eine Bewertung ihrer persönlichen Verantwortung ist die Frage wichtig, ob sie angesichts der Folgen für die Betroffenen nicht auch andere ethische und moralische Konzepte zur Grundlage ihres Handelns hätte machen können. Wäre es in ihren Möglichkeiten gestanden, den Gedanken der Fürsorge, nicht der »Umerziehung« oder »Ausmerze« zur Richtschnur ihrer Tätigkeit zu erheben? Daran gibt es wohl keinen Zweifel. Doch ihr Berufsweg wäre dann vermutlich bescheidener ausgefallen.

Der Weg der Käthe Petersen verdeutlicht, daß man im Dritten Reich bei einer zuverlässigen Gesinnung den Grundstein für eine steile Karriere legen konnte, die bis in die sechziger Jahre der Bundesrepublik reichte. Nach 1945 stieg Käthe Petersen zur Leiterin des gesamten Landesfürsorgeamtes in Hamburg auf, wurde Regierungsdirektorin und arbeitete ehrenamtlich in zahlreichen Vereinsvorsitzen. Aufgrund ihrer fachlichen und menschlichen Qualitäten erhielt sie zahlreiche Auszeichnungen. Über die ersten zwölf Jahre ihrer beruflichen Karriere während der NS-Zeit breitete sich ein Mantel des Schweigens.

Es sei heilige Pflicht der Bischöfe, für die unveräußerlichen Rechte aller Menschen einzutreten ...

Eine ähnlich verantwortungsvolle Position, allerdings im Bereich der kirchlichen Fürsorge, hatte die Berliner Ordinariatsangestellte Margarete Sommer inne.[13] Sie nutzte ihre Eigenständigkeit in ganz anderer Weise als Käthe Petersen. Margarete Sommer, eine gläubige Katholikin, studierte Nationalökonomie, Philosophie und Geschichte, promovierte und unterrichtete in staatlichen Wohlfahrtseinrichtungen in Berlin. 1934 erhielt sie wegen zu geringem Engagement für die Ideen des Nationalsozialismus Lehrverbot. Schließlich fand sie im bischöflichen Ordinariat Berlin bei der juristischen Beratung von Erbkranken ein neues Aufgabenfeld.

Innerhalb weniger Jahre gelangte Margarete Sommer, die die Wertschätzung und das Vertrauen des Berliner Bischofs Konrad Graf von Preysing genoß, als Frau im kirchlichen Bereich in eine ungewöhnliche Führungsposition: 1939 wurde sie mit der Frauenseelsorge im Berliner Bistum betraut, 1941 mußte sie sogar die Leitung des »Hilfswerks beim Bischöflichen Ordinariat Berlin« übernehmen, da der bisherige Geschäftsführer zu den rassisch Verfolgten zählte.

Das Hilfswerk betreute »katholische Nichtarier«, beispielsweise Katholiken jüdischer Abstammung; diese Menschen bedurften zunehmend der Hilfe der katholischen Kirche, da die Bestimmungen der Rassegesetze auch gegen sie gerichtet waren. Es unterstützte die Betroffenen bei der Suche nach neuen Arbeitsstellen oder leistete finanzielle Unterstützung, half bei den Vorbereitungen zur Auswanderung und begleitete die jüdischen Kindertransporte nach England oder in die Niederlande.

Margarete Sommer konnte sich aufgrund zahlreicher Berichte und Informationen rassisch Verfolgter bald ein recht genaues Bild machen über die staatlichen Verordnungen und Pressionen. Präzise reflektierte sie die Auswirkungen auf Glaubensfragen, entwarf mögliche Handlungsstrategien und faßte sie in Denkschriften zusammen. So kritisierte sie beispielsweise die Ausgrenzungen, die innerhalb der Kirche stattfanden, gab es doch mancherorts für »katholische Nichtarier« eigene »Juden-bänke«. Als die Deportationen immer bedrängendere Ausmaße annahmen, mahnte sie die Verpflichtung der Kirche zu Schutz und Hilfe für alle Verfolgten an, unabhängig von Taufschein und »Ariernachweis«. Besonders hob sie die drohende Verlet-zung des Sakramentenrechts der Ehe hervor, als der Staat die Trennung von »rassisch gemischten Ehen« forcierte, um die Liquidierung der Juden vorantreiben zu können.

Wollte Margarete Sommer innerhalb der kirchlichen, Män-nern vorbehaltenen Hierarchie wirksam agieren, mußte sie sich bewußt auf unumstrittene Grundsatzfragen des katholischen Glaubensverständnisses berufen, um die konservativen kirchli-chen Würdenträger, allen voran Kardinal Bertram, zu einer offensiven, kämpferischen Linie gegenüber den Nationalsozia-listen zu bewegen. Sie verfaßte ihre schriftlichen Eingaben so fundiert als nur möglich, da es nur Augenzeugenberichte, kaum aber Dokumente zur Beweisführung gab. Die Berichte kamen über Bischof Preysing an Kardinal Bertram und an die Bischofskonferenz, ein Schreiben mit genauen Zahlen über die Deportationen gelangte sogar nach Rom. Die Spitzen der Kir-che waren somit ziemlich präzise über die aktuellen Vorgänge des Holocaust im Dritten Reich informiert.

Margarete Sommer plädierte für klare Protestworte, für einen gemeinsamen »Appell an die christliche und außerchrist-liche Öffentlichkeit«, und mahnte, »es sei ›heilige Pflicht‹ der Bischöfe, für die ›unveräußerlichen Rechte aller Menschen‹ ein-zutreten, andernfalls würden sie vor ›Gott und den Menschen‹ durch Schweigen schuldig werden«.[14]

Letztlich blieb aber ihr engagierter Einsatz ohne Erfolg. Ihr Scheitern ist ein Symptom für die Haltung der meisten Bischöfe und weiter Teile der katholischen Kirche im Dritten Reich: Man wollte möglichst Konflikte vermeiden, blieb unverbindlich oder hüllte sich gänzlich in Schweigen. Kardinal Bertram qua-lifizierte die Schreiben Margarete Sommers mit der Bemerkung ab, sie seien von einer glaubwürdigen Person mit viel seelischer Ergriffenheit vorgetragen, letztlich aber nur subjektiv glaub-würdig und privaten Charakters. So konnte sich die ungewöhn-lich engagierte Fürsorgerin mit ihren kirchenpolitischen Aktivitäten gegen uneinsichtige, von gravierenden Fehleinschätzungen getragene Positionen nicht durchsetzen. An ihre leitende Stellung waren keine weiteren Kompetenzen geknüpft, so daß sie sich auf beratende Aufgaben beschränken mußte.

Nach dem Krieg führte Margarete Sommer nur noch die Leitung der kirchlichen Frauenseelsorge weiter und betreute ehemalige Lagerhäftlinge und Rückkehrer. Wohl aus Loyalität gegenüber der Kirche spielte sie im Rückblick auf den Holocaust ihre eigenen Positionen nicht aus, sondern schönte sogar die Haltung der Bischöfe. Im Gegensatz zu der staatlichen Fürsorgerin Käthe Petersen hatte Margarete Sommer nichts zu verbergen. Sie verzichtete aber auf jegliche Selbstdarstellung und ging ganz in der Fürsorge auf. Ehrungen für ihren Mut und ihren Einsatz blieben ihr versagt. Sie starb 1965.

Auf ihrem Grabkreuz steht: »Ein Leben für Deutschland«

Eine ungewöhnliche Karriere zwischen Partei und KZ durchlief die 1885 in Oberbayern geborene Eleonore Mayer.[15] Ihre Auszeichnungen als Krankenschwester und ihre Bekanntschaft mit Hitler eröffneten ihr Freiräume, in denen sie eine abstruse Gleichzeitigkeit von Hilfsbereitschaft und Sadismus pflegen konnte.

Erste Lorbeeren verdiente sich die aus einfachen Verhältnissen stammende Frau bereits im Ersten Weltkrieg als Krankenschwester an der Front und vor allem als »Sturmtruppen-Krankenschwester« in Kämpfen im Baltikum gegen russische Truppen: Hierfür erhielt sie damals unter anderem ein »Silbernes Kreuz für Tapferkeit«, den »Schlesischen Adlerorden« und die »Rotkreuzmedaille«. Frühzeitig schloß sie sich dann der rechtsradikalen Bewegung an, verbreitete auf Flugblättern antisemitische Parolen und trat schließlich in die DAP, die spätere NSDAP, ein.

Seit sie Hitler zufällig in der Straßenbahn beim Kleben eines Flugblattes kennengelernt hatte, zählte Eleonore Mayer zu seinen glühendsten Bewunderinnen. Gerne behauptete sie von sich, den Führer 1923 nach dem gescheiterten Putsch auf die Münchner Feldherrnhalle verarztet zu haben.

Diese Vorgeschichte prägte entscheidend die weitere Nazi-Karriere von Eleonore Mayer, verheiratete Baur, die sich seit ihrer Fronterlebnisse »Schwester Pia« nannte. Denn nach der Machtergreifung gehörte sie damit zu den alten »Kämpferinnen« und konnte auf ihre bisherigen Verdienste für das Vaterland verweisen. Für ihre Teilnahme am Putsch von 1923 erhielt sie von Hitler 1934 als einzige Frau den »Blutorden« und das »Goldene Parteiabzeichen«. Parteivergangenheit und Berufserfahrung ließen sie schließlich als Fürsorgeschwester bei der Waffen-SS unterkommen. Heinrich Himmler, den sie liebevoll verehrte, ernannte sie schließlich zur SS-Oberführerin, ein Rang, der eigentlich Männern vorbehalten war.

Eleonore Baur suchte aber nach einer Position, die ihr über die Parteikarriere hinaus unbeschränkte Freiheiten ermöglichte. Es gelang ihr tatsächlich, von Hitler anläßlich der Ordensverleihung den freien Zugang zum KZ Dachau zu erbitten. Jetzt konnte sie in Uniform Macht demonstrieren und frönte gleichzeitig ihrem nahezu pathologischen Fürsorgetrieb.

Wie sehr die »Schwester« nun ihre Machtfülle auskostete, soll folgende beklemmende Begebenheit illustrieren: »Weihnachten 1938. ›Schwester Pia‹ hat sich im Lager angesagt. Die Häftlinge müssen auf dem Appellplatz einen mit Glühbirnen geschmückten Christbaum aufstellen und unter ihm einen der gefürchteten Prügelböcke. Sie erscheint in der Uniform der nationalsozialistischen Schwesternschaft, deren Ehrenoberin sie inzwischen geworden ist. Begleitet wird sie von der Lagerführung, allen voran der betrunkene Lagerkommandant Loritz.

Die Häftlinge sind blockweise angetreten, und jeder von ihnen erhält ›durch die Güte und Liebe der Schwester Pia‹, wie Loritz gerade noch artikulieren kann, ein Päckchen mit Lebensmitteln. Zwölf Häftlinge müssen vortreten; anstatt eines Päckchens erwartet sie eine andere Bescherung … (Sie) werden nun einzeln zum Prügelbock unter den leuchtenden Christbaum geführt und brutal geschlagen. ›Schwester Pia‹ leitet die Bestrafungsaktion persönlich … Derweil müssen die angetretenen Mithäftlinge ›Stille Nacht, heilige Nacht‹ und ›Es ist ein Ros'

Karriere in der Partei: SS-Oberführerein und Blutordensträgerin
Eleonore Baur, genannt Schwester Pia (offizielles Foto)

entsprungen‹ singen. Nachdem die Geschlagenen ›zur Erhöhung der Festfreude‹, wie der betrunkene Loritz von sich gibt, in den berüchtigten Strafbunker geworfen werden, verläßt ›Schwester Pia‹ die Stätte ihres Wirkens, um auch außerhalb des Konzentrationslagers Weihnachtsgeschenke an Notleidende zu verteilen.«[16]

Mit dem Fall des Dritten Reiches nahm auch diese nationalsozialistische Frauenkarriere ein Ende. Die Hauptspruchkammer München sühnte ihren unmenschlichen Machtmißbrauch mit zehn Jahren Arbeitslager, dem Verlust sämtlicher bürgerlichen Ehrenrechte, vor allem aber mit Berufsverbot. Von ihrer Haftstrafe leistete sie aus gesundheitlichen Gründen nur wenige Jahre ab. Ihre nationalsozialistische Gesinnung gab sie auch in den Jahrzehnten nach dem Krieg nicht auf. Eleonore Baur starb mit 95 Jahren, auf ihrem Grabkreuz stehen die Worte: »Ein Leben für Deutschland«.

Gescheiterte Laufbahnen: »... Entfernung
aus dem Dienste ...«

Nicht nur spezifische Karrieren charakterisieren die NS-Zeit, auch das Scheitern enthüllt Zeittypisches. Schon eine unpassende Bemerkung konnte genügen, daß ein Berufsweg zerbrach. Wie gefährdet zum Beispiel Lehrerinnen in ihrem Beruf waren, verdeutlichen exemplarisch die Schicksale von zwei Hauptschullehrerinnen aus Österreich.[17] Die besondere Treuepflicht gegenüber dem Staat schränkte die Meinungs- und Handlungsspielräume in einem Maße ein, daß das Unterrichten zu einem verbalen Drahtseilakt wurde.

Die Hauptschullehrerin Hilda Wüstinger aus Wien hatte eine erfolgreiche Schullaufbahn hinter sich. Zweimal erhielt sie Belobigungen, einmal rückte sie aufgrund ihrer besonderen Leistungen eine Beförderungsstufe nach oben. Sie war zwar nicht der NSDAP beigetreten, dafür aber seit 1938 Mitglied des Deutschen Frauenwerks, des Nationalsozialistischen Lehrerbunds und der NSV, der Nationalsozialistischen Volkswohlfahrt; zugleich gehörte sie dem sozialdemokratischen Zentralverein der Wiener Lehrerschaft an. Als sie für die Dauer des Krieges die Leitung ihrer Schule übernommen hatte, äußerten frühere Berufskolleginnen Anschuldigungen im Zusammenhang mit Vorfällen, die zum Teil schon Jahre zurücklagen. Mitte 1942 wurde das Strafverfahren gegen Hilda Wüstinger eröffnet.

Am ausführlichsten wird in der Urteilsbegründung ihr Satz kritisiert, »der Staat bekomme von ihr nichts«, den sie, nach eigener Aussage, auf den Verlust ihres Vermögens im Ersten Weltkrieg bezogen hatte. Die Richter deuteten ihn aber als aktuelle Kritik am Nationalsozialismus. Nun warf man der Angeklagten noch vor, sie habe von Dezember 1938 bis Dezember 1939 zweitausend Mark von ihrem Erspartem verbraucht. Damit erst erhalte der Satz seine wahre Bedeutung: Im Urteil wurde dies als »mangelnde Vaterlandsliebe und Opferbereitschaft« bezeichnet. Es könne nicht verantwortet werden, einer so eingestellten Beamtin die Erziehung der Jugend – der Zukunft des deutschen Volkes – weiterhin anzuvertrauen. Als strafwürdig wurde Hilda Wüstingers Äußerung somit erst bei der Beurteilung ihrer gesamten Persönlichkeit angesehen. Zweifellos wollte man sich auf diesem Wege einer politisch unliebsamen Sozialdemokratin entledigen.

Seit 1938 war also für eine ambitionierte österreichische Staatsdienerin eine zuverlässige nationalsozialistische Weltanschauung unabdingbar, alle bis dahin erbrachten pädagogischen Leistungen zählten sonst nicht mehr. Auch die ambitionierte Hauptschullehrerin Dr. Mathilde Fischer-Colbrie konnte bis zur Annektierung Österreichs auf eine erfolgreiche Ausbildungs- und Unterrichtstätigkeit zurückblicken. 1884 in Wien geboren, besuchte sie die Lehrerinnenbildungsanstalt am Zivilmädchenpensionat, wo sie 1903 die Reifeprüfung mit Auszeichnung ablegte. Anschließend studierte sie elf Semester an der Universität in Wien und erlangte mit Auszeichnung die Lehrbefähigung für Volksschulen und für Bürgerschulen, zudem für die englische Sprache. Schließlich promovierte sie 1940 in Philosophie. Für ihre erfolgreiche Lehrtätigkeit sprach ihr die Schulbehörde 1927 und 1932 Anerkennung aus. 1937 schließlich betraute man sie kommissarisch mit der Leitung einer allgemeinen Volks- und Hauptschule. Damit hatte die fachliche Qualifikation der Lehrerin auch in der Laufbahn ihren Niederschlag gefunden.

Am 15. März 1938, bereits zwei Tage nach der offiziellen Angliederung Österreichs an das Deutsche Reich, wurde sie ihres Postens wieder enthoben, durfte aber weiterhin als Hauptschullehrerin unterrichten. Offensichtlich galt sie als politisch nicht zuverlässig. Trotzdem erhielt sie am 1. Oktober 1938 ihre Ernennung zur Reichsbeamtin. Doch im Mai 1941 wurden ihr einige unbedachte Äußerungen im Kreise von Schülerinnen zum Verhängnis. Die Dienststrafkammer Wien, die fast in derselben Besetzung wie gegen die Lehrerin Hilda Wüstinger tagte, brachte gegen sie vor: »Nach den Gutachten des Schulaufsichtsorganes sind ihre Leistungen auf ein Mindestmaß herabgesunken, weil sie die Einfühlung in das nationalsozialistische Gedankengut ablehnt.«

Folgendes war vorgefallen: Nach einer Unterrichtsstunde befragten einige Schülerinnen die Lehrerin Fischer-Colbrie zu politischen Themen, die eben bei einer anderen Lehrerin im

Geschichtsunterricht aufgetaucht waren. Im Mittelpunkt hatte der Film *Ohm Krüger* gestanden, in dem der Krieg zwischen Buren und Engländern propagandistisch verarbeitet wird. Verherrlichung des Patriotismus und nationalistische Verhetzung zeichnen den Film aus, vor allem die Diffamierung der Engländer, die in einem möglichst schlechten Licht erscheinen sollten. *Ohm Krüger* war im staatlichen Auftrag entstanden, mit höchsten Auszeichnungen dekoriert und wurde als filmisches Meisterwerk gehandelt. Sich gegenüber diesem Streifen kritisch zu äußern, war natürlich riskant.

Fischer-Colbrie versuchte nun einige Einschätzungen der Schülerinnen zurechtzurücken. Ihre Äußerungen wurden ihr aber als Dienstvergehen angelastet, wie aus den Gerichtsakten hervorgeht: »Ich werde mir den Film ›Ohm Krüger‹ wegen der darin vorkommenden Grausamkeiten nicht ansehen. Die darin dargestellten Grausamkeiten der Engländer gegenüber den Buren sind übertrieben. – Auch bei uns gibt es Konzentrationslager, zum Beispiel in Dachau. Das Festhalten und die Behandlung der Burenfrauen und Kinder in den Konzentrationslagern durch die Engländer ist nicht weniger grausam als das Bombardieren englischer Transportschiffe durch deutsche Flieger und Unterseeboote, wobei viele Menschen ums Leben kommen.« Auf die Bemerkung einer Schülerin hin, sie könne nicht verstehen, warum man in Deutschland so hart gegen die Juden vorgehe, habe die Lehrerin geantwortet, auch sie verstehe die Behandlung nicht.

Die Kinder konfrontierten wiederum ihre Geschichtslehrerin mit diesen Meinungen, und daraufhin kam der Vorgang ins Rollen. Die Dienststrafkammer Wien, in der ein Amtsgerichtsdirektor, ein Oberregierungsrat und ein Vertreter der Schulbehörde über die Lehrerin befanden, argumentierte, die Lehrkraft habe »vollkommenes Unverständnis für den dem deutschen Volk aufgezwungenen Lebenskampf« geäußert: »In welchem Zusammenhang immer diese Äußerungen gefallen sind, sie zeigen die vollkommene Ablehnung eines der staatspolitisch wertvollsten Filme und damit auch die Ablehnung der durch ihn zum Ausdruck kommenden Ideen. Auch eine etwaige Rücksichtnahme auf das vielleicht allzu weiblich weiche und sentimentale Gefühlsleben der Beschuldigten vermag diese Äußerungen nicht abzuschwächen oder in einem milderen Licht erscheinen zu lassen.« Immerhin habe es sich bei diesem Gespräch mit Schülern nicht um irgendein Kaffeekränzchen gehandelt.

Vor allem hielt man ihr, verpackt in ein nur schwer genießbares Juristendeutsch, mangelndes pädagogisches Geschick im Umgang mit der Judenfrage vor: »Ihre Verantwortung dahingehend, die Frage der Schülerin sei ihr peinlich gewesen, da sie sich nicht berufen fühle, mit einem 11jährigen Mädchen über rassenpolitische Fragen zu sprechen, zeigt, daß ihr jeder gesunde Instinkt für das völkerzerstörende und staatsauflösende Wirken des Judentums fehlt, sondern daß ihr auch die Gefahr, die das Judentum für unser Volk bildet, vollkommen unbekannt geblieben ist. Ihre Unfähigkeit, in geeigneter Weise auch mit einem 11jährigen Mädchen die notwendige und naturgegebene Einstellung der nationalsozialistischen Staatsführung gegenüber dem Judentum zu besprechen, zeigt aber auch klar, daß sie als Jugenderzieherin nicht mehr im Amte belassen werden kann.«

Schließlich bilanzierte man ihr bisheriges Leben: Eine tadelsfreie Dienstzeit und ihr fortgeschrittenes Alter standen auf der Habenseite, negativ angekreidet wurde ihr jedoch die Mitgliedschaft im Reichsbund der Österreicher, einer Organisation, die sich bis 1938 gegen die Nazis gewandt hatte. Dr. Mathilde Fischer-Colbrie wurde aus dem Dienst entlassen, sie erhielt – gleichsam als Gnadenakt – 50 Prozent ihrer Ruhegehaltsbezüge weiter: Statt monatlich mit rund 380 Mark mußte sie jetzt mit 190 Mark auskommen.

In beiden Disziplinarfällen unterstellte das Gremium, die Äußerungen seien mit Bedacht, also »nicht unüberlegt und nicht ohne bewußt böse Absicht« gefallen. Die Schulkarrieren zweier tüchtiger Lehrerinnen waren zerbrochen, der Weg frei für politisch willfährige Kolleginnen.

Gefährdetes Liebesglück

Der NS-Staat propagierte Ehe und Familie als besonders schützens- und fördernswert. In Wirklichkeit blieb in den zwölf Jahren seines Bestehens kaum eine Familie, kaum eine Liebesbeziehung vom Zugriff oder den Belastungen, die dieses Regime seinen Bürgern zumutete, verschont. Die Zweckbestimmung einer »völkischen Ehe« wies der Frau eine neue Rolle zu, in der Liebe, Empfängnis und Geburt zu heroischen Höhepunkten in ihrem Leben werden sollten: Mutterschaft galt als Verpflichtung im Dienste des Staates.[1]

Die neue Zweckbestimmung der Ehe

Der Hochzeitstag gehörte wie eh und je zu den wichtigsten Daten in der Biographie eines Paares, angefüllt mit Hoffnungen, Erwartungen und Wünschen. Aber welche Frau achtete schon darauf, daß der Standesbeamte nun den Ehebund »im Namen des Reichs« schloß, welcher Mann nahm auf dem Standesamt nicht dankend das Hochzeitsgeschenk des Staates entgegen: Hitlers *Mein Kampf* mit Goldschnitt und Lederrücken.

Die Gespräche von Brautleuten kreisten um Kinder und bescheidenen Wohlstand, denn der Staat verhieß das kleine Glück: Kinderreichen Familien standen das Ehestandsdarlehen, Kindergeld und eine staatlich geförderte Wohnung zu. Auf dem Buchmarkt boomten die Ehe- und Erziehungsratgeber: *Die gesunde glückliche Frau – Was jede Frau wissen muß – Wie erziehe ich mein Kind?* Der Führer lobte das Mutterkreuz aus, ein Ehrenkreuz für die deutsche kinderreiche Mutter.

Mit dem Jawort trat eine Frau gegenüber dem Staat in Verpflichtungen ein, die in einem populären Eheratgeber so formuliert werden: »Die Bevölkerungspolitik hat sich somit in Großdeutschland zur Volkspolitik erweitert, deren Aufgabe und Ziel es ist, Zahl und Güte des deutschen Volksnachwuchses zu steigern. Von der Warte dieser Erkenntnis aus werden die in das Ehe- und Familienleben einschneidenden bevölkerungspolitischen Maßnahmen Großdeutschlands ... das Verständnis eines jede Volksgenossen finden.« Aus dieser Pflicht zur Mutterschaft erwuchsen fatale Rechtsfolgen, wie einschlägige Scheidungsprozesse zeigen.

Ein Richter konnte beispielsweise auf Wunsch des Ehemannes eine Ehe scheiden, wenn sich die Frau weigerte, ein Kind zu bekommen, oder wenn »das Fehlen männlicher Nachkommen als besonders schmerzlich empfunden wird«; auch eine vorübergehende Gebärunfähigkeit oder eine Erbkrankheit der Mutter reichten als Grund aus, daß eine Ehe »sittlich nicht gerechtfertigt« war. In einem solchen Fall genügte es für die Scheidungsklage des Partners, wenn in einer neuen Beziehung Kinder zu erwarten waren.

Mehrfach verhinderte bereits der Standesbeamte eine Eheschließung wegen zu großer Altersunterschiede. So durfte eine fünfzigjährige Frau einen um sieben Jahre jüngeren Mann nicht heiraten, da bei dem Alter der Frau nicht angenommen werden könne, daß aus der Ehe noch Kinder hervorgehen würden. Das Gericht wies einen Einspruch mit dem Hinweis ab, »daß sich im nationalsozialistischen Staate die Privatinteressen der Beteiligten den Volks- und Staatsinteressen zu fügen hätten«.[2]

Gerade diese Rechtsfälle zeigen, welche Folgen sich für eine Frau aus der neuen Sichtweise des Staates auf die Ehe ergab. Das private Glück einer Frau war letztlich von der Zeit ihrer Fruchtbarkeit abhängig, Wert und Unwert wurden am Nutzen für den Staat gemessen. Daraus leitete sich auch der Ehebruch als straffreies Privileg des Mannes ab. So fiel die nationalsozialistische Gesetzgebung hinter das zurück, was als Errungenschaft der bürgerlichen Rechtsprechung der Weimarer Republik zumindest im Gesetzestext stand: »Männer und Frauen sind gleichberechtigt.« Der Gesetzgeber drängte sich mit dem neuen Ehescheidungsrecht des Jahres 1938 selbst in die Bereiche, die zwei Menschen mit ihrem Gewissen abmachten.

Wollte sich ein junges Paar das Jawort geben, so entschied nun nicht mehr allein die Wahl des Herzens. Voraussetzung für den Ehebund waren das »Ehetauglichkeitszeugnis zum Schutz der Erbgesundheit des deutschen Volkes« sowie die Heiratsurkunden der Eltern und Großeltern väterlicher- und mütterlicherseits. Auch hier gibt der Eheratgeber Auskunft: »Bestehen hinsichtlich der Erbgesundheit und der Rassereinheit keine Ehehindernisse? In Zweifelsfällen vertrauensvoll die Eheberatungsstellen bei den Gesundheitsämtern in Anspruch nehmen!«[3]

Damit war zum einen die Partnerwahl entscheidend eingeschränkt, denn »Staatsangehörige deutschen oder artverwandten Blutes«, wie es im »Blutschutzgesetz« von 1935 heißt, durften keine Juden heiraten. Kinder aus verbotenen Ehen galten als unehelich. Zum anderen gab es Männer, die die neue Rechtslage zu ihren Gunsten nutzten, um sich von ihrem nichtarischen Lebenspartner zu trennen. Frauen traten aus diesem Grund nur in wenigen Fällen als Scheidungsklägerinnen auf.

Nicht alle Gerichte beugten sich allerdings der Rassenideologie und den Auslegungsmöglichkeiten zugunsten der Männer. Dies zeigt ein Scheidungsprozeß in Wien aus dem Jahre 1939,[4] in dem der Kläger das neue Ehescheidungsgesetz für seine ganz eigenen Ziele mißbrauchen wollte.

Der dreißigjährige Kaufmann Karl H. legte seiner Scheidungsklage den § 37 zugrunde, der eine Eheaufhebung ermöglichte, wenn ein Irrtum über die Person vorläge. Er sei sich 1932, zum Zeitpunkt der Eheschließung, nicht über das Wesen einer Ehe mit einer jüdischen Frau, über die Beschaffenheit der Persönlichkeit eines jüdischen Menschen und über die Rassenverschiedenheit im klaren gewesen, ansonsten wäre er diese Ehe nicht eingegangen. Gerade weil das Volk durch Partei und Staat damals noch nicht über die »rassische Minderwertigkeit eines Juden« aufgeklärt war, liege ein Irrtum in der Person vor, lautete die ideologische Spitzfindigkeit der Anwälte.

Hilde H., seine jüdische Ehefrau, hatte sich 1932 sogar taufen lassen, damit die Ehe nach römisch-katholischem Ritus geschlossen werden konnte. Nach ihrer Aussage habe sie mit

Ehe und Familie – Kernstück nationalsozialistischer Bevölkerungspolitik, Reichsbürger-Handbuch 1940 (siehe rechts)

So fördert der Staat Eheschließung u. Kinderreichtum

1. Durch Gewährung von Ehestandsdarlehen unter gewissen Voraussetzungen.

2. Durch Schulgeldermäßigung oder -erlaß.

3. Durch steuerliche Erleichterungen und Gewährung von Kinderbeihilfen.

4. Durch Kinderbeihilfen.

5. Durch Ermöglichung der Siedelung.

ihrem Mann glücklich zusammengelebt, obwohl sie 1938 ihre gemeinsame Wohnung aufgeben und vorübergehend getrennt leben mußten. Ihre Ehe habe weiterbestanden, sogar am Tage der ersten Streitverhandlung seien sie miteinander intim verkehrt. Diesen Umstand legte das Landgericht Wien im Revisionsverfahren zugunsten der Ehefrau aus. Wären ihrem Mann die Erkenntnisse der neuen Weltanschauung zum Zeitpunkt der Scheidung wirklich ein Anliegen gewesen, hätte er die ehelichen Beziehungen abbrechen müssen, argumentierte ihr jüdischer Anwalt. Die Lösung alter »Mischehen« seien im Gesetz expressis verbis nicht vorgesehen, es verbot nur neue.

In der Verhandlung kam dann auch das eigentliche Motiv des Ehemannes zur Sprache, das sich allerdings gegen ihn selbst verkehrte: Für Karl H. war die Ehe ein berufliches Hindernis. Er strebte einen Aufstieg in das Beamtenverhältnis an, und das schien nur mit einem »Nachweis der deutschblütigen Abstammung der Verlobten« möglich. Hilde H. gewann 1940 mit Hilfe ihres jüdischen Anwalts diesen Prozeß, dies aber wohl nur deswegen, weil in Österreich die Gerichte noch nicht alle mit willfährigen Richtern besetzt und jüdische Anwälte noch zugelassen waren. Noch blieb hier die liberale Rechtsauffassung des Bürgerlichen Gesetzbuches spürbar, die das Wesen der Ehe vor allem im gemeinsamen Familienleben sah, keinesfalls aber unter rassistischen Aspekten.

»Sechstausend Frauen riefen nach ihren Männern.«

Es zählte sicherlich zu den Ausnahmen, wenn ein Gericht zu diesem Zeitpunkt einer jüdischen Frau noch Rechtssicherheit gewährte. Die Entrechtung der Juden war seit der Reichspogromnacht auf allen Ebenen so vorangetrieben worden, daß es kaum Möglichkeiten gab, sich zu widersetzen. Um so bemerkenswerter, daß sich im Frühjahr 1943 Frauen zu einer beispiellosen Solidaritätsaktion zusammenfanden, um gegen die Trennung und Deportation von ihren Männern, Freunden, Bekannten zu protestieren.

Am 27. Februar 1943 hatte die Gestapo in Berlin in der sogenannten »Fabrik-Aktion« die Deportation von etwa 11 000 Juden vorbereitet. Die »Rüstungsjuden« wurden von ihren Arbeitsplätzen weg verhaftet. NS-Schergen verschleppten die in »volljüdischer Ehe« Lebenden sofort in die Konzentrationslager, etwa 2000 in Mischehe Verheiratete pferchte man in einem Verwaltungsgebäude der jüdischen Gemeinde in der Rosenstraße zusammen, eine andere Gruppe in der Großen Hamburger Straße. Dieser Pogrom sprach sich wie ein Lauffeuer herum. Schließlich versammelten sich in einer spontanen Aktion einige tausend wohl überwiegend nichtjüdische Frauen – die genaue Zahl läßt sich nicht mit Sicherheit bestimmen –, die mehrere Tage und Nächte lang die Freilassung der Männer forderten. Die SS-Führung war verunsichert, befürchtete eine Ausweitung der Protestaktion und zog sich schließlich zurück: Die Frauen hatten die Befreiung der Männer durchgesetzt, zugleich die Grenzen der Willkürherrschaft aufgedeckt.

Wie couragiert sich die Frauen gegen Zerstörung von Lebensgemeinschaften durch den Staat wehrten, hielt Ruth Andreas-Friedrich in ihrem Tagebuch fest:

»Sonntag, 28. Februar 1943

Seit heute morgen um sechs Uhr fahren Lastautos durch Berlin. Eskortiert von bewaffneten SS-Männern. Halten vor Fabriktoren, halten vor Privathäusern. Unter den grauen Planverdecken drängen sich verstörte Gesichter. Elendsgestalten, wie Schlachtvieh zusammengepfercht und durcheinandergewürfelt. Immer neue kommen hinzu, werden mit Kolbenhieben in die überfüllten Wagen gestoßen ... Sollen wir hingehen und die SS zur Rede stellen? Ihre Lastwagen stürmen und unsere Freunde herunterreißen? Die SS hat Waffen – wir haben keine. Es gibt uns auch niemand welche. Und wenn man sie uns gäbe, wir verständen nicht, mit ihnen umzugehen. Wir sind nun mal keine ›Umbringer‹. Wir haben Ehrfurcht vor dem Leben. Das ist unsere Stärke – und unsere Schwäche ...

Sonntag, 7. März 1943

Wenigstens einige sind zurückgekehrt. Die sogenannten ›Privilegierten‹. Die jüdischen Partner rassisch gemischter Ehen. Abgesondert von den übrigen, hat man sie vergangenen Sonntag in ein Sammellager gebracht. Zur Prüfung und endgültigen

Beschließung. Noch am selben Tag machten sich die Frauen jener Männer auf, ihre verhafteten Ehegefährten zu suchen. Sechstausend nichtjüdische Frauen drängten sich in der Rosenstraße, vor den Pforten des Gebäudes, in dem man die ›Arischversippten‹ gefangen hielt. Sechstausend Frauen riefen nach ihren Männern. Standen wie eine Mauer. Stunde um Stunde, Nacht und Tag.

In der Burgstraße liegt das Hauptquartier der SS. Nur wenige Minuten entfernt von der Rosenstraße. Man war in der Burgstraße sehr peinlich berührt über den Zwischenfall. Man hielt es nicht für opportun, mit Maschinengewehren zwischen sechstausend Frauen zu schießen. SS-Führerberatung. Debatte hin und her. In der Rosenstraße rebellieren die Frauen. Fordern drohend die Freilassung ihrer Männer. ›Privilegierte sollen in die Volksgemeinschaft eingegliedert werden‹, entscheidet am Montagmittag das Hauptquartier der SS. Wen das Zufallsglück traf, einen nichtjüdischen Partner geheiratet zu haben, der darf sein Bündel schnüren und nach Hause gehen. Die anderen werden in Güterzüge verladen und abtransportiert.«[5]

Dieser außerordentliche Vorgang verdeutlicht, daß Frauen staatlichem Handeln selbst zu diesem Zeitpunkt nicht ohnmächtig ausgeliefert waren. Eine solche Rebellion konnte aber nur erfolgreich sein, weil sie für die Unterdrücker spontan und unerwartet kam und zudem mit Mitteln ausgetragen wurde, denen mit physischer Gewalt nicht ohne weiteres beizukommen war. Das Aufbegehren war von der tiefen Emotion getragen, den eigenen Partner zu befreien oder sich mit anderen zu solidarisieren. Genau darin lagen aber auch die Grenzen des politischen Handelns dieser Frauen. Solche Formen des Protests gehörten nicht zur gewohnten weiblichen Handlungsstrategie, war doch die Straße als Ort politischer Aktion ausschließlich eine Domäne der Männer. Die Rebellion der Frauen in der Rosenstraße erschöpfte sich, als das Ziel erreicht, die Angst vor einer Trennung vom Lebenspartner überwunden war. Über diese Einzelaktion hinaus etablierte sich kein öffentliches Bewußtsein dafür, daß der nationalsozialistische Staat Millionen Familien aus Gründen des Rassismus und des Krieges auseinanderriß.

»... vergiß nicht, daß du kleine Kinder hast.«

Der vollkommene Rückzug ins Private schien nicht wenigen Frauen bereits nach den ersten Jahren nationalsozialistischer Herrschaft ein Weg, politischen Konflikten auszuweichen. Trotzdem war bald klar, daß selbst die Familie keinen ausreichenden Schutz vor politischen Übergriffen bot, zum Beispiel wenn unbedachte Äußerungen nach außen drangen. Familiendispute über das richtige Verhalten blieben nicht aus, erinnert sich die Münchnerin Christel Leitzke: »Daß meine Eltern ein Herz und eine Seele waren, wußte ich. Nun geschah es aber manchmal in diesen Jahren, daß ich hin und wieder ein Wort aufschnappte, das ich nicht verstand. Mama lobte ›diesen Hitler‹, der jetzt ein wichtiger Mann zu sein schien; er sei freundlich und imponierend und habe die Arbeitslosen von der Straße geholt, worauf mein ruhiger, besonnener Vater, ja, man muß schon sagen, ausartete und Mutter wegen ihrer Beschränktheit schimpfte und beleidigte. Sie nannte ihn ›deutschnational‹ und rückständig. Mit der Zeit, als die Jahre vergingen, verschwand Mutters ›Begeisterung‹ total; dafür hörte ich fast täglich, bevor unser Vater zur Schule fuhr, wie sie ihn geradezu anflehte: ›Ernst, bitte, schweige! Halt den Mund! Mäßige dich und vergiß nicht, daß du kleine Kinder hast.‹«[6]

So entwickelten Frauen Strategien zwischen Vorsicht und Anpassung. Doch selbst die Abstinenz von Politik schützte nicht vor Bedrohung. Bert Brecht fing in seiner Szenenfolge *Furcht und Elend des Dritten Reiches*, die er während des Krieges im Exil schrieb, die beklemmende Atmosphäre eines gefährdeten Familienglücks ein. In »Der Spitzel« befürchtet ein älteres Ehepaar, daß ihr Sohn private Äußerungen nach außen getragen und so die Mechanismen einer Verhaftung ausgelöst habe. Gleichsam eine Verhörsituation vorwegnehmend, legte sich die Frau Maßnahmen zur Verteidigung zurecht, verdrehte das Gesagte und verleugnete letztlich ihre eigene Meinung:

»Die Frau: Jetzt hör aber auf! Paß lieber auf deine Zunge auf!
Die ganze Zeit zerbreche ich mir schon den Kopf darüber, ob

du das, daß man in Hitlerdeutschland nicht leben kann, vor oder nach dem über das Braune Haus gesagt hast.

Der Mann: Das habe ich überhaupt nicht gesagt.

Die Frau: Du tust ja schon direkt, als sei ich die Polizei! Ich zermartere mich doch nur, was der Junge gehört haben kann.

...

Der Mann: Sie werden doch sofort sagen, wir haben versucht, ihn zu bestechen, damit er seinen Mund hält.

Die Frau: Was meinst du denn, das sie dir machen können?

Der Mann: Na, alles! Da gibt es doch keine Grenzen! Großer Gott! Und da soll man Lehrer sein! Erzieher der Jugend! Furcht habe ich vor ihr!

Die Frau: Aber gegen dich liegt doch nichts vor?

Der Mann: Gegen alle liegt was vor. Alle sind verdächtig. Es genügt doch, daß der Verdacht besteht, daß einer verdächtig ist.

...

Die Frau: Karl, wir haben nicht die Zeit dazu, jetzt darüber zu sprechen. Wir müssen uns alles genau zurechtlegen, und zwar sofort. Wir dürfen keine Minute verlieren.

Der Mann: Ich kann es mir nicht denken von Klaus-Heinrich.

Die Frau: Also zuerst das mit dem Braunen Haus und den Schweinereien.

Der Mann: Ich habe doch kein Wort von Schweinereien gesagt.

Die Frau: Du hast gesagt, die Zeitung ist voll von Schweinereien und du willst sie abbestellen.

Der Mann: Ja, die Zeitung! Aber nicht das Braune Haus.

Die Frau: Kannst du nicht gesagt haben, daß du diese Schweinerei in den Sakristeien mißbilligst? ... Und überhaupt hast du dem Jungen gesagt, laß das Radio und nimm dir lieber die Zeitung vor, weil du auf dem Standpunkt stehst, daß die Jugend im Dritten Reich mit klaren Augen betrachten soll, was um sie herum vorgeht.

Der Mann: Das hilft ja alles nicht.

Das Telefon läutet.

Der Mann: Das Telefon!
Die Frau: Soll ich hingehen?
Der Mann: Ich weiß nicht.
Die Frau: Wer kann da anrufen?
Der Mann: Wart noch mal ab. Wenn es noch einmal klingelt,
kannst du ja hingehen.

Sie warten. Es klingelt nicht mehr.

Der Mann: Das ist doch kein Leben mehr.
Die Frau: Karl! ... Meinst du, wir sollen irgendwelche Vorbe-
reitungen treffen?
Der Mann: Meinst du, daß sie gleich mitkommen?
Die Frau: Das ist doch möglich?
Der Mann: Vielleicht soll ich mein Eisernes Kreuz anlegen?
Die Frau: Auf jeden Fall, Karl.«[7]

Die Situation löst sich auf banale Weise: Der Junge war nur kurz
außer Haus gegangen, um Süßigkeiten zu besorgen. Während
seiner Abwesenheit bestimmte Angst die Gedanken und
besetzte die Gefühle der Eltern, die Möglichkeit einer Verhaftung wurde so intensiv durchgespielt, als sei sie bereits Wirklichkeit. Modellhaft führt hier Bert Brecht vor, wie gefährdet
auch in einer Durchschnittsfamilie der scheinbar sichere Hort
bürgerlicher Normalität war. Besonders an der Rolle der Frau
wird sichtbar, daß es vielfach der Anpassung, des Stillhaltens
oder der Übereinkunft bedurfte, um in dieser Zeit unbeschadet
zurechtzukommen.

Leben in zwei Welten – das Schicksal der Familie Rosenfeld

Nicht Gemeinsamkeit, sondern Trennung von Lebensgemeinschaften gehörte über Jahre zu den prägenden Lebenserfahrun-
gen der Frauen. Ermöglichte es das Regime in den ersten Jahren
noch, in der Familie ein kleines Glück, relativen Wohlstand und
bürgerliche Behaglichkeit aufzubauen, so machte der Krieg die

erzwungene Trennung zu einem Kollektivschicksal, das nahezu alle Paare betraf. Das Getrenntleben bestimmte das Fühlen, das Handeln, die Hoffnungen und Perspektiven der Frauen.

Auch viele Paare, die aus politischen oder rassischen Gründen außerhalb der Normalität der Volksgemeinschaft standen, mußten unter dem Diktat der Trennung leben. Ein Beispiel für diese schmerzliche Erfahrung zeigt das Schicksal von Else und Siegfried Rosenfeld,[8] die durch das Exil auseinandergerissen wurden. In den Jahren der Trennung war es schwierig, brieflich Kontakt zu halten, oft hörten Else und Siegfried wochenlang nichts voneinander. Beide führten Tagebuchaufzeichnungen. Sie hielten aber nicht nur ihre Erlebnisse und Eindrücke fest. Nahezu seismographisch lassen sich an den Aufzeichnungen die unterschiedlichen Perspektiven einer Innen- und Außensicht nachzeichnen. Das Leben in zwei so unterschiedlichen Welten prägte das Nachdenken über das eigene Schicksal, die unsichere gemeinsame Zukunft und nicht zuletzt die Gedanken über Deutschland auf eigene Weise. Else Behrend-Rosenfelds Erinnerungen sind unmittelbar nach dem Krieg in Buchform erschienen, erst in einer englischen Ausgabe, dann in deutscher Sprache: *Ich stand nicht allein. Leben einer Jüdin in Deutschland 1933–1944.*

Dr. Elsbeth Rahel Behrend-Rosenfeld wurde als Tochter einer protestantischen Mutter und eines jüdischen Augenarztes 1891 in Berlin geboren. Sie studierte Germanistik, Geschichte und Philosophie in Berlin und Jena und heiratete 1920 den jüdischen Anwalt Siegfried Rosenfeld, von 1921–1933 sozialdemokratisches Mitglied des preußischen Landtags. Nach der Machtübernahme 1933 kam Siegfried über zwei Monate in Schutzhaft, entzog sich dann mit seiner Familie weiterer Verfolgungen und ging nach Bayern, wo sie bis zum 9. November 1938, der Reichspogromnacht, weitgehend unbehelligt leben konnten. Als sich die Verfolgung der Juden massiv verstärkte, wollten auch Else und Siegfried Rosenfeld Deutschland verlassen, nachdem ihre Kinder Hanna und Peter bereits nach England und Gustel, die älteste Tochter, nach Argentinien emigriert waren.

Am 24. August 1939 kam das englische Einwanderungs-Per-

*Else Behrend-Rosefeld
mit Kindern von
Freunden, Icking 1940
(Privatfoto)*

mit für Siegfried Rosenfeld, bereits am nächsten Tag mußte er Deutschland verlassen. Ihre Papiere fehlten. Dem Ehepaar Rosenfeld blieb keine andere Wahl, als sich zu trennen, da er als Volljude und Sozialdemokrat besonders gefährdet war. Else blieb in München zurück. Eine Chance zur Ausreise ergab sich nicht mehr. Wie durch ein Wunder gelang es ihr später, einer Deportation zu entkommen, sich nahezu zwei Jahre versteckt zu halten und schließlich 1944 in die Schweiz zu fliehen. 1946, sieben Jahre nach der Trennung, sah sie ihre Familie in England wieder.[9]

Else Behrend-Rosenfeld bot der Münchner Israelitischen Kultusgemeinde an, ganztägig Wohlfahrtsarbeit für die in München verbliebenen Juden zu leisten. Sie organisierte mit Hilfe jüdischer und deutscher Freunde eine Paket-Aktion für Juden, die nach Piaski deportiert worden waren; ab Sommer 1941 arbeitete sie als Wirtschaftsleiterin des zweiten Münchner jüdischen Gettos, der »Heimanlage für Juden Berg am Laim«, wie das Sammellager beschönigend hieß. Hierher kamen die jüdischen Partner, die in einer »privilegierten Mischehe« lebten, also mit einem »Arier« verheiratet waren. 350 Personen wurden in den Räumlichkeiten des Klosters der Barmherzigen Schwestern zwangseinquartiert und waren so unerwünschten Blicken von außen entzogen.

Aus tiefem Verantwortungsbewußtsein, in fast deutschem Pflichtgefühl half Else Rosenfeld den jüdischen Mitbürgern, deren Schicksal die Deportation war. Ihre Tagebücher zeigen, daß sie vollkommen aufging in tätiger Hilfe für die anderen und ihr Leben ganz auf die Gegenwart, auf die Forderung des Tages gerichtet war. Es mußte das »richtige« Gepäck zusammengestellt werden – wußte man denn mit letzter Sicherheit, was die Unglücklichen erwartete?

»Wir haben«, schreibt sie, »für den Fall, daß weitere Deportationen kommen werden, woran ich persönlich nicht zweifle – Listen aufgestellt, in denen alles enthalten ist, was unbedingt mitgenommen werden sollte. Wir empfehlen darin, vor allem Dinge wie Kocher mit dem nötigen Hartspiritus, leichtes billiges Besteck, eine Tasse und ein Eßgefäß usw. vorsorglich zu beschaffen und bereitzuhalten, am besten gepackt in einen Rucksack, den man bei sich behält … Eine Menge unserer Leute haben großes Interesse für diese Listen gezeigt, und wir haben sie auch an die Reichsvereinigung der Juden nach Berlin und an andere Gemeinden geschickt.«

Siegfried Rosenfeld hingegen war im Exil ganz auf sich selbst zurückgeworfen und kam nur schwer mit seiner Umgebung zurecht. Er hatte Mühe mit der fremden Sprache und quälte sich bei Gelegenheitsarbeiten im Büro einer Milchfabrik: »Meine geringe Sprachkenntnis ist ja eine große Unzulänglichkeit. Wie lange wird man sie hinnehmen? Dabei kann ich über fehlendes Entgegenkommen nicht klagen. Manchmal bringe ich aber die Konzentriertheit, die bei den Rechenarbeiten nötig ist, nicht auf. Mich stört nicht selten die mit meiner Gedankenwelt scharf kontrastierende Lustigkeit und Leichtigkeit der jugendlichen englischen Mitarbeiter. Das lacht und singt und arbeitet spielend. Es wird ja hier alles so leicht genommen.«[10]

Siegfrieds Überlegungen, Else solle sich den drohenden Gefahren durch Flucht entziehen, lehnte sie zu diesem Zeitpunkt aus Gründen der Verantwortung gegenüber ihren jüdischen Mitmenschen ab: »Vor drei Wochen erreichte mich aus Lissabon nach langer Zeit wieder eine Nachricht von Dir. Du fragtest darin etwas vorsichtig und verklausuliert und nur für mich verständlich, ob ich nicht versuchen wolle, mich allen schlimmen Weiterungen durch die Flucht zu entziehen. Ich muß Dir sagen, daß mir bisher dieser Gedanke noch nie gekommen ist. Nach reiflichem Überlegen muß ich ihn auch ablehnen. Unmöglich könnte ich jetzt in dieser kritischen Zeitspanne das Heim verlassen. Es würde mir wie Fahnenflucht erscheinen, ganz abgesehen von den äußeren Schwierigkeiten und Vorbereitungen. Nein, solange ich die Leitung hier habe, kann ich nicht fort. Dabei bin ich mir der Verpflichtung, die ich gegen Dich und die Kinder habe, durchaus bewußt, bin ja auch festen Willens, so weit es mir möglich ist, durchzuhalten, wenn auch die Vereinigung mit Euch, mein heißester Wunsch, mir im Augenblick in unangemessene Ferne gerückt erscheint.«

Else entschied sich für eine Seite, ohne die Tragik der Situation wirklich lösen zu können: Einerseits half sie ihren jüdischen Leidensgefährten. Diese Unterstützung beinhaltete zugleich, das Schicksal der Deportation ohne den lauten Aufschrei des Widersetzens anzunehmen. Zugleich besiegelte dies auf unabsehbare Zeit die Trennung von der Familie und zog eine unkalkulierbare Gefährdung der eigenen Person nach sich. Siegfried hingegen quälte sich mit Selbstzweifeln. Zwar hatte ihm das englische Exil Sicherheit und die Nähe der Kinder beschert, zugleich aber besetzten ihn Selbstvorwürfe, seine Frau im Stich gelassen zu haben. Wie entmutigend mag zudem die Nachricht gewirkt haben, daß Elses Weg nach Kuba wegen erneuter Ausreiseschikanen endgültig verstellt war.

Stellt man die Tagebuchaufzeichnungen von Else und Siegfried Rosenfeld in ihrer zeitlichen Abfolge einander gegenüber, fallen ähnliche, ja fast identische Sichtweisen und Gefühlslagen auf, so in der Sehnsucht nach der Familie. Nachdem Else im letzten Augenblick vor einer Deportation bewahrt blieb, blieb ihr nur die Flucht in die Illegalität. In Berlin notiert sie in ihrem

Tagebuch: »Drei Monate bin ich nun hier. Doch habe ich mich nicht entschließen können, das Tagebuch zu öffnen, geschweige denn weiterzuschreiben. Aber heute, am Geburtstag unserer Jüngsten, will ich mir einen Ruck geben. Meine Sehnsucht nach Euch, Ihr Lieben, ist so schmerzhaft stark wie kaum je in den ganzen Jahren der Trennung. Wie mag es Euch gehen, wie magst Du, kleine Hanna, Deinen Geburtstag, den zwanzigsten, begehen? Als Du mich verließest, warst Du ein Kind, vergebens bemühe ich mich, mir Dein jetziges Aussehen, Deine Art zu sprechen und zu lachen vorzustellen. Daß ich jetzt, da ich ›untergetaucht‹ bin, also illegal lebe, keine Verbindung mehr mit Euch haben kann, bedrückt mich entsetzlich.«

Sehnsucht und Hoffnung auf eine Überwindung der Trennung durchziehen auch die Gedanken ihres Mannes: »Werde ich sie noch wiedersehen und sie uns, den Kindern und mir noch einmal sichtbar werden? Dieses gräßliche Erleben wird ihrem Wesen unauslöschliche Zeichen aufdrücken. Gleichviel, wenn ich sie nur noch wiedersähe! … Wir wollen, wir müssen Zuversicht haben auf eine Wiedervereinigung, sie gibt mehr noch als die Arbeit, die nur Mittel zum Zweck ist, dem Leben Sinn. Die Kinder werden ihren Weg auch ohne mich weitergehen, ihre Art, ihr Wollen und Streben scheinen gute Bürgschaft.«

Vor allem die Gedanken über die Einstellung zur Politik entwickelten sich unterschiedlich, zum Teil sogar gegensätzlich. Siegfried Rosenfeld kam im Exil zu klaren politischen Einschätzungen, sah er doch immer deutlicher, daß das Ende der Schrecken des Zweiten Weltkrieges und der einzige Weg, die Trennung seiner Familie zu überwinden, in der militärischen Niederlage des Deutschen Reiches lag. Die Tragik des Konflikts bestand darin, daß er einerseits ein rasches Ende des NS-Regimes herbeiwünschte, zugleich aber die Folgen für Else und zahllose andere unabsehbar waren: »Sonntag, 25. Juli 1943 … Es ist elf Uhr, es donnert von Flugzeugen in der Luft, sie fliegen nach dem Festland, gestern war Hamburg das Ziel, auch heute bringen sie Tod und Verderben nach Deutschland, und dennoch bleibe ich kalt, fast gefühllos gegen das Leiden dieses entsetzlichen Deutschland, sein Regime.«

Else behielt die ganze Zeit eine ungewöhnlich versöhnliche,

humanitäre, von subjektiver Sicht geprägte Haltung bei, frei von Verbitterung oder Vorwurf. Dies verdeutlichen zwei Kommentare aus den Jahren 1939 und 1946: »Waren wir doch glücklicherweise völlig eins darin, daß wir unter keinen Umständen Haß und Erbitterung zu Herren über uns werden lassen wollten, mochten Verfolgungen noch so schwerer und ungerechter Art über uns hereinbrechen.«

»Ich wußte«, hält sie im Epilog ihrer Aufzeichnungen fest, »daß viele Deutsche keine Vorstellung von den Verbrechen hatten, die stattgefunden, nicht wußten, daß die Zahl ermordeter Juden, gläubiger Tatchristen und Sozialisten aller Schattierungen in die Millionen ging. Wieviel Unwissende es waren und wie viele unter ihnen nicht wissen wollten, weil das gefährlich war, wird man niemals feststellen können. Aber wir sollten nicht außer acht lassen, daß es, solange unsere Welt besteht, immer nur eine Minderheit wirklicher Helden gegeben hat, von deren Taten oft nur ein kleiner Kreis etwas erfuhr. Wir sollten nicht versäumen, uns zu fragen, ob und wie weit wir selbst zu solchem Heldentum bereit und fähig gewesen wären.«

Diese versöhnliche, von humanitärer Haltung getragene Einstellung seiner Frau wollte Siegfried Rosenfeld nicht akzeptieren. Er sah sehr wohl eine kollektive Verantwortung und Schuld der Deutschen. Die Perspektive aus dem Exil hatte bereits während des Krieges den Blick geschärft für Fragen des Widerstandes, das Verbrechen des Holocaust und der Sinnlosigkeit des Massenvernichtungskrieges. Diese Erkenntnisse schlossen auch eine mögliche Rückkehr nach Deutschland aus.

Wie sehr sich Elses Sichtweise und Erlebniswelt von der ihres Mannes unterschied, wird in seiner Beurteilung deutlich: »Frau Bertholet sagte, Du hättest dem Buch einen ganz anderen Titel gewünscht, ›Vom anderen Deutschland‹. Aber handelt es nicht von dem fürchterlichen Verbrecher-Deutschland fast auf jeder Seite, in jeder Zeile! Du wolltest das Böse, das Du durch Wunder, meist durch Deine große Stärke des Willens und der Liebe überstanden hast, nicht mehr sehen, Du schauderst daran zu denken, und Du siehst nur die guten Menschen, die Dir halfen zu überwinden. Ob Du es willst oder nicht, das Buch ist in erster Reihe Anklage! ...

Dir halfen Tilla, Annemarie, Eva Schmidt, auch Hanna Schadendorf, Grete Berndt und Onkel Karl und vor allem Peter Heilmann und seine Braut und ›Wackes‹ mit seiner Frau. Die gute Postbeamtin, der wohlwollende Polizist, … soll ich auch sie noch hinzufügen? Dann ist die Liste wohl vollständig; das ist das ganze ›Andere Deutschland‹! Das ist wenig, auch wenn ich jeden doppelt rechne! … Du verlangst für Dich wenig oder nichts, und Deiner Bescheidenheit scheint die Leistung der Anderen an Dir doppelt so groß … Aber dürfen wir so subjektiv urteilen? In einer solchen Frage von großer und allgemeiner Bedeutung, aus deren Beantwortung so weittragende Schlußfolgerungen gezogen werden sollen? Wir werden noch viele Gespräche darüber haben, ich hoffe, wir werden uns auch darin verstehen lernen.«

Erst im Frühjahr 1946 konnten sich Else und Siegfried Rosenfeld in England wieder in die Arme schließen. Sie hatten in ihren regelmäßigen Aufzeichnungen eine Möglichkeit gesucht, ihre Standorte zu reflektieren und auch Gegensätzliches zu verbalisieren. Trotzdem blieb es nach Jahren erzwungener Trennung schwierig, wieder zusammenzufinden, zumal beiden nur eine kurze Spanne glücklichen Beisammenseins vergönnt war. Bereits 1947 starb Siegfried Rosenfeld im englischen Exil. Else hatte bereits wenige Wochen nach ihrer Ankunft im Auftrag des Foreign Office in Kriegsgefangenenlagern vor deutschen Soldaten Vorträge gehalten. 1952 kehrte sie schließlich nach Icking bei München zurück und setzte sich als Sozialarbeiterin in der Gefängnispflege ein. Die Stadt München erinnerte sich des Judensammellagers in Berg am Laim durch die Errichtung eines Mahnmals, demnächst wird in der Nähe der ehemaligen »Heimanlage für Juden« eine Straße nach Else Behrend-Rosenfeld benannt.

»Wenn Du nur gesund kommst …!«

Mit Beginn des Krieges wurde die Trennung vom Lebensgefährten für Millionen von Paaren zur neuen Lebensrealität. Das Alleinsein begriffen zahllose Frauen als leidvolles, aber nicht zu änderndes Schicksal. Die Beziehung beschränkte sich auf die Heimaturlaube, die dem Soldaten nur wenige Tage oder Wochen im Kreis der Familie erlaubten, und auf Briefwechsel. Nun mußten Briefe das tägliche Miteinander und das vertraute Gespräch ersetzen. Ihnen wurde alles anvertraut, was dem Schreiber auf der Seele lag, Gefühle des Verlassenseins, Neuigkeiten, Banalitäten des Alltags, Sätze über das Wetter.

Die Verschiedenheit der Geschlechter zeigt sich während des Krieges auch in der Briefkultur. Frauen fanden in ihren Briefen eine andere Sprache als Männer. Dies wird bereits an ausgewählten Abschnitten der beiden folgenden Briefkonvolute deutlich, den Briefen eines Bauern an seine in der Evakuierung lebende Frau, und denen einer Bäuerin an ihren Mann an der Front und in der Kriegsgefangenschaft.

Die Briefe des Bauern aus dem Münchner Osten[11] an seine wegen der Bombenangriffe in Franken evakuierte Familie datieren vom Herbst 1943 bis in die letzten Wochen vor Kriegsende. Er konnte seinen Hof während dieser Zeit nur mit Hilfe von Zwangsarbeitern bewirtschaften. Die Gedanken des Landwirts kreisen um die Arbeit, die Sicherheit seines Hofes und die Versorgung seiner Familie. Die Beschreibung seiner relativ gesicherten Lage sollte ihr Zuversicht geben. Seine Gefühle und Emotionen kommen nur sehr vermittelt zum Ausdruck.

Ihre Antwortbriefe sind nicht erhalten, aber in seinen Zeilen spiegelt sich lebhaft auch ihre Situation wider. Die Evakuierung bedeutete für sie Sorge um den Lebensgefährten, Unterbrechung des gewohnten Lebensablaufs und die Gewöhnung an eine fremde Umgebung. Mit der Bäuerin fehlte auf dem Hofe natürlich eine wichtige Arbeitskraft, die mit Fremdarbeitern nicht gleichwertig ersetzt werden konnte. Nach dem Krieg kehrte die Bäuerin mit ihren Kindern auf den Hof zurück, der unversehrt geblieben war.

»19. 1. 44 … Es vergehen immer zehn Tage, bis ich von Dir Post bekomme. Es wird mit der Postbeförderung immer schlimmer. Ich bin froh, daß ich das Vieh verkauft habe, es ist unmöglich, Futter zu bekommen …

22. 2. 44 … Du brauchst mir keine Rechen schicken, die bekomme ich hier, aber Sensen und Sensenstiele benötige ich

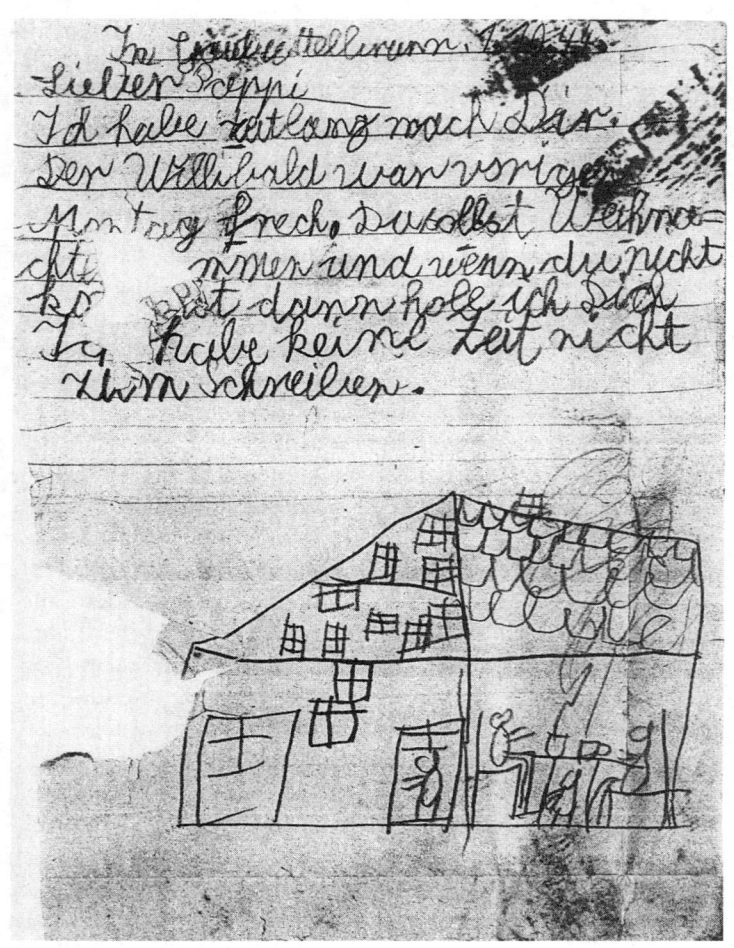

Kinderbrief aus der Evakuierung in Unterfranken an Bauer Engert in München, 1944:
»In Gaubüttelbrunn, 1.10.44.
Lieber Pappi
Ich habe zeitlang nach Dir. Der Willibald war vorigen Montag frech. Du sollst Weihnachten kommen und wenn du nicht kommst dann hole ich Dich. Ich habe keine Zeit nicht zum Schreiben.«

dringend. Wenn du Glück hast, bekommst Du die Hackmaschine ...

25. 3. 44 ... in unserer neuen Wiese bei Kathreiner sind 11 Sprengbomben reingesaust. Du darfst froh sein, daß du nicht hier bist ...

25. 6. 44 ... Habe endlich eine Magd bekommen, sie ist sehr fleißig ...

6. 12. 44 ... Ich habe für Dich ein paar Hausschuhe machen lassen und für die Buben Pantoffeln, ich bringe sie persönlich zu Euch ...

7. 1. 45 ... Ich denke jetzt oft, Du sitzt im Winter in Deiner kalten ›Bude‹. Ich wollte, ich könnte Dir einige Zentner Heizmaterial schicken, es ist aber nicht möglich. Hoffentlich braucht Ihr im nächsten Winter nicht frieren. K. bringt Dir ein kleines Paket mit. Es geht jetzt kein Privattelefon mehr. Wir hatten in der letzten Zeit öfter Alarm. Wenn nur von oben nichts herunterfällt ...

31. 1. 45 ... Ich werde in München bleiben, solange ich noch ein Bett habe, bin ich doch mein eigener Herr und das ist das Höchste auf Erden ...«

Anders klingen die Briefe aus der Feder einer Gastwirtin und Bäuerin, die sie ihrem Mann an die Front, später in die Kriegsgefangenschaft schickte. Auch hier lebte in den drei Jahren der Trennung die Beziehung in Briefen fort, aber viel deutlicher im einfühlsamen Gespräch und weniger im Bericht von Ereignissen. Ständig kreisten die Gedanken der Bäuerin um Motive des Wartens und der Hoffnung auf ein Wiedersehen, getragen von einer herzenstiefen einfachen Frömmigkeit und Demut. Immer wieder mußte die Hoffnung auf ein Ende der Trennung verschoben werden. Die tiefe Emotion der Briefe und die Häufigkeit des Briefwechsels dämpfte die Entfremdung der Partner. Bei aller Vorsicht gegenüber Generalisierungen ist doch typisch, daß sich kaum Gedanken über aktuelles politisches Geschehen finden; ein Grund ist auch darin zu finden, daß Schreiben an die Front der Zensur unterlagen. Zugleich wird aber deutlich, daß Kriegssituation und Trennung ganz anders erlebt und verarbeitet werden, als dies in den Aufzeichnungen von Else und Siegfried Rosenfeld zum Tragen kommt.

Die Briefe der Bäuerin umfassen den Zeitraum von der Weihnachtszeit 1944 bis 1946. Sie sind sorgfältig numeriert. Allein an die Front gingen über 120 Briefe, die der Soldat liebevoll bis nach der Gefangenschaft aufbewahrte. Diese Kennzeichnung entsprang nicht einem Bürokratismus, vielmehr ließ sich so leichter verfolgen, ob die Zeilen den Empfänger auch erreicht hatten. Die Briefe ihres Mannes sind nicht erhalten.

Am Weihnachtsabend 1944 schreibt die Bäuerin an ihren Mann: »Mein Herzlieb! Lieber Papa! Zu meinem Schrecken sehe ich eben in meinem Register, daß ich meinem Liebling am 17. 12. den letzten Brief schrieb. Kann das stimmen? Oder habe ich eine Nummer nicht aufgeschrieben? Mein Herzlieb! Es ist Hl. Abend, leider kann unser lieber Papa dieses Jahr nicht bei uns sein. Ein ganzes Jahr ist vorüber, daß Du in unserer Mitte weilen durftest. Wenn es auch hart und schwer ist, zu wissen, daß mein lieber Mann, unser bester Papa so weit von uns Weihnachten halten muß; so wollen wir nicht murren gegen unseren allgütigen Gott und von neuem das liebe Jesukindchen bitten, daß es uns doch bald den Frieden schenken möchte. So hoffen wir auf nächstes Jahr, vielleicht können wir wieder zusammen sein.

Es geht auf 12 Uhr zu, … wegen den Fliegern darf erst später die Christmeth gehalten werden, so will ich mich mit meinem Liebsten ein wenig unterhalten … Nun, mein Liebling! Habe tausend Dank für deine Briefe Nr. 134 und 135 vom 21. 11. und 24. 11. Inzwischen kam auch Dein lieber Brief vom 3. 12. Nr. 139. Auch hierfür wieder herzlichen Dank. Deinem Schreiben nach geht es Dir gut und wir sind so froh drum. Auch uns geht es gut … Am Nachmittag war ich mit dem Bau des Krippchens beschäftigt und um 7 Uhr ging die Bescherung vor sich. Alles freute sich auch. Mutti hatte trotz schwieriger Zeiten für jeden etwas gefunden. Was jeder einzelne erwischt hat, mögen sie selber berichten. Nun mein Liebling! Die Uhr hat 12 geschlagen und das Sandmännchen will mir auch bald Herr werden. So leb denn wohl mein Liebling und empfange wieder herzliche Küsse und Grüße von deiner treuen Frau. Gott schütze Dich! Auf frohes Wiedersehen …«

Mit der Kriegsgefangenschaft ihres Mannes setzte die Briefeschreiberin einen neuen Abschnitt und numerierte die Briefe von vorne. Da Nachrichten in die französische Gefangenschaft auf vorgedruckten Formularen geschrieben werden mußten, kürzte man wegen des begrenzten Umfangs viele Worte ab:

»6. 2. 46 Mein herzensguter Mann, unser allerbester Papa! Deinen lb. Brief haben wir erhalten u. danken herzl. dafür. Hildegard fährt nach Fulda zum Zahnarzt und soll den Brief mitnehmen. Klein Elisabethchen schreibt jeden Tag seinem Papa u. träumt von ihm. Paul kam heute morgen auch strahlend aus seinem Bett. Er hatte geträumt, der Papa wäre gekommen ... Aloys ist längst heim. Auch Stiller rief vor drei Wochen an. Hoffentlich bist du auch bald an der Reihe und könntest daheim wieder tüchtig helfen ...

2. 5. 46 ... Oft genug guckten wir im April nach Regen, und die Maienkönigin brachte ihn. Wollen hoffen, daß sie auch eines Tages unsern lieben Papa heimbringt. Mit Freuden und herzlichem Dank erhielten wir heute Deine liebe Karte vom 19. 4. Ja, Ostern mußten wir leider allein sein. Gebe Gott, daß es doch bald der letzte Feiertag sein mag, wo du so weit von uns entfernt sein mußt. Es ist doch eine lange Zeit, zweieinhalb Jahre fern der Heimat zu sein. W. Richard kam Ostern aus englischer Gefangenschaft, sieht sehr schlecht aus. M. Josef hatte Glück, kam schon im Juli zurück. Leider, leider sind es noch so viele, von denen man gar nichts hört ...

Elisabethchen wirst du kaum noch kennen, so groß ist es geworden und half heute feste Kartoffel legen. Bruder Richard und Reinhold lassen nichts hören, wo mögen sie stecken? Beide wären so nötig zur Arbeit, wenn du wenigstens da wärest, könntest du so manche schwere Bauersarbeit schaffen helfen ...

2. 12. 46 ... Vor allem wünsche ich Dir ein gesegnetes Weihnachtsfest. Wer hätte das gedacht, daß du noch ein Weihnachten in der Fremde zubringen müßtest. Das Heimweh bringt einen bald um, und ich habe nun die Kinder noch um mich und bin in der Heimat. Ich kann mir denken, wie es Dir oft zu Mut sein mag. Der Krieg ist aus und die Gefangenen müssen noch so unendlich lang ausharren. Das alles haben wir den Nazibrüdern zu verdanken. Der gewöhnliche Soldat muß es dann ausbaden. Mein lieber Ludwig! Es geschehen noch Wunder. Ich habe es

selber erlebt. Wenn du mal heimkommst, gibt es viel zu erzählen. Wenn du nur gesund kommst. Wir müssen immer wieder auf Gott vertrauen, wie es auch in dem schönen Lied heißt ›O mein Christ lass Gott nur walten, trau auf ihn verzage nicht‹. Gerne hätte ich Dir zu Weihnachten ein P. geschickt. Ich hatte immer noch gehofft Du wärst daheim … Nun leb wohl und empfange viele herzliche Grüße und Küsse von deiner Frau und Kinder!«

»Mein Vater war die Fotographie auf dem Nachttisch …«

Viele Ehen und Freundschaften waren aber den Zeiten langer Trennung nicht gewachsen. Zahllose Paare waren sich fremd geworden und hatten sich auseinandergelebt. Bereits 1943 stand in den SD-Berichten, die Frauen sähen mit Sorge, daß der Zusammenhalt und das gegenseitige Verständnis in ihrer Ehe unter der langen Kriegsdauer zu leiden beginne. Die mit kurzen Unterbrechungen nun schon Jahre andauernde Trennung und die Umgestaltung der Lebensverhältnisse durch den Krieg formten die Menschen um. Der Frontsoldat zeige im Urlaub oft kein Verständnis mehr für die kriegsbedingten häuslichen Dinge und bleibe interesselos gegenüber vielen täglichen Sorgen der Heimat. Die Folge sei häufig ein Auseinanderleben der Eheleute.[12]

Bilder und Projektionen, die sich in der Phantasie der Partner ausgeformt hatten, stimmten mit der Realität nicht mehr überein: »Mein Vater war die Fotographie auf dem Nachttisch, ein ganz normaler hagerer Mann mit Uniform, lachend«, nur so kannte Ingrid Lazarus ihren Vater bis zu seiner Rückkehr aus der Kriegsgefangenschaft im Herbst 1947. »Das Gehirn meiner Mutter machte diesen Menschen zu einer Mischung aus Hans Albers, Willi Fritsch mit einem Schuß Rommel und Canaris …« Schließlich war der Vater zurückgekehrt. »Ein blasser, ausgezehrter, stiller Mann in einem abgerissenen langen Militärmantel stand im Türrahmen. Mein Vaterbild bedurfte einer Änderung. Viele Wochen später hatte sich mein Vater vom Begrüßungsessen wieder erholt. Sein kriegsgefangener Magen hatte die plötzliche Umstellung von Wasser und Brot auf Braten mit Soße schwer übelgenommen. Er wurde noch bleicher und kränker als er schon war. Mutter konnte erst gar nicht verstehen, sie hatte es doch so gut gemeint. Es kam der Tag, an dem der Vater, wieder auf den Beinen, seinem Beruf nachgehen konnte. Seine Stelle bei einer Krankenkasse war die ganzen Jahre über, wie bei anderen Soldaten auch, erhalten geblieben ... Wir waren zufrieden.«[13]

Die Männer kehrten ins Zivilleben zurück und nahmen ihre gewohnte Arbeit wieder auf. Dabei verloren Frauen die Stellen, die sie während der Kriegsjahre ausgefüllt hatten. In den Familien verdrängten die Väter die Mütter aus der Rolle des Familienoberhaupts und glaubten, an gewohnte Verhaltensweisen vor dem Krieg anknüpfen zu können. Aber die Frauen hatten sich verändert, sie waren selbstbewußter und durchsetzungsfähiger geworden. Kein Wunder, daß die Partner aneinander Veränderungen registrierten. Viele Ehen kamen nicht mehr aus der Krise, die Scheidungsraten schnellten in die Höhe. Allein in Bayern wurden nach dem Krieg dreimal mehr Ehen geschieden als vor 1939.

Ein Kuß: 800 Reichsmark Strafe

Das Alleinsein führte viele Frauen in neue Freundschaften, wie beispielsweise die Liaisons mit Kriegsgefangenen zeigen. Der Staat griff aber überall da in die Privat- und Intimsphäre ein, wo er die Heimat- oder die Kriegsfront gefährdet sah. Somit änderte sich nicht nur das Sexualverhalten der Frauen, sondern auch die Sichtweise des Staats, der aus unerwünschtem Verhalten einen Straftatbestand machte. Normen, moralische Wertmaßstäbe und öffentlichkeitswirksame Sanktionen sollten das System festigen, in dem die patriarchalischen Strukturen tief verankert waren. Die Wirkung schien sich in den folgenden Jahre allerdings geradezu in das Gegenteil zu verkehren, beschleunigte sich doch durch solche Maßnahmen die Auflösung tradierter Moralvorstellungen und oktroyierter Keuschheitsgebote.

Skeptisch verfolgten die Informanten der Berichte des Sicherheitsdienstes die »Entwicklung der Unmoral unter den Frauen« und führten eine ganze Reihe von möglichen Ursachen auf. Die kriegsbedingte Abwesenheit der Männer spiele eine ebenso wichtige Rolle wie der Lebenshunger im todesbedrohten Kriegsalltag. Auch das enge Zusammenleben mit den Zwangsarbeitern habe zahlreiche Liebesbande geschaffen, genährt von der Eifersucht, die Männer würden in den Garnisonen jede Gelegenheit zum »Fremdgehen« wahrnehmen. Für das vermeintliche Absinken der Moral sei auch die »zu starke Erotisierung des öffentlichen Lebens« verantwortlich, die sich in Schlagertexten, Filmen oder illustrierten Zeitungen niederschlage. Selbst die »Ehescheidungen örtlich maßgebender Persönlichkeiten sowie stadtbekannte Verhältnisse mit Künstlerinnen oder Sekretärinnen« wurden als vermeintliche Gründe angeführt.[14]

An keiner Stelle geht es in den SD-Berichten um Verständnis für die Frauen, sondern immer um die Auswirkungen auf die Männer, insbesondere die Soldaten. Hinter den pseudomoralischen Argumenten stehen also in erster Linie militärpsychologische Gründe und die Befürchtung, das moralische Verhalten der Frauen ziehe »Zersetzungserscheinungen der inneren Front« nach sich und habe zudem Rückwirkungen auf die Männer im Feld. Soldaten hätten Parteistellen und Polizei gebeten, ihre Ehefrauen zu überwachen.

In einem Bericht heißt es: »Das Kriegsgericht der Dienststelle Feldpost-Nr. 38.843 hat durch den Gefreiten Martin T. davon Kenntnis erhalten, daß dessen Ehefrau Ehebruch betrieben hat, T. stand während dieser Zeit an der Front. Er ist schon über ein Jahr draußen. Voraussichtlich wird er noch viele weitere Monate ohne Urlaub bleiben müssen. Das ehrlose Verhalten seiner Ehefrau hat ihn sehr erschüttert. Das Kriegsgericht gibt der Polizei von diesem die Kraft der Front lähmenden Verhalten Kenntnis. Es wird vorgeschlagen, Frau T., die noch nicht in den Arbeitsprozeß eingegliedert ist, nach der Geburt des im Mai zu erwartenden Kindes in ein Arbeitslager zu stecken. Dies ist schon deshalb geboten, damit die Ehebrecherin durch ihr zuchtloses Treiben nicht noch weiteren Schaden anrichten kann. Die Kinder der T. können sehr gut bei ihrer Mutter, die ebenfalls in Landsberg wohnt, untergebracht werden. Schließlich bittet das Kriegsgericht darum, durch Vernehmung der Ehefrau die genaue Anschrift des Ehebrechers zu ermitteln und auch gegen ihn vorzugehen, denn die Front kann es nicht dulden, daß gewissenlose Elemente der Heimat die Ehen der Frontsoldaten zerstören.«[15] Ehebruch stempelte damit die Frauen zu Staats- oder Militärverbrecherinnen.

Auf zwei Wegen hoffte man die erwünschte moralische Ordnung wieder herstellen zu können. Zum einen sollten in den Medien verstärkt die nationalsozialistischen »Werte der deutschen Frau« propagiert werden. Zugleich glaubte man – ganz im Sinne eines patriarchalistischen Verhältnisses der Geschlechter – an die Wirksamkeit von Sanktionen. Frauen, die ihr Sexualleben entgegen einer »gesunden und natürlichen Geschlechtsmoral«, wie es offiziell hieß, selbst bestimmen wollten, drohte die Kürzung der Familienunterstützung oder gar Arbeitsdienstpflicht, »ohne Rücksicht auf Alter und etwa vorhandener Kinder«.

Die Liebesbeziehung einer deutschen Frau mit einem Kriegsgefangenen wurde als besonders verwerflich eingestuft, die Strafen fielen teilweise drakonisch aus. Kriegsgefangene wurden – aus Gründen der Abschreckung zumeist öffentlich – gehängt, die Frauen mit Geld- oder Haftstrafen belegt: 1939 verurteilte ein Sondergericht in Königsberg eine Frau wegen »mehrfachen Geschlechtsverkehrs mit einem polnischen Kriegsgefangenen« zu zehn Jahren Zuchthaus. Ein so unsinniges Strafmaß blieb gottlob die Ausnahme, denn in anderen Fällen wurde ein halbes Jahr Freiheitsentzug ausgesprochen. Selbst harmlose Kontakte ahndeten die Gerichte noch mit einer Buße. So mußte ein Mädchen, das mit einem polnischen Gefangenen in einer Wirtschaft getanzt hatte, 10 Reichsmark bezahlen. Das Landgericht Lyck belegte den vertrauten Umgang mit einem Franzosen, Kuß, Einladung und Bewirtung in der Wohnung mit 800 Reichsmark Geldstrafe.[16]

Die Zahl der vor Gericht verhandelten Fälle von intimen Kontakten stieg von etwa 2000 im Jahre 1940 auf über 9000 im Jahre 1942. Dies hängt zum einen von der steigenden Menge der Kriegsgefangenen ab, aber auch von der Wohn- und Arbeitssituation. Nur ein Teil der Ausländer war in Lagern untergebracht, viele wohnten auch in den Städten in Privatquartieren. Auf dem Lande gehörten fremdländische Arbeitskräfte gewöhnlich zur Hausgemeinschaft, man arbeitete gemeinsam, aß an einem Tisch und wohnte unter einem Dach. So brachten weder die gesetzlichen Bestimmungen zum »Schutz der Wehrkraft des Deutschen Volkes« von 1939 noch entsprechende Strafmaßnahmen die gewünschte Wirkung.

Volksjustiz

Seit Beginn des Krieges praktizierte man als abschreckende Geste eine Form der Volksjustiz, die als Demonstration des »gesunden Volksempfindens« wirken sollte: Frauen, die sich mit Kriegsgefangenen eingelassen hatten, wurden in aller Öffentlichkeit kahlgeschoren, beschimpft und nicht selten mit einem Schild durch den Ort gejagt, auf dem »Polenhure« oder dergleichen stand. Solche Aktionen gab es im ganzen Reich. Sie erinnern an Szenen mittelalterlicher Hexenverfolgungen, die in Anlehnung an die Leidensgeschichte Christi bisweilen blasphemisch-kultische Züge bekamen: In Komotau wurden ein fünfzehnjähriges deutsches Mädchen und eine neunzehnjährige Tschechin mit abgeschnittenen Haaren und beschämenden Schrifttafeln auf zwei Eseln reitend durch die Straßen geführt.[17]

Im bayerischen Bad Aibling ereignete sich 1940 ein Fall,[18] der exemplarisch verdeutlicht, wie Parteimitglieder einen solchen Pranger inszenierten und Frauen in einem Anfall kollektiver Selbstjustiz zu Täterinnen wurden. Folgendes war geschehen: Zwei Frauen aus Bad Aibling standen in Liaison mit zwei französischen Kriegsgefangenen und planten, gemeinsam nach Frankreich zu fliehen. Eine weitere junge Frau war in das Vorhaben eingeweiht. Die naiv ausgeheckte Unternehmung flog auf, alle Beteiligten wurden verhaftet. Bastianelli, der Bürgermeister des Ortes, ein prestigesüchtiger Nationalsozialist, und Fischer, ein willfähriger Polizeikommissär, stilisierten den Vorgang nun zu einem scheinbar vom Volk spontan initiierten Volkstribunal. Eine öffentliche Ankündigung lockte nahezu tausend Neugierige an, darunter viele Frauen.

Öffentlich am Pranger: Deutsche Frauen, die während des Krieges zu Kriegsgefangenen oder Zwangsarbeitern Beziehungen unterhielten, wurden der Lächerlichkeit preisgegeben. (Fotograf unbekannt)

Eigens einbestellte BdM-Mädchen in Uniform drückte der Bürgermeister Scheren in die Hand und nötigte sie, an folgendem Schauspiel mitzuwirken: »... jetzt gingen die dafür eingeteilten Frauen auf die beiden Angeschuldigten los und begannen, ihnen die Haare abzuschneiden. Andere stürzten, als die Frauen sich wehrten, hinzu, hielten sie fest, rissen ihnen die Haare büschelweise aus, bespuckten sie und schrien ihnen die übelsten Schimpfworte ins Gesicht. Als ein Mädchen sich weigerte zu scheren, entriß ihm eine nachdrängende Frau sofort die Schere und setzte das brutale Werk fort. Als die Frauen gänzlich kahl geschoren waren, führte Fischer sie um die Mariensäule und gab der immer noch anwachsenden Menge ausgiebig Gelegenheit, sie weiter anzuspeien, herumzustoßen und zu schlagen (später behauptete er, von all diesen Mißhandlungen nichts bemerkt zu haben). Erst als die Frauen über und über voll

Dreck waren, führte er sie in das Revier zurück. Doch einige in der Menge hatten noch nicht genug und verlangten grölend eine weitere Vorführung von Frauen. Bastianelli kam der Volksmeinung sicherlich nicht ungern nach und befahl Fischer, die Frauen erneut herauszubringen. Inzwischen hatte man Schmähschilder mit der Aufschrift ›Franzosenhure‹ angefertigt, die den Frauen umgehängt wurden. In solchem Aufzug wurden sie mehrmals photographiert und dann von Fischer erneut gezwungen, in die zusammengerottete, aggressive Menge hineinzugehen und eine weitere Runde um die Mariensäule zu machen.«[19] Mit der dritten Frau, von der kein Schuldeingeständnis vorlag, wurde schließlich ebenso verfahren. Das ganze Spektakel zog sich drei bis vier Stunden hin.

Sicherlich spielten hier gruppendynamische und massenpsychologische Prozesse eine wesentliche Rolle. Die agierenden Frauen waren Täterinnen und Opfer zugleich und ließen sich als Handlangerinnen in einem inszenierten Spektakel instrumentalisieren. Mit ihren Aktionen vollzogen sie auch die Projektionen männlichen Sexualneids, der sich gegen die Kriegsgefangenen als männliche Konkurrenten richtete. Dabei kamen populäre Vorurteile zum Tragen, die Frauen und Mädchen eine »gewisse Sucht zum Fremdländischen« und zum Beispiel den Franzosen besonderen verführerischen Charme unterstellten.

Solche Tribunale richteten sich lediglich gegen Frauen, für deutsche Männer galt ein solcher Moralkodex nur in ganz begrenztem Umfang, beispielsweise wenn die Volksgesundheit durch die Übertragung von Geschlechtskrankheiten gefährdet schien. Ansonsten blieb es in der Regel bei verbalen Verurteilungen. Nur Mitgliedern der SS war der intime Verkehr mit »andersrassigen« Frauen ausdrücklich verboten. Ein Parteigenosse, der den Vorfall in Bad Aibling mitverfolgt hatte, faßte diese Ungleichheit in einen makaber-anschaulichen Vergleich: »... Ich habe geschimpft und bin wieder heimgegangen. Ich war selber Parteigenosse. Ich habe es nicht gutgeheißen. Ich sagte, wenn jedem Soldaten, der eine Französin gehabt hat, das Ohr weggeschnitten würde, wären zwei Drittel ohne Ohren heimgekommen.«

Erzwungene Arbeit

»Der Nationalsozialismus will der deutschen Frau wieder die Möglichkeit geben, ihren eigentlichen Beruf auszufüllen, den ihr die Natur zugewiesen hat, nämlich Gattin und Mutter zu sein! Sie haben keine Sehnsucht nach der Fabrik, keine Sehnsucht nach dem Büro und keine Sehnsucht nach dem Parlament. Ein trautes Heim, ein lieber Mann und eine Schar glücklicher Kinder sind ihrem Herzen näher. Der Nationalsozialismus will dafür sorgen, daß die deutschen Männer wieder Arbeit bekommen und eine Familie gründen und ernähren können, dann werden sie auch die Frauen aus den ihnen durch die Zeit aufgezwungenen Berufen herausholen.«[1]

Diese Sätze aus dem *ABC des Nationalsozialismus* von 1933 sind Programm und Dogma zugleich: Sie suggerieren ein Frauenbild, das durch die Rolle des Mannes bestimmt wird. Er geht einem Beruf nach, er versorgt die Familie. Die natürliche Bestimmung der Frau hingegen liegt in ihrer Aufgabe als Mutter und Ehefrau, ihr Arbeitsplatz ist der Herd. Hinter diesen ideologischen Verbrämungen standen anfangs wirtschaftspolitische Erwägungen der nationalsozialistischen Machthaber: Es ging um die Bekämpfung der Arbeitslosigkeit in Folge der Weltwirtschaftskrise der frühen 30er Jahre. Die Regierung suchte ihr Heil in aufwendigen Arbeitsbeschaffungsprogrammen. Doch diese Politik war in erster Linie auf die männliche Arbeitswelt abgestimmt. Die Berufstätigkeit der Frau wurde bekämpft; als »wesensgemäß« galten nur noch soziale, erzieherische sowie haus- und landwirtschaftliche Berufe.

Am leichtesten fiel der staatliche Zugriff auf die Beamtinnen. Ein Gesetz vom 30. Juni 1933 ermöglichte es den Dienstbehörden, verheiratete Beamtinnen zu entlassen, wenn der Ehemann ausreichend verdiente. Auf diese Wiese verdrängte man Frauen zugunsten männlicher Bewerber aus gehobenen Positionen. Neben Ärztinnen und Juristinnen waren davon vor allem Lehrerinnen betroffen, denen die NS-Frauenschaft und das Deutsche Frauenwerk ideologische Umschulungsprogramme anboten, mit deren Hilfe sie in diesen Organisationen als Führerinnen tätig werden konnten. Nicht wenige Lehrerinnen nahmen diese Möglichkeit wahr, um den Verlust ihrer beruflichen Existenz aufzufangen. Diese »Doppelverdiener«-Kampagne traf die weibliche Beamtenschaft, vor allem die Akademikerinnen, hart, volkswirtschaftlich blieb sie allerdings bedeutungslos.

Auch andere, eher indirekt wirkende Maßnahmen bezweckten, die Frauen aus dem Erwerbsleben auszugrenzen. Das Ehestandsdarlehen in Höhe von 1000 Reichsmark beispielsweise bekamen Heiratswillige unter der Voraussetzung, daß die Frau bis zur Tilgung keiner Erwerbstätigkeit nachging. Manche Firmen gewährten darüber hinaus Heiratsbeihilfen zwischen zweihundert und vierhundert Mark, wenn die zukünftigen Ehefrauen ihren Arbeitsplatz für Männer freimachten. Über 350 000 Frauen gaben so ihre berufliche Selbständigkeit zugunsten der Hausfrauentätigkeit auf. Häufig reichten aber die Einkünfte der Männer nicht aus, so daß die Frauen Heimarbeit oder Gelegenheitsarbeiten annehmen mußten.

Kostenlose Arbeit im Dienste des Staates

Galt eine der Stoßrichtungen nationalsozialistischer Arbeitsbeschaffung der Entlastung des Arbeitsmarktes, so zielte eine andere auf die Aktivierung weiblicher Arbeitskräfte: Volksgemeinschaft, lautete die magische Formel, mit der sich die Machthaber ein riesiges Reservoir kostenloser Arbeitskräfte eröffneten. Bereits die weibliche Jugend sollte zwischen Schulabschluß und Verheiratung dem Staat in Arbeitsdiensten zur Verfügung stehen und im Sinne nationalsozialistischer Arbeitsauffassung erzogen werden. Die Arbeitsdienste bezogen auch die romantisierende »Zurück-zur-Natur«-Bewegung der zwanziger Jahre ein. Neu daran war seit 1934 die Unterordnung der persönlichen Freiheit unter wirtschafts- und bevölkerungspolitische Ziele. 1935 führte man für die gesamte deutsche Jugend die Arbeitsdienstpflicht ein und installierte drei Jahre später für alle Mädchen und ledigen Frauen unter 25 Jahren das sogenannte »Pflichtjahr«. Was mit der Machtergreifung als Notstandsarbeit begonnen hatte, mündete endgültig in einen Arbeitszwang.

Mädchen wurden in privaten Haushalten zur Entlastung kinderreicher Familien herangezogen, leisteten Sozialdienste oder arbeiteten in der Landwirtschaft. Die Partei und die zuständigen Behörden forcierten die Landdienste, da dem Bauerntum in der nationalsozialistischen Blut-und-Boden-Ideologie eine besondere Bedeutung zufiel. Man wollte den städtischen Arbeitsmarkt zugunsten älterer Arbeitskräfte entlasten und der Landwirtschaft billige Hilfen zuführen.

Bezogen junge unverheiratete Frauen Arbeitslosenhilfe, so vermittelte sie das Arbeitsamt bevorzugt als Landhelferin. Für Schulabgänger wurde gleichsam als neuntes Schuljahr ein Landjahr eingerichtet. Mit solchen Maßnahmen hoffte man auch den

Ein Tag dienstfrei. Trotz Arbeitsdienstzwang und Kriegszeit vermittelt das private Foto den Eindruck einer unbeschwerten Jugend. Ötztal/Österreich 1941

überlasteten Bäuerinnen zu helfen. In einem NS-Frauenbuch aus dem Jahre 1934 heißt es, daß »die dreifache Inanspruchnahme durch Familie, Haushalt und Wirtschaft die Bäuerin zur stärkstbelasteten Arbeitskraft des Betriebes macht ... Bei der Bauersfrau sind Arbeitstage von 18–19 Stunden keine Seltenheit.« Die Ideologen wiesen der Bäuerin in der Volksgemeinschaft einen besonders exponierten Platz zu und idealisierten sie als »Lebensquell nicht nur der bäuerlichen Familie, sondern des ganzen Volkes«. Die Bauern sollten in einer großen »Erzeugungsschlacht« die landwirtschaftliche Autarkie des Reiches garantieren und – auch im Kriegsfall – die Ernährung der Bevölkerung sichern.

Man faßte die weibliche Jugend in eigens eingerichteten Landjahrlagern zusammen, wo die Erziehung zur Arbeit häufig mit einem Drill gekoppelt war, der nicht selten paramilitärische Züge annahm. Über die Erfahrungen eines Mädchens, das zusammen mit 50 anderen Mädchen in einem Lager untergebracht war, berichtet ein Gewährsmann der Sopade: »Die Mädchen arbeiten bei den Bauern der Umgegend und werden außerdem mit Lagerdienst beschäftigt. Das Lager ist in mehrere Gruppen eingeteilt, die abwechselnd beim Bauern arbeiten, Stuben- oder Küchendienst, Wäschewaschen und -ausbessern haben usw. Die Arbeit beim Bauern war nicht allzu schwer. Die Lagerleitung achtet darauf, daß Bauern, die ihre Landjahrmädchen ausnutzen, von der Beteiligung ausgeschlossen werden. Auch das Essen war leidlich. Geklagt wurde nur über die strenge Disziplin. Die Mädchen wurden mit Appellen aller Art geplagt: Ausrüstungsappelle, Stubenappelle, Sauberkeitsappelle und dergleichen mehr. Wiederholt sind solche Appelle mitten in der Nacht abgehalten worden. Wenn dann bei den Kindern, die mitten aus dem Schlaf gerissen worden waren, nicht alles klappte, mußte der Appell wiederholt werden. Also wieder alles rein in die Betten und nach einer halben Stunde wieder raus. Oder auch Antreten auf dem Hof und mitten in der Nacht eine Stunde marschieren ...«

Ausdrücklich hebt der Berichterstatter hervor, daß die meisten Mädchen trotzdem vom Landjahr begeistert waren. Vor allem das Erlebnis des Lagerlebens und das Leben auf dem

Mädchensolidarität im Pflichtjahr des Reichsarbeitsdienstes. Bar-wies/Tirol 1941 (Privatfoto)

Lande habe auf die Stadtkinder großen Eindruck gemacht. Ganz unverständlich war dies nicht. Vielen Mädchen bot sich hier die erste Gelegenheit, sich vom Elternhaus zu lösen; dieses Gefühl der Emanzipation wog oft stärker als manche Pressionen.

Die Organisation des Tagesablaufs in den Lagern war unterschiedlich, Übereinstimmungen zeigten sich aber in den Ritualen. Dazu gehörten morgendliche und abendliche Zeremonien mit Hakenkreuzfahne, Eidesformeln und klingenden SA-Liedern, uniforme einfache Arbeitskleidung und die Beschwörung der Gemeinsamkeit in sportlichem Wettbewerb und geselligem Spiel.

Hatte sich die »Arbeitsschlacht«, wie das nationalsozialistische Idiom für die Arbeitsbeschaffungsprogramme lautete, 1933 und 1934 noch auf Bauwirtschaft, Wiedereinführung der Handarbeit und freiwillige Arbeitsdienste bezogen, so stand sie in den Folgejahren ganz im Zeichen der wirtschaftlichen und militärischen Rüstung zum Krieg. Innerhalb von sechs Jahren stiegen die Rüstungsausgaben von etwa sieben auf sechzig Prozent des Staatshaushalts an. Aus diesem gigantischen Rüstungsprogramm erklärt sich auch der Rückgang der Arbeitslosenzahlen.

Mit dem Arbeitskräftemangel in der Rüstungsindustrie stieg der Bedarf an jenen weiblichen Arbeitskräften, die zuvor aus ihren Berufen gedrängt oder in ländliche Berufe umgelenkt worden waren. Dies stand in deutlichem Widerspruch zur bisherigen Frauenarbeitsmarktpolitik. Alles geschah unter dem Mantel der neuen Weltanschauung. In einem Reichsbürgerhandbuch hieß es idealisierend: »Die weibliche Jugend soll unbedingt den Segen spüren, den diese wahrhafte ›Volksschule‹ den jungen deutschen Menschen für ihr ganzes ferneres Leben spendet, Ziel ist die nationalsozialistische Erziehung zur richtigen Arbeitsauffassung und Volksverbundenheit im Geiste einer gemeinsamen Weltanschauung ... Haustochter, Abiturientin, Verkäuferin, Fabrikarbeiterin – sie werden in wahrer Volksgemeinschaft vorgebildet zur künftigen deutschen Frau und Mutter.«[2]

Diese scheinbar klassenübergreifende Ausgewogenheit entpuppte sich aber bald als heftig kritisierte soziale Ungerechtigkeit. Über Jahre hinweg wurde auch in den Berichten des Sicherheitsdienstes der Umstand moniert, Frauen aus höheren Gesellschaftsschichten entzögen sich dem Arbeitsdienst: »Wie in den Meldungen betont wird«, heißt es 1940, »sind die Gründe für die stimmungsmäßig ungünstigen Auswirkungen weniger in der geringen Opferbereitschaft zu suchen, also vor allem darin, daß sich die betroffenen Volksgenossinnen ungerecht behandelt fühlen, indem sich die Arbeitsämter in der überwiegenden Mehrzahl aller Fälle an die Frauen aus den Kreisen der Arbeiterbevölkerung halten. Diese Frauen äußern sich dahingehend, daß die sogenannten besseren Kreise immer noch ein oder mehrere Dienstmädchen haben, in den Lokalen und Cafés herumsitzen, die Strandbäder, Tennis- und Sportplätze bevölkern und schon am frühen Morgen in Liegestühlen im Garten liegen. Nach einer Meldung aus Stettin sollen dienstverpflichtete Frauen der Munitionsanstalt Löcknitz wörtlich geäußert haben, daß ›der Angeschmierte immer der einfache Volksgenosse sei‹.«

Aus den Berichten geht auch hervor, daß sich nicht wenige Frauen der Dienstverpflichtung über besondere Beziehungen zur Partei zu entziehen suchten, andere wiederum bemühten sich nachzuweisen, »daß sie gelegentlich dann und wann ehrenamtlich für Partei oder Staat tätig waren«. Die Dienstverpflichtung wurde jedenfalls sehr unterschiedlich gehandhabt, und viele Frauen und Mädchen aus gutsituierten Kreisen konnten das Pflichtjahr umgehen. Dies brachte ihnen oft bessere Ausbildung und früher höheren Verdienst.

Seit 1935 mußte jeder Arbeitnehmer ein Arbeitsbuch führen, in dem Art und Dauer der Beschäftigung, aber auch jegliche Wohnungs- und Namensänderung festgehalten war. Die Arbeitsämter hatten so einen leichteren Zugriff auf die zur Verfügung stehenden Arbeitskräfte, die nun zunehmend auch gegen ihren Willen an Arbeitsplätze verschickt wurden.

War ein verheirateter Mann dem Arbeitsdienst zugewiesen, trafen die niedrigen Löhne die Ehefrauen hart. In den Berichten der Sopade findet sich dazu folgender Fall: »Die Frau eines verschickten Arbeiters erhielt in der ersten Woche nach Abwesenheit ihres Mannes 2,60 Reichsmark Unterstützung. Für die zweite Woche 3,20 RM, für die dritte Woche 1,20 RM. In der vierten Woche wurde die Unterstützung eingestellt. Der Frau wurde mitgeteilt, daß der Mann nun von seinem Verdienst die Familie zu unterhalten habe. Er hatte aber bereits in der ersten Woche um Sendung von Lebensmitteln gebeten, da das Essen unzureichend und schlecht sei.« Protestaktionen blieben nicht aus. In Neisse und in Breslau erschienen die Ehefrauen am

Bahnhof und bestiegen die Waggons, in denen ihre Männer zur Arbeit zwangsverschickt werden sollten. Die Polizei mußte die Frauen gewaltsam aus den Zügen holen. Die Behörden fürchteten solche Aktionen und suchten sie möglichst zu vertuschen, damit in der Bevölkerung keine unkontrollierbare schlechte Stimmung aufkomme. In solchen Fällen wurde daher in der Regel von einer Bestrafung abgesehen.

Meist blieb den Frauen aber nichts anderes übrig, als die Arbeitsdienste zu akzeptieren. Manche hielten sie im Rahmen der allgemeinen Wirtschaftslage auch für notwendig; zudem war ein soziales Jahr für Frauen als Äquivalent zum Wehrdienst der Männer bereits in der Weimarer Republik diskutiert worden. Im Rückblick verklärten sich die harten Stunden des eigenen Arbeitsdienstes, in Erinnerung blieben heitere Momente und Freundschaften. Denn welche Frau, welches Mädchen wollte gerne die Zeit im Arbeitsdienst als ein verlorenes Jahr des Lebens sehen?

»... bei denkbar sparsamstem Einsatz die größtmögliche Leistung.«

Schon seit 1937 gehörten Zwangsarbeiterinnen aus dem Ausland zu den Planspielen verantwortlicher Rüstungs- und Wirtschaftsstrategen, nicht zuletzt auf diesem Wege hoffte man den unpopulären Arbeitszwang für deutsche Frauen mildern zu können.

Mit dem Ausbruch des Krieges und dem Überfall auf Polen begann die Ausbeutung ausländischer Frauen als Arbeitstiere. Anfangs warb man in den besetzten Gebieten arbeitslose »Zivilarbeiter« an. Die ersten freiwilligen Meldungen erfolgten aufgrund der positiven Erfahrungen polnischer Saisonarbeiter in Deutschland vor 1939; Arbeitslosigkeit und Hunger bewirkten ein übriges. Zwei Jahre später gehörte in den eroberten russischen Gebieten Menschenjagd nach den begehrten Arbeitskräften zum Kriegsalltag. Es wurden Männer und Frauen einschließlich Jugendlicher vom 15. Lebensjahr an auf der Straße, von den Märkten und aus Dorffestlichkeiten herausgegriffen und fortgeschafft. Die Einwohner hielten sich ängstlich verborgen und vermieden jeden Aufenthalt in der Öffentlichkeit.[3]

1944 preßten die Nationalsozialisten fast sechs Millionen ausländische Zivilarbeiter in Deutschland zur Arbeit, ein Drittel davon Frauen. Die meisten Zwangsarbeiterinnen kamen aus Polen und Rußland; sie galten in der Rassenideologie als »Untermenschen«, denen sich eine nationalsozialistische »Herrenrasse« überordnete.

Als Stigma der »Andersrassigkeit« mußten Frauen wie Männer – noch vor der Brandmarkung der Juden mit dem gelben Stern – auf ihrer Kleidung ein »P« für polnisch und ein »OST« für russische »Ostarbeiter« tragen.

»Unterschiede zwischen Fremdarbeitern wurden ganz gezielt gemacht«, schildert die italienische Schriftstellerin Luce D'Eramo ihre Erfahrungen, »es war wie eine Treppe: ganz unten die Russen, dann die Polen, und oben standen die Arbeiter aus den Westgebieten. Wir wurden vergleichsweise am besten behandelt. Rein äußerlich zahlte man uns sogar denselben Lohn wie den Deutschen. Aber unsere Abzüge waren so hoch, daß ich z. B. in zwei Wochen effektiv nur etwa 8,– RM bekam. Und die Ostarbeiter erhielten fast gar nichts. Alles war so organisiert, daß wir Ausländer auseinanderdividiert wurden und uns nicht miteinander solidarisierten. So gab man z. B. den Westarbeitern im Freiarbeitslager Bettücher, um sichtbar zu machen, daß man uns noch als Menschen behandelte. Die Ostarbeiter hatten dagegen nur Stroh und eine Decke, sie galten als Untermenschen.«[4]

Die Löhne der Ostarbeiterinnen reichten kaum zum Überleben. Betrug der Wochenlohn zwischen drei und fünf Mark, so wurden davon noch eine Mark Sondersteuer und die Kosten für Unterbringung und Verpflegung abgezogen.[5] Wie sollten davon noch Angehörige unterstützt werden, die unter deprimierenden Besatzungsverhältnissen in den Ostgebieten lebten? An eine Rückkehr war unter den Bedingungen des Krieges sowieso nicht zu denken.

Wie weit Entrechtung und Entwürdigung der Zwangsarbeiterinnen fortgeschritten waren, enthüllen die sogenannten »Ostarbeitererlasse« des Jahres 1942. Russische Frauen wurden in umzäunten und bewachten Lagern untergebracht. Die Einrichtung der Baracken bestand nur aus dem Notwendigsten: Bettstellen mit Matratzen oder Stroh und Decken, Schrank, Tisch, einige Hocker. Die hygienischen Verhältnisse waren zumeist so, daß die Frauen kaum ihre Selbstachtung wahren konnten. An Kleidung besaßen sie nur, was sie auf dem Leib trugen. Auch darüber schreibt Luce D'Eramo: »Dann machten wir uns daran, unsere Wäsche zu reinigen, aber mit dieser Sandseife blieb alles immer schmutzig, es war eine reine Sisyphusarbeit. Jeder Fremdarbeiter besaß eine einzige Kleidergarnitur, mit der er auskommen mußte: eine grobe Jacke, eine rauhe Hose und Holzschuhe.«[6]

1942 hieß es in einem Programm über den Arbeitseinsatz fremdländischer Arbeiter, alle Menschen müßten so ernährt, untergebracht und behandelt werden, daß sie bei denkbar sparsamstem Einsatz die größtmögliche Leistung hervorbrächten.[7] Vor allem in den Rüstungsbetrieben galt als Arbeitsmaxime die Erhaltung und Steigerung der Leistungskraft. Frauen mußten wöchentlich siebzig bis achtzig Stunden an der Drehbank stehen, im Akkord am Fließband arbeiten oder andere schwerste körperliche Arbeiten verrichten: Sie ersetzten die deutschen Männer, die an die Front beordert waren.

Zu den physischen Strapazen kam die ständige Angst um das eigene Leben. Noch in der Rückschau des Jahres 1973 spürt man das Entsetzen im Bericht einer polnischen Zwangsarbeiterin: »Die Arbeit dauerte zwölf Stunden täglich und sogar länger, wenn wir die vorgesehene Norm nicht erfüllten. Wir arbeiteten unter Angst vor dauernden Fliegerangriffen, sowohl am Tage, wie auch in der Nacht, wobei die deutschen Arbeiter während der Fliegerangriffe in die Bunker flüchteten. Wir dagegen wurden in die Fabrik eingesperrt. Während der Fliegerangriffe fielen Bomben auf Gebäude und auf die Fabrikhallen. Wir litten damals unter psychischen Erschütterungen, oftmals waren wir nahe des Wahnsinns, weil wir in abgesperrten Hallen saßen, ohne Möglichkeit der Flucht im Falle der Not.«[8]

Die Industrie griff bereitwillig auf das flexible und kostensparende Arbeitskräftepotential zurück. Arbeitsschutzbestimmungen wurden nicht eingehalten, nicht selten war eine hohe

Formal standen ausländische Zwangsarbeiterinnen in einem zivilrechtlichen Arbeitsverhältnis. In Wirklichkeit wurden besonders Ostarbeiterinnen ausgebeutet und entrechtet. Hier dienstlich erfaßte Russinnen, München 1943 (Betriebsfotograf)

Arbeitsleistung Voraussetzung für ausreichendes Essen im Betrieb. Nicht aufzufallen und sich dem Arbeitsdruck zu fügen galt somit als eine Frage des Selbstschutzes, ja des Überlebens. Bei »schlechter Arbeitsmoral«, bei Widerspruch oder gar Sabotage drohten harte Strafen: Prügel, Einweisung in ein Arbeitserziehungslager, in ein Konzentrationslager oder aber, je nach Schwere des Falls, die Todesstrafe. So verhaftete zum Beispiel 1942 die Wiener Gestapo eine litauische Hilfsarbeiterin wegen des Verdachts der »Vorbereitung zum Hochverrat«, da sie in der Heeresmunitionsanstalt »die Internationale gesungen und ihre Arbeitskameradinnen zur Arbeitssabotage aufgefordert« habe.[9] In einem anderen Fall wurden zwei Ostarbeiterinnen wegen Unterstützung der Widerstandsgruppe »Anti-Hitler-Bewegung« verhaftet; sie hatten die Widerstandskämpfer mit Lebensmitteln und alkoholischen Getränken versorgt.

Immer wieder suchten Zwangsarbeiterinnen in den Rüstungsbetrieben die Chance, durch Fehlmontagen oder durch gezielte Produktion von Ausschuß die Kriegsmaschinerie zu sabotieren. Solche Aktionen erforderten einen Mut der Verzweiflung und unermüdliche Wachsamkeit, um nicht das eigene Leben oder das anderer zu gefährden; oft waren jedoch der Haß gegen die Unterdrücker und die Hoffnung auf ein baldiges Ende des Krieges stärker als die Angst.

Zwangsarbeit bedeutete immer auch gesellschaftliche Isolation: In den Betrieben durfte während der Arbeit nicht gesprochen werden, zudem sollten die Deutschen den Umgang mit den Ausländern meiden. Hinzu kamen die Sprachprobleme. Die meisten Frauen stammten aus einfachen Verhältnissen und waren nicht sprachgewandt. Verbote bestimmten auch die Freizeit; so war der »Besuch von Wirtshäusern, Theatern, Kinos und sonstigen öffentlichen Lokalen, desgleichen von öffentlichen Veranstaltungen, Messen und Märkten; ferner der Aufenthalt ... in Bahnhöfen und allen anderen dem öffentlichen Verkehr dienenden Orten, Bauten und Einrichtungen« untersagt.[10] Polinnen und Russinnen durften keine Verkehrsmittel benützen, auch ein eigenes Fahrrad war verboten. Überall hingen Schilder »Nur für Deutsche« oder »Ausländer und Hunde verboten«.

Doch viele Deutsche durchbrachen diese Mauern des Schweigens und der Isolation. Auf dem Lande lebten die Bauern nach ihren Gepflogenheiten und kümmerten sich oft erstaunlich wenig um Gestapovorschriften. Obwohl in den Erlassen die strikte Trennung vom deutschen Hausgesinde sogar bei den Mahlzeiten gefordert war, pflegte man auf den Höfen in der Regel die traditionelle Hausgemeinschaft. Nicht selten feierten die Bauern sogar das Weihnachtsfest mit den ausländischen Zwangsarbeitern. Die gemeinsame katholische Konfession spielte dabei eine herausragende Rolle. Die Pfarrer hielten trotz des Verbotes »Polengottesdienste« ab, und polnische Geistliche predigten in ihrer Landessprache. Einige bayerische NS-Ortsbauernführer gestatteten ihren polnischen Mägden und Knechten ausdrücklich den Besuch der Messe; selbst bei der Fronleichnamsprozession durften sie mitziehen.[11] Zwei russischen Mägden soll für den Besuch der Kirche sogar der »schönste Sonntagsstaat der Bäuerinnen« geliehen worden sein.

Intime Kontakte waren Zwangsarbeiterinnen streng untersagt. Kam es trotzdem zu einer Schwangerschaft, erschien es der SS im Sinne einer Kosten-Nutzen-Rechnung das einfachste, schwangere Polinnen zum Entbinden in ihre Heimat zurückzuschicken. Manche Arbeiterinnen hofften daher, über eine vorgetäuschte Schwangerschaft den begehrten Rückkehrschein zu bekommen. So hatten 25 Frauen eines Lagers in Kiel Schwarzbrot mit Kohlesäurepräparaten versetzt, damit sich ihr Bauch wie bei einer werdenden Mutter aufblähte. Eine Intervention des Reichsführers SS, Heinrich Himmler, stoppte eine Rückführung schwangerer Frauen, um diese Arbeitskräfte zu erhalten. Statt dessen schuf man Betreuungsstätten für Kinder unter rassebiologischen Grundsätzen; »gutrassige« Kinder könnten zukünftig wertvolle Arbeitskräfte abgeben, hieß es. Aber in diesen Heimen starben viele an Epidemien oder Unterernährung.

Eine große Zahl von Zwangsarbeiterinnen trugen lebenslange psychische und physische Schäden davon. Ihre Gefühle und Handlungen lassen sich nur aus der Ohnmacht der Unterdrückung, der Ablehnung und des Hasses verstehen. Die Italienerin Luce D'Eramo schreibt: »Alles war so geregelt, daß wir gar nicht anders konnten, als alle Deutschen mit den Nazis gleichzusetzen und hassen zu lernen. Haß war die Waffe der Nazis, um alles zu beherrschen.« Erst das Millionenheer der zivilen Zwangsarbeiterinnen und der Kriegsgefangenen ermöglichte es den Nationalsozialisten, den Krieg bis 1945 auszudehnen. Längst wäre die Versorgung der deutschen Zivilbevölkerung ohne den Ausländereinsatz zusammengebrochen.

Jüdische Frauen – ein Leidensweg

Mit dem Novemberpogrom von 1938, von den Nationalsozialisten spöttisch »Reichskristallnacht« genannt, erreichte die Entrechtung der in Deutschland lebenden Juden seinen dramatischen Höhepunkt: Innerhalb weniger Wochen zwang man sie aufgrund der »Verordnung zur Ausschaltung der Juden aus dem deutschen Wirtschaftsleben«, ihre erlernten Berufe aufzugeben, jüdisches Eigentum wurde »arisiert«, also von Deutschen übernommen. Viele Frauen, die zum Beispiel im Einzelhandel oder in Handwerksbetrieben gearbeitet hatten, standen nun ohne Arbeit da. Schutzlos waren die enteigneten und entrechteten Juden dem staatlichen Zugriff ausgeliefert und konnten zu jeglicher Arbeit gezwungen werden.

Ungehemmt bediente sich die Industrie der billigen Arbeitskräfte für ihre »Judenabteilungen«. Jüdische Frauen leisteten Zwangsarbeit beim Bau von Fernmeldegeräten in der Firma Siemens, bei der Herstellung von Fallschirmen in der Seidenspinnerei des IG Farben-Konzerns oder bei der Fabrikation von Zeitzündern in der Dresdener Firma Zeiss-Ikon. Der Lohn war gering, auf Weihnachtsgeld, Familien- oder Kinderzulagen hatten sie keinen Anspruch.

Über ihre Arbeit in einer Flachsfabrik nahe München berichtet Else Behrend-Rosenfeld in ihren Tagebuchaufzeichnungen *Ich stand nicht allein*. Der Fünfzigjährigen fiel die körperliche Arbeit schwer, da der linke Arm seit Geburt in seiner Beweglichkeit eingeschränkt war: »Die Arbeit in den Fabrikräumen in Lohof gilt für ziemlich schwer, und auch die Arbeit auf dem Feld, den ganzen Tag in der prallen Sonne, ist ziemlich berüchtigt … Ich bin gespannt, wie lange ich die Arbeit mit meinem linken Arm werde machen können. Das Zurechtrücken und Glattstoßen der ziemlich schweren Flachsbündel erfordert die Kräfte beider Arme und kann unmöglich mit nur einem bewältigt werden. Schon nach den dreieinhalb Tagen Arbeit spüre ich zeitweise die unangenehmen Nervenschmerzen, die sich immer nach einer Überanstrengung zeigen ...«[12] Die Schikanen der Verantwortlichen zielten darauf ab, vor allem gebildete Frauen – Else Behrend-Rosenfeld war promovierte Historikerin – zu schweren und schmutzigen Arbeiten heranzuziehen und sie sozial zu erniedrigen.

Seit der Reichspogromnacht liefen gegen Juden auch Entmietungsaktionen, viele wurden bei anderen jüdischen Familien zwangseinquartiert oder in völlig unzureichende Ersatzräume abgedrängt. Die langen Wege zur Arbeit, das Verbot, öffentliche Verkehrsmittel zu benutzen, die Zuweisung weniger jüdischer Läden zum Einkaufen, alle diese Schikanen machten den jüdischen Frauen, die neben der Arbeit noch eine Familie zu versorgen hatten, das Leben besonders schwer. Doch der eigentliche Leidensweg stand ihnen noch bevor.

Bereits am 30. Januar 1939 hatte Adolf Hitler in einer Reichstagsrede von der »Vernichtung der jüdischen Rasse in Europa« geredet; am Tage darauf konnte es jeder im *Völkischen Beobachter* nachlesen. Fast auf den Tag zwei Jahre später faßten die Vertreter der Reichsbehörden auf der Berliner Wannsee-Konferenz den Beschluß, das europäische Judentum auszurotten. Diese »Endlösung der Judenfrage«, wie die makabre Formel lautete, bedeutete auch die Deportation aller für die Rüstungsindustrie zwangsrekrutierten Juden.

Vernichtung durch Arbeit

Millionen von Menschen, verfolgt aus rassischen, viele aber auch aus politischen Gründen, wurden in die Konzentrationslager verschleppt. Mit der Ankunft im KZ begann die Entscheidung über Leben und Tod. Ein Großteil – schwangere Frauen, alte Menschen und Kinder, von Transport, Hunger und Krankheit Geschwächte – wurde bereits an der »Rampe« ausgesondert und kurz darauf ermordet. Für die sogenannten Arbeitsfähigen begann eine Zeit unvorstellbarer Entwürdigung und Ausbeutung, die nur wenige überlebten. Das Schicksal von Frauen unterschied sich von dem der Männer nur noch graduell. Systematisch sollte die Persönlichkeit des einzelnen gebrochen werden. Alle Häftlinge bekamen zur leichteren Identifizierung eine Nummer zugewiesen, in Auschwitz tätowierte man sie sogar auf die Haut. Die Frauen mußten jeglichen persönlichen Besitz abgeben, schließlich wurde ihnen das Haar geschoren.

Diesen Weg beschreibt die Österreicherin Antonia Bruha in ihren Erinnerungen *Ich war keine Heldin*: »Auf dem Kopf ein Kopftuch, das oft die Kahlheit nur schlecht verdeckt. Wir sind keine Frauen mehr und keine Menschen. Jede hat ihre Lagernummer erhalten, und somit ist sie in die große Schar der Rechtlosen und Namenlosen aufgenommen.«[13]

Ein Jahr lang hatte man Antonia Bruha aus politischen Gründen zuerst in ein Gefängnis gesteckt, danach wurde sie in das größte Konzentrationslager für Frauen nach Ravensbrück deportiert. Hier lernte sie zum erstenmal die Sinnlosigkeit dieser Arbeit, die Hierarchie und Willkür der Aufseherinnen kennen: »Vor der Küche liegt ein großer Haufen Schlacke, mit Kohlenstaub gemischt. Der Häftling mit der roten Binde gibt jeder eine Schaufel: ›Dieser Haufen muß bis mittags am anderen Ende des Lagers sein. Eure Arbeit ist, ihn in die Lore zu schaufeln und damit hinzufahren!‹ … ›Los, los!‹ schreit die Aufseherin, ›macht, daß ihr weiterkommt!‹ Sie knallt dabei mit einer Peitsche, die sie dann in den Stiefelschaft steckt.

Vier Frauen werden jeweils zu einer Lore eingeteilt. Ich bin schwach, aber die anderen erscheinen mir noch viel schwächer. Ist es möglich, daß eine Schaufel so schwer sein kann? Man hebt sie ein Stück vom Boden weg, dann noch ein Stück, aber man kann sie nicht bis zur oberen Kante der Lore bringen. Ausgeschlossen! Da gibt mir eine Frau ein Zeichen, ich solle mich beeilen, sonst bekäme ich es mit der Peitsche. Die beiden anderen arbeiten gleichmäßig und sprechen sogar leise miteinander. Wie machen sie das nur, sie sind doch schwächer als ich? Es muß irgendein Vorteil dabei sein. In diesem Augenblick steht der Anweisehäftling vor mir: ›Warum arbeitest du nicht?‹ ›Ich kann

»Vernichtung durch Arbeit« drohte den Frauen in den Konzentrationslagern. Uckermark-Ravensbrück (Fotograf unbekannt)

nicht, ich kann einfach die Schaufel nicht heben.‹ ›Überlege es dir, ob du kannst oder nicht. Bis mittag muß der Haufen auf der anderen Seite sein. Ist er es nicht, bekomme ich als Anweisehäftling Ohrfeigen von der Aufseherin. Doch ehe ich Hiebe einstecke, schlage ich lieber dich. Fang an!‹ Ich schaue sie entgeistert an. Sie wird mich schlagen, hat sie gesagt! Ist es denn möglich, daß hier ein Häftling den andern schlägt, wo wir doch alle unter dem gleichen Druck stehen und das gleiche Leid tragen?

Ich lade wieder die Schaufel voll, und unter größter Anstrengung gelingt es mir, ihren Inhalt in die Lore zu leeren ... Schon bei der ersten Lore habe ich Blasen an Fingern und Handflächen. Ein Jahr keine Arbeit und von der einjährigen Haft aufs äußerste geschwächt, das macht sich bemerkbar. Nun müssen wir schieben. Vier sind wir, und wir schieben und zerren, die Adern schwellen uns an den Armen und am Halse, die Füße stemmen sich gegen die Erde – aber die Lore rührt sich nicht. Die Peitsche der Aufseherinnen knallt über unsere Rücken. Wir ducken uns und schieben wieder … Endlich rührt sich die Lore, zuerst langsam, zaghaft, aber dann, wenn sie einmal in Schwung ist, geht es.«

Dieser eindringliche Bericht läßt erahnen, welcher Willensanstrengung es bedurfte, um im Lager gegen die Menschen und gegen die Arbeit zu bestehen. »Denn war das Leben noch so schrecklich, sterben war das entsetzlichste«, schreibt Antonia Bruha. Nur wenige Frauen überlebten die Strapazen. Nicht nur die harte Arbeit schwächte den Körper, ständige Unterernährung, Krankheit, die Folgen brutaler Strafbehandlungen, Hitze und Kälte kamen hinzu. Die Frauen wurden systematisch physisch und psychisch zugrunde gerichtet, der Arbeitsprozeß war Teil des Vernichtungsprozesses.

Als verachtete »Zigeuner« hatten besonders die Sinti und Roma unter der Entmenschlichung zu leiden. Rosa Winter erinnert sich in einem Tonbandbericht an ihre langen Jahre in Ravensbrück: »Wenn ich keine Zigeunerin gewesen wär, wär ich ja nicht ins KZ gekommen. Ich hab keine Vorstrafen gehabt, gar nichts, ich war noch ein Kind. Nur wegen der Rasse sind wir hineingekommen, weil wir Zigeuner sind … Schwer arbeiten haben wir müssen, Straßen bauen. Viel Hunger, viel Schläge. Und die Kälte. Damals haben sie die Leute noch nicht bei lebendigem Leib vergast, sie haben sie moralisch umgebracht. Mit der vielen Arbeit, mit dem vielen Hunger und mit den vielen Schlägen. So bist du zugrunde gegangen.«

Entscheidend für das Überleben war die Erhaltung der Arbeitskraft. Wenn eine Frau offen zeigte, daß sie arbeitsunfähig war, schwebte sie in Todesgefahr. So entwickelten die Frauen Strategien des Überlebens, die sich von denen der Männer durchaus unterschieden. Weibliche Häftlinge aus den KZs Bergen-Belsen und Theresienstadt waren der Meinung, daß die männlichen Mithäftlinge »eigennützige und undisziplinierte Egoisten waren, die nicht ihren hungrigen Magen beherrschen konnten und eine schmerzliche Mutlosigkeit offenbarten«.[14]

Verschiedene Erinnerungsberichte verdeutlichen hingegen die besondere mentale Kraft der Frauen.

Der immer gegenwärtige Dämon, den es zu bekämpfen galt, war der Hunger; die italienische KZ-Inhaftierte Maria Montuoro schildert die peinigenden Gefühle und Gedanken während der monotonen Fließbandarbeit in einem Rüstungsbetrieb der Firma Siemens, der gezielt neben dem Konzentrationslager Ravensbrück angesiedelt war: »Das Hungergefühl, fast immer verbunden mit unerträglichen Schmerzen und Sodbrennen, war nicht mehr im Magen zu spüren, es war bereits bis in die Muskeln und Knochen vorgedrungen, es stieg über das Nervensystem hoch und konzentrierte sich im Nacken, schlich sich ins Gehirn und beherrschte die Gedanken – es führte langsam zum Wahnsinn.«[15]

An die Stelle solcher Wahnbilder setzten die Frauen kraftvolle Gegenwelten. Maria Montuoro beschreibt ein Flüstergespräch zwischen Mitgefangenen während der Zwangsarbeit: »›Was hast du bis jetzt gemacht, Maia?‹ fragte Pola. Maia drehte sich schlagartig um. Sie hatte außergewöhnlich leuchtende Augen. ›Was ich getan habe? Ich habe die ganze Zeit gegessen.‹ ›Du hast gegessen? Was denn?‹ ›Hör zu: Einen halben, sehr zarten Kalbskopf, in Semmelbrösel gewendet und in Öl ausgebacken … knusprige Kartoffeln und Pilze …‹ Maia sprach so, als würde sie ein Märchen erzählen. Genau dies waren die Gesprächsthemen, die man sich Tag und Nacht in zermürbender Monotonie zwischen den Arbeitsplätzen der Halle 8 gegenseitig zuflüsterte …«

Die Frauen verstanden es, mit ihren kostbaren kleinen Essensvorräten behutsam umzugehen. Mit einer abgesparten Ration konnte man auch nicht erbringbare Arbeitsleistungen ablösen. So berichtet Rosa Winter, sie habe in einer Strohflechterei die geforderten Strohzöpfe nicht flechten können, so daß ihr 25 – nicht selten tödliche – Schläge mit der Peitsche drohten. Deshalb gab sie ihr Brot den anderen Häftlingen, die dafür ihre Arbeit machten.

Solidarität gab den weiblichen Gefangenen Kraft und ein wenig Zuversicht. War eine Frau unter dem ständigen Arbeitsdruck zusammengebrochen, versteckte man sie einige Tage vor dem Zugriff der Schergen. »Nur die Angst hat dort regiert«, dieser Satz zieht sich wie ein roter Faden durch die schriftlichen und mündlichen Erinnerungen. Verständnis und Hilfsbereitschaft ermöglichten es, die Angst zu beherrschen, die jede Frau wie ein Schatten begleitete. Wer sich während der Arbeit auch nur das Geringste zu schulden kommen ließ oder auch nur unliebsam auffiel, wurde von den Aufseherinnen schikaniert. Die Gefangene Stéphanie Kuder hielt dazu in ihren Aufzeichnungen über die Arbeit am Fließband fest:

»Während einer Nacht haben wir 12 000 Gasmasken gemacht und außerdem, ich weiß nicht wieviel ›Verbrechen‹ begangen. Die exakte Zahl darüber wurde uns bei der Rückkehr ins Lager genannt: Anstatt uns niederlegen zu dürfen, wurden wir beim Eintritt in das Lager im Hof aufgereiht. Die ›Rote‹ kam und las unsere Verbrechen vor: Nr. 5634 hat ihr Kopftuch schlecht gebunden. Eine Haarsträhne schaute hervor.

Nr. 5742 hat ihr Kleid gekürzt.

Nr. 5436 hat in der Fabrik gelacht.

Nr. 5235 hat ein Stück Abfall aus dem Werk mitgenommen, um ihre Schuhe zu schnüren.

Die Schuldigen traten vor, eine nach der anderen. Die ›Rote‹ ging vor ihnen vorbei und betrachtete sie lange. Bevor sie zu schlagen begann, erfreute sie sich an deren Angst ... Es gab Strafstunden, weil wir die Reihen in Unordnung gebracht hatten, um eine Wasserlache zu umgehen;

weil wir uns Hemden aus Papier anfertigten, um uns vor der Kälte zu schützen;

weil wir uns Messer aus verrosteten Metallklingen machten, die wir auf der Fabrikstraße fanden;

weil wir ohne Erlaubnis zur Toilette gegangen waren;

weil wir in versteckten Ecken der Fabrik gesprochen hatten, usw.«

Nur in den wenigen Stunden nach der Arbeit gab es Gelegenheit, in vertrauten, Hoffnung spendenden Gesprächen die erschöpfte Freundin oder die kranke Genossin wieder aufzurichten. Reden war aber auch eine Frage des Vertrauens, das durch ein ausgeklügeltes Spitzelwesen in den eigenen Reihen immer wieder gefährdet war.

Die psychologischen Motive der Aufseherinnen sind nur schwer begreifbar. Zu »Kapos« aufgestiegene Fremdarbeiterinnen schlugen und trieben wohl zur Arbeit an, um die Erwartungen der deutschen Vorgesetzten zu erfüllen und das eigene Leben zu sichern. Doch bei entsprechender Laune führten sie sogar selbst Auspeitschungen oder Erschießungen durch. Viele waren bereits nach kurzer Zeit so verroht, ihre Hemmschwellen so weit herabgesetzt, daß auch Mord zum Alltagsgeschäft wurde.

Als ein Schwurgericht 1964 einen Ortstermin im Gelände des ehemaligen Konzentrationslagers Auschwitz abhielt, erinnerte sich ein Prozeßzeuge: »Die Kinder spielten ... mit einem Ball und warteten ahnungslos, bevor man sie in den Vergasungsraum führte. Eine Aufseherin kam, klatschte in die Hände und rief: ›Schluß jetzt, Kinder, jetzt geht's duschen.‹ Und dann liefen sie das Treppchen hinunter in den Raum, wo sie sich entkleideten. Und die Aufseherin nahm ein kleines Mädchen auf den Arm und trug es hinab. Und das Kind deutete auf den Hoheitsadler an der Mütze der SS-Frau und fragte: ›Was ist das für ein Vögelchen?‹ Das war das letzte, was ich von ihm hörte und sah.«[16] Es ist kaum vorstellbar, daß Menschen, denen die Prozeßzeugen gute Umgangsformen, zum Teil sogar Freundlichkeit und Hilfsbereitschaft attestierten, keine Hemmungen hatten, ihrer »Dienstpflicht« nachzukommen und die Leute in den Tod zu schicken.[17] Zur Frage der persönlichen Verantwortung gab der Zeuge die klare Antwort, jeder habe in Auschwitz für sich selbst entscheiden können, ob er böse oder gut handelte.

Die SS hatte an der Zwangsarbeit gut verdient, da sie KZ-Häftlinge wie Sklaven auch an Industriebetriebe verlieh oder in SS-eigenen Betrieben arbeiten ließ. Sie scheute sich auch nicht, die Rentabilität eines Häftlings zu berechnen: Es ergab sich bei einem täglichen Verleihlohn von sechs Reichsmark bei einer durchschnittlichen Lebensdauer von neun Monaten ein Gewinn von 1620 Reichsmark.[18] Davon waren nur die Unterhaltskosten abzuziehen. Sie ergaben bei einem weiblichen Häftling für »Bekleidung, Unterkunft und Verpflegung« am Tag 1,22 Reichsmark, also 330 Reichsmark in neun Monaten.

Im Kampf um den Sieg

Im Krieg unterstützten viele deutsche Frauen die Maschinerie, wobei die Grenzen zwischen Freiwilligkeit und Zwang fließend blieben. Der Kriegseinsatz erfaßte bereits diejenigen Mädchen und Jungen ab dem zehnten Lebensjahr, die der Hitlerjugend angehörten. Ihre Arbeiten sollten der Stabilisierung der Heimatfront dienen. Jugendliche halfen bei der Verteilung von Lebensmittelmarken, sammelten für das Kriegswinterhilfswerk oder übernahmen Dienste im Rahmen der Partei. Für die Wehrmacht leisteten die Mädchen Telefondienste oder bereiteten die Verpflegung von Wehrmachtstransporten vor.

Besondere Aufgaben durften im ersten Kriegsjahr qualifizierte BdM-Führerinnen übernehmen, wenn sie sich zum Osteinsatz meldeten. Als Anreiz für eine freiwillige Meldung lockte man die Aspirantinnen mit der Anrechnung eines Halb- oder Ganzjahresdienstes auf das verbindliche Pflichtjahr. Zudem offerierte man den jungen Mädchen, die zumeist nur eine einfache Schulbildung genossen hatten, in den besetzten Gebieten eine Stelle als Volksschullehrerin. Der Preis dafür bedeutete den Schritt von der Hilfe zur Mittäterschaft, denn die Frauen mußten unter anderem die verbrecherischen Spuren der Gewalt beseitigen, die die SS bei der Eroberung polnischer Dörfer hinterlassen hatte. Die schmuck aufbereiteten Häuser bezogen dann volksdeutsche Umsiedler, für deren Eingewöhnung die BdM-Führerinnen ebenfalls zuständig waren.[19]

Der Krieg erforderte immer mehr weibliche Arbeitskräfte in den Rüstungsbetrieben, in der Landwirtschaft, bei der Frontbetreuung, ja sogar im Kriegsdienst selbst. Bereits im ersten Kriegsjahr spitzte sich der Mangel an Arbeitskräften eklatant zu. Zum einen waren die Stellen der zur Wehrmacht eingezogenen Männer vakant, zum anderen zogen es viele verheiratete Frauen vor, ihre Arbeit zu kündigen: Für sie war es lukrativer, als »Kriegerfrauen« von der staatlichen Familienunterstützung zu leben als von ihren bisherigen Bezügen. Mit durchschnittlich 50 Reichsmark verdiente eine Arbeiterin in der Rüstungsindustrie außerdem etwa ein Drittel weniger als ein männlicher Arbeitskollege.

Bereits 1941 führte man für Frauen die Verpflichtung zum Kriegshilfsdienst ein, der über sechs Monate bei Reichswehr oder Behörden, in Krankenhäusern oder Lazaretten, in Verkehrs- oder Rüstungsbetrieben abzuleisten war. Mit Aufrufen zu einer freiwilligen Rückkehr in die Berufswelt, begleitet von verschiedenen dirigistischen Maßnahmen, versuchten die NS-Machthaber, den weiblichen Arbeitsmarkt zu steuern. Schließlich wurden am 27. Januar 1943 mit der »Meldepflichtverordnung« alle Mädchen und Frauen zwischen 17 und 45 Jahren, die nicht im Beruf standen, zu Kriegsdienstarbeiten zwangsverpflichtet.[20] 1944 dehnte man die Arbeitsdienstzeit sogar auf 18 Monate aus. Alle Frauen, ob verheiratet oder unverheiratet, sollten Dienste für das Vaterland ableisten. Hier zeigte sich endgültig, wie realitätsfern die NS-Ideologie der »deutschen Frau und Mutter im Heim und am Herd« in Wirklichkeit gewesen war.

Da man bis zuletzt auf Appelle zur Freiwilligkeit nicht verzichten wollte, diese aber zumeist nichts nutzten, ergriff man immer neue Maßnahmen, nahm aber zugleich immer weniger Rücksicht auf private Verhältnisse: »Da insbesondere die Möglichkeiten der Erfassung von Frauen durch die Mittel der Arbeitseinsatzverwaltung erschöpft sind«, heißt es in einem offiziellen Bericht von 1942, »mußte der Bedarf an weiblichem Personal für die Reichsbahn, die Reichspost, die Fliegerhorste, die zahlreichen in Betrieb genommenen Lazarette in steigendem Maße im Wege der Notdienstverpflichtung gedeckt werden. Hierbei ergab sich die Notwendigkeit, Arbeitskräfte heranzuziehen, die nur unter sehr schweren persönlichen Opfern und auf die Gefahr der Vernachlässigung hilfsbedürftiger Angehöriger hin von zuhause fernbleiben können.«[21] Man erfand den »freiwilligen Ehrendienst«, um Frauen stundenweise zur Mitarbeit zu bewegen oder ihnen Heimarbeit aufzunötigen; Umschulungsprogramme sollten dazu dienen, Kräfte für den Kriegsdienst freizusetzen, Hausgehilfinnen wurden aus den Familien abgezogen.

Auch Studentinnen wurden in den Kriegsjahren verstärkt zu Fabrik- und Kriegsdienstarbeiten herangezogen: »Ich bin eingestellt worden, das Innere von Klorollen zu falzen, muß man soundsoviel Stück machen am Laufband. Ich hab mir alle Gedichte vorg'sagt, es war furchtbar«, berichtet eine ehemalige Studentin der Universität Wien in einem Interview. Bereits 1933 hatten Studierende während der Semesterferien besondere Pflichten abzuleisten; dazu gehörten Luftschutzübungen, ferner jede Woche drei Stunden Sport und die Gestaltung geselliger Abende zur Pflege der deutschen Kultur. Während des Kriegs mußte das Studium für den Kriegshilfsdienst unterbrochen werden.

Einer Münchner Studentin blieb ihre Dienstzeit als Straßenbahnschaffnerin zunächst in positiver Erinnerung:[22] »Wir hatten die Wahl zwischen Munitionsfabrik in Augsburg und Straßenbahn in München. Keine Frage, wozu ich und meine ›Clique‹ uns entschlossen ... Für den Dienst bei der Tram waren wir eine Zeitlang unterrichtet worden, theoretisch und auch praktisch bei Fahrten im Schulwagen; dann gab es ganz schmucke Uniformen, ein Käppi, das keine von uns trug, und für den Winter Holzstiefel. Vor dem Bauch schleppten wir die schweren Ledertaschen mit Fahrscheinblöcken etc. und der Kleingeldkasse ...«

Nach der Propagierung des »totalen Kriegseinsatzes« von Frauen im Herbst 1944 erlebte die studentische Hilfsschaffnerin als endgültig Dienstverpflichtete den Münchner Bombenalltag nun erheblich dramatischer: »Nach dem Sommersemester 1944 mußte ich mein Studium unterbrechen und konnte es erst 1946 wieder aufnehmen. Die Parole hieß: ›Totaler Kriegseinsatz für alle 1., 2. und 3. Semester.‹ Ich wurde sofort bei der Trambahn eingestellt ..., erlebte die grauenhaftesten Luftangriffe 1944 und 1945 in irgendwelchen Stadtvierteln, wo eben unsere Tram gerade fuhr, lernte Bunker und Keller verschiedenster ›Güte‹ kennen, watete einmal barfuß durch überflutete Straßen mit ihren Scherben und Splittern nach Hause und gab keinen Pfennig mehr für mein Leben.« Studentinnen sogenannter kriegswichtiger Studiengebiete wie Fernmeldetechnik oder Physik, Medizinstudentinnen im höheren Semester oder Doktorandinnen blieben jedoch vom Kriegseinsatz verschont.

Bereits 1943 hatte die Niederlage von Stalingrad zu einer Erweiterung des militärischen Einsatzes von Frauen geführt.

Arbeitseinsatz im Krieg: BdM-Mädchen mußten beispielsweise als Hilfsschaffnerinnen Arbeiten von Männern übernehmen, die an der Front standen, Hannover 1940 (Pressefoto)

Ziel war die totale Mobilisierung: Nun sollten Mädchen und Frauen auch bei der Fliegerabwehr eingesetzt werden, damit weitere Soldaten für die Front abgezogen werden konnten. Der Reichsarbeitsdienst vermittelte etwa 50 000 Flakwaffenhelferinnen, die an den Scheinwerferbatterien arbeiteten. Innerlich wehrten sich die meisten Flakhelferinnen dagegen, auf diesem Wege zu »Heldinnen« zu avancieren, »denn es handelte sich ja wirklich um eine gefährliche Sache, und wir waren alle noch sehr jung und hatten auch viel Angst«, schreibt eine Sechzehnjährige. »Einmal haben wir zum Beispiel während eines Angriffs nicht geleuchtet, einfach aus Angst. Es war so schlimm, daß wir uns der Gefahr nicht aussetzen wollten.«[23] Diese Einsätze kamen einer »Militarisierung« der Frauen gleich und bedeuteten eine unmittelbare Teilnahme am Kampfgeschehen.

Sogar zu diesem Zeitpunkt gab es noch fanatische und unbelehrbare Anhängerinnen, wie der – allerdings singuläre – Erlebnisbericht der Flakwaffenhelferin Lore Vogt in Prag verdeutlicht. Ihre Erinnerungen sind allerdings nichts als ein Spiegelbild der offiziellen Propaganda; es geht aber auch aus ihnen hervor, wie eine Frau über soldatische Rituale und militärische Symbole ursprünglich soldatisch-männliche Verhaltensweisen für sich akzeptierte: »Alle Vorbereitungen für den Ernstfall wurden getroffen. Der Probealarm ›Seydlitz‹ wurde durchexerziert und wir für den Nahkampf an den Geschützen ausgebildet ... wir glaubten felsenfest an den Sieg. Unsere Führer sprachen immer wieder vom Ausharren. Nachdem Dr. Goebbels vor einiger Zeit vom Sieg und Aufbau sprach, warteten wir auf eine Entscheidung – die Atombombe, wo war sie, wo die V-Waffen? ... Aber die Hoffnung und der Glaube sinken nicht. Wir wollen weiterkämpfen, wenn der Feind vor uns steht.«[24]

Ohne den freiwilligen und erzwungenen Einsatz von deutschen und ausländischen Frauen hätte die Reichsregierung das Kriegsende nicht bis 1945 hinauszögern können. Bis zuletzt fand sie dabei auch Unterstützung von Frauen, die dem System fanatisiert folgten. Andererseits brachten die Maßnahmen von Zwangsverpflichtung und Zwangsarbeit viele an den Rand der psychischen und physischen Erschöpfung und machten blind

»Heimatfront«. Frauen stellen Granaten her. 1940 (offizielles Foto)

für das, was wirklich geschah. Gewöhnung an den Schrecken wurde Teil des Kriegsalltags. So berichtet eine Frau durchaus glaubwürdig über ihre Arbeit in der Rüstungsfabrik: »Ich bin dann in die Gruppe gekommen, die man die ›Zeigergruppe‹ nannte. Das bedeutete, wir machten Uhrzeiger. Nach drei Jahren habe ich erst erfahren, was wir eigentlich herstellten, und zwar waren das Zeitzünder.«[25]

Grenzbereiche: Vom Widerstand bis zur Denunziation

»Hängt der Kasperl bei Euch noch da, wir haben ihn schon lange aus allen Büros rausgeschmissen.«[1] Mit diesen Worten soll die Buchhalterin Erna Huber das obligatorische Hitlerbild im Büro einer Kollegin kommentiert haben. Saloppe Bemerkungen dieser Art gehören in Bayern durchaus zum Umgangsstil, zur Zeit des Unrechtregimes bekamen sie eine gefährliche Brisanz. Am 27. Oktober 1943 wurde die Angestellte an ihrem Arbeitsplatz verhaftet und der Gestapo vorgeführt. Beim Verhör konfrontierte man die Delinquentin mit einer weiteren »Hetzrede«, die sie geführt habe: Die Deutschen seien gar nicht interessiert, den Krieg zu gewinnen. Zwei Sätze hatten Erna Huber zu einer »Politischen« gemacht. Zugleich geriet sie in Verdacht, sie habe in anderen Büroräumen Hitlerbilder abgehängt, sei in ihrem Viertel wegen ihrer »Gesinnung und ihren ständigen Meckereien« aufgefallen und habe bei den Listensammlungen nur einige Zehnpfennigstücke gespendet.

Der Fall zeigt, wie leicht eine mißliebige Person von böswilligen Kolleginnen denunziert werden konnte, wie genau die jeweilige Ortsgruppe der NSDAP in einem Stadtviertel über jeden Bürger Bescheid wußte. Das Regime duldete nicht die geringste Verunglimpfung seines Führers. Somit bezichtigte das Sondergericht München die Angeklagte, sie habe »böswillig gehässige und ketzerische Äußerungen über den Führer und seine Anordnungen gemacht, die geeignet sind, das Vertrauen des Volkes zur politischen Führung zu untergraben«. Vergeblich beteuerte Erna Huber, andere Worte gebraucht zu haben: »Bei euch hängt er ja noch droben, bei uns ist er über Nacht spurlos verschwunden.« Das Urteil lautete: 2 Jahre und 6 Monate Haft.

Der Fall wurde nach Kriegsende wieder aufgerollt. Nun verurteilte die Spruchkammer München I die Arbeitskolleginnen zu einer Strafe zwischen einem und drei Jahren Arbeitslager mit der Begründung, durch »diese Handlungsweise in einwandfreier Weise das Terrorsystem des Nationalsozialismus unterstützt zu haben«. Dieses Urteil verdeutlicht die Bemühung, wieder zu sittlichen Normen zurückzufinden, verrät aber zugleich die Vergeblichkeit, durch ein gleich hartes Strafmaß Unrecht wieder gutzumachen. Zudem hatten solche Nachkriegsurteile eher symbolischen Charakter, der Großteil der Unrechtsprozesse gegen Frauen wurde nicht wieder aufgenommen.

Die Liste diktatorischer Strafen, die verhängt wurden, ließe sich lange fortführen: Eine Bäckersfrau aus dem oberbayerischen Ort Kolbermoor erhielt ein Jahr Gefängnis, weil sie ein Gerücht über Goebbels verbreitet habe. Eine niederbayerische Kellnerin mußte zwei Jahre hinter Gitter, da sie auf Hitler geschimpft hatte, der den Krieg nicht beende. Eine Rentnersehefrau erhielt im März 1945 wegen der Behauptung, Deutschland werde den Krieg verlieren, eindreiviertel Jahre Zuchthaus; diese Strafe wurde ausgesprochen, obwohl ihre Äußerung bereits zwei Jahre zurücklag.

Bereits vor 1939 fällte allein das Sondergericht München etwa 900 Urteile gegen Frauen. Die Verurteilten waren in der Mehrzahl zwischen 1890 und 1910 geboren, hatten also in ihrer Jugend bereits Krieg, Hunger und Inflation erlebt und standen Krisensituationen besonders kritisch gegenüber. Zu schimpfen gab es natürlich viel, besonders wenn die Zeiten schlecht waren. Die Hausfrauen bekamen ja nahezu täglich die Unzulänglichkeiten der Planwirtschaft zu spüren. Aber ablehnende Äußerungen wurden von Parteistellen genau registriert und als Barometer gedeutet: Sie zeigten die Volksstimmung an, also Zufriedenheit mit der Regierung oder Vertrauensverlust. Partei und Justiz starteten immer wieder regelrechte Kampagnen gegen »Miesmacher« und »Meckerer«, um negativen Volksstimmungen entgegenzuwirken.

Die NS-Justiz verfügte über eine ausreichende Zahl von Verordnungen und Gesetzen zur Unterdrückung von Regimekritik und Ausschaltung oppositioneller Gruppen. Als Rechtsgrundlage erließ man am 21. März 1933 die »Notverordnung zur Abwehr heimtückischer Angriffe gegen die Regierung der nationalen Erhebung«, dem am 20. Dezember 1934 das »Gesetz gegen heimtückische Angriffe auf Staat und Partei« folgte. Eigens geschaffene Sondergerichte ermöglichten rasche Justizverfahren ohne Möglichkeit der Revision. Jede unbedachte Äußerung oder spöttische Bemerkung, jeder politische Witz, jedes kritische Wort über den Staat oder den Führer konnte als Verunglimpfung oder »Heimtücke« gewertet werden. Nach Kriegsbeginn kam der Tatbestand der Wehrkraftzersetzung hinzu, der es zum Beispiel verbot, ausländische Rundfunksender abzuhören.

Als wichtiges Symbol für Zugehörigkeit und Regimebejahung galt seit 1933 der »Deutsche Gruß«. Ursprünglich nur für Nationalsozialisten gedacht, mußten sich bald alle Deutschen dem Grußzwang unterwerfen. Frauen, nicht gewöhnt an militärische Rituale, hatten offenbar mit den neuen Verhaltensregeln größere Probleme als Männer. Besonders in Behörden konnte ein zu saloppes Verhalten zu Schwierigkeiten führen, wie die Beamtin Hannelore Fiedler aus der Zeit ihres Kanzleidienstes zu berichten weiß: »Im Bereich der Stadtverwaltung war natürlich während des ganzen Dritten Reiches der Deutsche Gruß mit ›Heil Hitler‹ obligatorisch. Korrekterweise wäre er durch das Erheben des rechten Arms auszuführen gewesen, aber das schliff sich – ausgenommen man hatte einen ganz ›scharfen‹ Nazi zu grüßen – zu einer Art lässiger Winkbewegung des rechten Unterarms ab. Wenn man sein Büro morgens betrat oder abends bei Dienstschluß verließ, so hatte man die Kollegen mit ›Heil Hitler‹ zu grüßen. Das galt auch, wenn man ein fremdes Büro betrat. Nur unter guten Bekannten und alten Freunden konnte man es beim ›Grüß Dich‹ belassen.

Leider gab es Kollegen, die diese Grüßerei durchaus ernst nahmen. So handelte ich mir einmal einen gewaltigen Anpfiff ein, als ich ein fremdes Büro zwar mit ›Heil Hitler‹, aber nur mit einer angedeuteten Wedelbewegung des Arms betrat. ›Hoffentlich ist Ihre Gesinnung nicht genauso lax wie Ihre Grußbewegung!‹ schnauzte mich ein 100%iger an. Darauf konnte man nichts erwidern. Diese Rüge mußte ich ein- und wegstecken.«[2]

In schwere Konflikte mit dem System gerieten viele Frauen, wenn sie ihren Mann oder ihre Söhne an der Front wußten. Wer sich seine Ängste von der Seele schimpfte, konnte wegen »Wehrkraftzersetzung« bestraft werden, wie folgender Fall einer Mutter von sieben Kindern zeigt. Diese hatte sich nie sonderlich für Politik interessiert, ließen ihr doch ihre Kinder wenig Zeit. Weil zwei ihrer Söhne im Krieg waren, hielt sie mit ihrer Meinung nicht hinter dem Berg, sagte über Hitler, dieser Mensch »schlage die Kriegstrommel« und werde noch alle ins Verderben führen.

Ihre Äußerungen erreichten fremde Ohren, 1941 erhielt sie eine Vorladung bei der Gestapo. Dort wurde sie von einem Beamten verhört: »›Wie kommen Sie dazu, den Führer mit Lump und Massenmörder zu bezeichnen?‹ ›Weil ich eben Mitleid habe mit den vielen Menschen, die ihr Leben lassen müssen – für was denn?‹ … ›Übrigens haben Sie dreimal das Mutterkreuz abgelehnt mit den Worten: Von diesem Menschen will ich keine Auszeichnung … Auch den Agenten für den *Völkischen Beobachter* haben Sie damit abgewiesen, daß alles Gedruckte zur Zeit nur aufdiktiertes Zeug ist. Wir haben die Feldpostbriefe an ihre Söhne zensiert und kennen genau Ihre Gesinnung.‹«[3] Das Gericht beließ es dennoch letztlich bei einer Geldstrafe von 300 Reichsmark und der Androhung, die Widerspenstige bei der nächsten Verfehlung in das Konzentrationslager einzuweisen. In diesem Fall erwies sich wohl der Mutter-Mythos stärker als eine Politik der Einschüchterung, auf jeden Fall wollte man die Beunruhigung vermeiden, die ein solcher Fall in der Öffentlichkeit auslösen konnte.

Drohung und Strafen vermochten es also nicht in allen Fällen, zivilen Ungehorsam einzudämmen. Als im April 1941 der Kultusminister und Gauleiter Adolf Wagner in Bayern anordnete, die Kruzifixe aus den Schulen zu entfernen, löste er Proteststürme aus. Mütter erlaubten ihren Kindern, den Schulbesuch zu bestreiken, Volksschullehrerinnen brachten von zu Hause ihre eigenen Kreuze mit. Die antiklerikale Aktion erwies sich schließlich wegen des kollektiven Protests als undurchführbar und mußte abgebrochen werden. Bald hingen die Kruzifixe wieder an der alten Stelle. Zu tief hatte die staatli-

che Maßnahme in fest verankerte Lebensgewohnheiten einge-
griffen.

Frauen sollten auch am Kirchenbesuch gehindert werden,
wenn der Partei unliebsame Priester predigten. Zeitzeuginnen
berichten, sie seien auf dem Weg zur Kirche fotografiert worden und Spitzel hätten schwarze Listen von Kirchenbesuchern
angelegt. Aber auch in diesem Fall zeigten sich Frauen uner-
schrocken und ließen sich nicht vom gewohnten Kirchgang
abhalten. Eine andere Form zivilen Ungehorsams legten die
Klosterschwestern in der »Heimanlage für Juden Berg am
Laim« im Osten Münchens an den Tag: Ihnen war laut Partei-
verfügung der Umgang mit den jüdischen Insassen streng
untersagt. Sie setzten sich jedoch darüber hinweg, überließen
den Juden Teile ihres Klostergartens, lieferten ihnen Obst und
Gemüse und stellten sogar den Kirchenraum für liturgische Feiern zur Verfügung.

Formen der Widersetzlichkeit, des zivilen Ungehorsams
oder des Protests drückten den Unmut gegenüber dem Regime
aus. Die Äußerungen und Handlungen entstanden zumeist
spontan und planlos, denn das Regime wurde in der Regel nicht
grundsätzlich in Frage gestellt. Politisch bewußt agierende
Frauen kritisierten allerdings in nüchterner politischer Einschätzung, daß ein »Meckerer noch kein Revolutionär sei«.

»Das System bricht nicht allein zusammen, es muß gestürzt werden.«

Nur eine kleine Minderheit der Frauen wagte es, sich auf organisierten Widerstand gegen den Nationalsozialismus einzu-
lassen: Ein Teil schloß sich sozialdemokratischen oder kommunistischen Widerstandszellen an, einige unterstützten die
illegale Tätigkeit ihres Lebensgefährten, andere agitierten in den
besetzten Gebieten – die Formen weiblichen Widerstands
waren vielfältig. Illegale Aktivitäten erzwangen außergewöhnliche Verhaltensweisen und Lebensformen, ein klares politisches Kalkül und vor allem die Bereitschaft, in äußerster
Gefährdung zu leben.

Weder in Deutschland noch im annektierten Österreich gab es eine einheitliche Widerstandsbewegung. Sie setzte sich vielmehr aus unterschiedlichen parteigebundenen, weltanschaulichen, religiösen Gruppen und Einzelpersonen zusammen.

Besondere Aufmerksamkeit verdient, vornehmlich wegen ihres moralischen Anspruchs, die Widerstandsgruppe Weiße Rose.[4] Die Münchner Philosophiestudentin Sophie Scholl hatte die Aktionen der Studentengruppe gedanklich mit vorbereitet und ausgeführt, sie war die einzige Frau im Münchner Kreis der »Weißen Rose«. Wer in ihr nur eine Widerstandskämpferin mit politischem Kalkül, eine idealistische Schwärmerin oder eine heroische Märtyrerin suchte, ginge fehl. Seit dem Sommersemester 1942 in den Fächern Philosophie und Biologie in München immatrikuliert, führte sie im Kreise ihrer Freunde und Geschwister ein ganz und gar normales studentisches Leben, soweit dies die Umstände zuließen. Ihre Schwester, Inge Aicher-Scholl, erinnert sich an diese Zeit: »Sie waren Studenten, wie nur Studenten sein können: intellektuell und ausgelassen, wach, aufgeschlossen und schönheitsliebend, aber die Kultur hatten sie nicht verstanden als eine Form, das Leben nur zu goutieren, und die Wissenschaft nicht als eine Methode, alles zu registrieren – und dabei sich selbst aus dem Spiel zu lassen.«[5]

Sophie Scholl hatte bereits 1940, nach bestandener Reifeprüfung in Ulm, mit dem Studium beginnen wollen, mußte aber zuvor ihre Pflichtzeit beim Reichsarbeitsdienst ableisten. Mehrmals griff der nationalsozialistische Staat in das Leben ihrer Familie ein: Im Jahre 1937 war ihr Bruder Hans illegaler bündischer Umtriebe bezichtigt worden und kam, wie ihre anderen Geschwister, kurzfristig in Haft. Sophie Scholl wurde von der Gestapo verhört. Hans mußte mit Ausbruch des Krieges sein Medizinstudium vorzeitig beenden und kam schließlich mit seinen Freunden Alexander Schmorell, Willi Graf und Hubert Furtwängler in Rußland zum Einsatz. 1942 wurde schließlich Robert Scholl, Sophies Vater, aufgrund einer Denunziation verhaftet.

Bei Sophie Scholl war die anfängliche Begeisterung für Hitlerjugend, Aufmärsche und organisierte Gemeinschaftserlebnisse rasch verflogen. Die kritischen Gespräche mit dem

Auf dem Weg zur Front. Sophie Scholl verabschiedet sich von ihrem Bruder Hans Scholl und ihren Freunden Willi Graf und Alexander Schmorell. München 1942 (Privatfoto)

Vater über die Konzentrationslager, die Begegnung mit herausragenden Persönlichkeiten wie Carl Muth, Herausgeber der katholischen Monatsschrift *Hochland*, und die unablässige Beschäftigung mit christlicher und philosophischer Literatur, formten Sophie Scholl zu einer tiefgläubigen wahrheits- und sinnsuchenden Frau. Immer ging sie den Weg des Dialogs: im intensiven Briefwechsel mit ihren Freunden Fritz Hartnagel oder Lisa Remppis, im meditativen Gespräch mit Gott und im reflektierenden Selbstgespräch ihrer Tagebuchnotizen. So entwickelte sie eine Unbestechlichkeit des Denkens und der Urteilskraft über Böse und Gut.

Sophie Scholl rang darum, der Widersprüchlichkeit der sie umgebenden Welt Klarheit, der militanten und geistigen Anarchie des Nationalsozialismus Ordnung entgegenzusetzen. So schreibt sie im Mai 1940 an Fritz Hartnagel: »Der Mensch soll ja nicht, weil alle Dinge zwiespältig sind, deshalb auch zwiespältig sein. Diese Meinung trifft man aber immer und überall. Weil wir hineingestellt sind in diese zwiespältige Welt, deshalb müssen wir ihr gehorchen. Und seltsamerweise findet man diese ganz und gar unchristliche Anschauung gerade bei den sogenannten Christen. Wie könnte man da von einem Schicksal erwarten, daß es einer gerechten Sache den Sieg gäbe, da sich kaum einer findet, der sich ungeteilt einer gerechten Sache opfert ... Ach, ich wünschte, eine Zeitlang auf einer Insel zu leben, wo ich tun und sagen darf, wie ich möchte, und nicht immer Geduld haben muß, unabsehbar lange.«[6]

Die Entscheidung zwischen Gehorsam oder Ungehorsam fällt in diesem Denksystem nicht von außen, sondern von innen auf dem Fundament christlicher Überzeugung. Hier kündigt sich aber auch an, was Hannah Arendt in bezug auf die Weiße Rose eine »lautlose Opposition« nennt, die sich zu einem anderen Zeitpunkt offenbart, als es unter taktischen Aspekten des Erfolgs vielleicht opportun gewesen wäre.

Daß es nur ein kleiner Schritt von der geistigen Haltung zur Tat ist, bekennt Sophie Scholl in einem Brief an Lisa Remppis vom August 1941: »Ich glaube, jetzt beginnt sich der Krieg mächtig auszuwirken, in jeder Beziehung. Manchmal schon, besonders in letzter Zeit, empfand ich es als bittere Ungerechtigkeit, in einer solchen von Weltgeschehen ganz ausgefüllten Zeit leben zu müssen. Aber das ist natürlich Unsinn, und vielleicht sind uns wirklich heute Aufgaben, nach außen und mit der Tat zu wirken, gestellt. Obwohl es scheint, als bestünde unsere ganze Aufgabe darin, zu warten. Das ist schwierig, und oft möchte einem die Geduld vergehen, und man möchte sich ein anderes, leichter erreichbares und erfolgreicheres Ziel setzen.« Diese Einsicht erlaubte keine Gleichgültigkeit, in die sich so viele Zeitgenossen bequemten. Wer sich aber nicht heraushalten wollte, mußte politische Verantwortung übernehmen.

Im Sommer 1942 entwarfen Hans Scholl und Alexander Schmorell die ersten Flugblätter der Weißen Rose; nur die letzten beiden von insgesamt sechs Flugblättern wurden im gesamten Freundeskreis diskutiert. Unmittelbar nach Bekanntwerden der Niederlage von Stalingrad machten die beiden im Schutze der Nacht mit den ersten Maueraufschriften »Freiheit« und »Nieder mit Hitler« den studentischen Widerstand öffentlich. Etwa siebzigmal prangten die Parolen an der Ludwigsstraße. Als Sophie Scholl am nächsten Tag die Universität besuchte, entdeckte sie auch über dem Eingang das mutige Wort: ›Freiheit‹.

Über den weiteren Hergang berichtet rückblickend ihre Schwester Inge: »Zwei Frauen waren mit Bürste und Sand beschäftigt, das Wort wieder auszutilgen. ›Lassen Sie es stehen‹, sagte Sophie, ›das soll man doch lesen, dazu wurde es hingeschrieben.‹ Die Frauen sahen sie kopfschüttelnd an. ›Nix verstehen.‹ Es waren zwei Russinnen, die man zur Zwangsarbeit nach Deutschland geholt hatte.«[7] Nacht für Nacht habe Sophie Scholl mit ihren Freunden, berichtet die Schwester weiter, im Keller des zur Verfügung stehenden Ateliers am Vervielfältigungsapparat verbracht. Die Erschütterung um Stalingrad sollte nicht im gleichgültigen Trott des Alltags untergehen. Vielmehr galt es, ein Zeichen zu setzen, daß nicht alle Deutsche gewillt seien, den mörderischen Krieg hinzunehmen.

Zentrale Botschaften der Flugblätter finden sich als gedankliche Signete auch in Sophie Scholls Aufzeichnungen. Zu Beginn des zweiten Flugblatts beispielsweise heißt es: »Man kann sich mit dem Nationalsozialismus geistig nicht auseinandersetzen, weil er ungeistig ist.« Ende Oktober 1942 schrieb Sophie an Fritz Hartnagel: »Die Herrschaft der brutalen Gewalt wird immer den Untergang oder wenigstens das Unsichtbarwerden des Geistes bedeuten ...« Im vierten Flugblatt wird Hitler als Inkarnation des Bösen gebrandmarkt: »Wir müssen das Böse dort angreifen, wo es am mächtigsten ist, und es ist am mächtigsten in der Macht Gottes.« Diesen Gedanken formulierte Sophie bereits in einem Brief an den Vater vor, daß die Menschen nur noch wie die Marionetten einer tyrannischen Macht erschienen. In Diskussionsrunden verlieh Sophie Scholl ihren Gedanken kein rhetorisches Gewicht. Oft saß sie aufmerksam dabei, ohne große Worte zu verlieren.

Auch beim letzten Treffen der Weißen Rose zeigte sie sich nachdenklich und zumeist stumm.[8] Ursprünglich sollte dieses Treffen in der Kaulbachstraße ein geselliger Abend im Kreise einiger Freunde und Künstler werden; es hatten sich außer den Angehörigen der Weißen Rose, den Geschwistern Scholl, Christoph Probst und Professor Kurt Huber, noch einige weitere Gäste eingefunden, so Professor Georgiades mit Frau Barbara, einer bekannten Cembalistin, der Bildhauer Helmut Ammann, seine Frau Carmen und der Verleger Ellermann. Bald aber ging man zu hochpolitischen Inhalten über und diskutierte offen über die Verteilung von Flugblättern. Dabei wurde auch vor dilettantischen Aktionen gewarnt. Aber Professor Kurt Huber drängte kompromißlos zur Aktion. Die Mahnung von Stalingrad ließ kein Warten zu. Im letzten Flugblatt hieß es: »Erschüttert steht unser Volk vor dem Untergang der Männer von Stalingrad ... Der deutsche Name bleibt für immer geschändet, wenn nicht die deutsche Jugend endlich aufsteht, rächt und sühnt zugleich, ihre Peiniger zerschmettert und ein neues geistiges Europa aufrichtet.«

Am 18. Februar 1943 nahmen die Geschwister Scholl in die Universität einen Koffer mit Flugblättern mit, legten die Schriften vor Vorlesungsbeginn in den Gängen aus und leerten den Rest vom zweiten Stock in die Eingangshalle der Universität. Dabei wurden sie vom Pedell beobachtet, der die Schließung aller Türen der Universität veranlaßte. Es folgten endlose Verhöre bei der Gestapo und die Festnahme der anderen Mitglieder der Weißen Rose. Schließlich verhängte der Volksgerichtshof die Todesurteile. Seit der Verhaftung waren nur wenige Tage vergangen.

Sophie und Hans Scholl starben am 22. Februar 1943 in München Stadelheim durch das Schafott, auch die übrigen Mitglieder der Weißen Rose wurden hingerichtet. Sophie Scholl hatte wie die anderen bis zuletzt ihre Tapferkeit bewahrt, die Teil ihres gewaltlosen Widerstandes war. Wie sehr sie das Leben liebte, gibt ihr letzter Brief in Freiheit wieder, den sie am 17. Februar, also einen Tag vor ihrer Verhaftung, an Lisa Remppis schrieb: »Liebe Lisa! Ich lasse mir gerade das Forellenquintett vom Grammophon vorspielen. Am liebsten möchte ich da selbst eine Forelle sein, wenn ich mir das Andantino anhöre. Man kann ja nicht anders als sich freuen und lachen, so wenig man unbewegten oder traurigen Herzens die Frühlingswolken

8 J 35/43
Abschrift.
1 H 47/ 43

Jm Namen
des Deutschen Volkes

Jn der Strafsache gegen

1.) den <u>Hans</u> Fritz S c h o l l aus München, geboren in Jngers-
heim am 22. September 1918,

2.) die <u>Sophia</u> Magdalena S c h o l l aus München, geboren in
Forchdenberg am 9.Mai 1921,

3.) den <u>Christoph</u> Hermann P r o b s t aus Aldrans bei Jnnsbruck,
geboren in Murnau am 6. November 1919,

zur Zeit in dieser Sache in gerichtlicher Unter-
suchungshaft,

wegen landesverräterischer Feindbegünstigung, Vorbereitung zum
Hochverrat, Wehrkraftzersetzung

hat der Volksgerichtshof, 1. Senat, auf Grund der Hauptverhandlung
vom 22. Februar 1943, an welcher teilgenommen haben

als Richter :

Präsident des Volksgerichtshofs Dr.Freisler, Vorsitzer,

Landgerichtsdirektor Stier,

SS-Gruppenführer Breithaupt,

SA-Gruppenführer Bunge,

Staatssekretär und SA-Gruppenführer Köglmaier,

als Vertreter des Oberreichsanwalts:

Reichsanwalt Weyersberg,

für Recht erkannt :

Die Angeklagten haben im Kriege in Flugblättern zur Sabotage der Rüstung und zum Sturz der nationalsozialistischen Lebens-
form unseres Volkes aufgerufen,defaitistische Gedanken propagiert
und den Führer aufs gemeinste beschimpft und dadurch den Feind des
Reiches begünstigt und unsere Wehrkraft zersetzt.

Sie werden deshalb mit dem

T o d e

bestraft.

Jhre Bürgerehre haben sie für immer verwirkt.

<u>Gründe</u>

*Volksgerichtsurteil gegen die Mitglieder der Weißen Rose,
München 1943*

am Himmel und die vom Wind bewegten knospenden Zweige in der glänzenden jungen Sonne sich wiegen sehen kann. O, ich freue mich wieder so sehr auf den Frühling. Man spürt und riecht in diesem Ding von Schubert förmlich die Lüfte und Düfte und vernimmt den ganzen Jubel der Vögel und der ganzen Kreatur. Die Wiederholung des Themas durch das Klavier – wie kaltes klares perlendes Wasser, oh, es kann einen entzücken. Laß doch bald von Dir hören. Herzlichst! Deine Sophie«

Den Freunden zum Trost

In ganz anderer Weise erlebte Ursula von Kardorff das Umfeld des Widerstandes.[9] Die Berliner Journalistin, selbst nicht unmittelbar am Widerstand beteiligt, schilderte in ihren Erinnerungen die Zeit nach dem mißlungenen Attentat des 20. Juli 1944 und den Verlust vieler Freunde, die diese Widerstandsbewegung mitgetragen hatten. Aufgrund der Erziehung ihres liberal-künstlerischen Elternhauses und ihrer vielfältigen Verbindungen zu adelig-militärischen Kreisen war sie gebildet, weltläufig, zugleich aber konservativem Denken verpflichtet. Wie viele ihrer Freunde, Fritz-Dietlof Graf von der Schulenburg oder die beiden Vettern Peter Graf Yorck von Wartenburg und Claus Schenk Graf von Stauffenberg, fühlte sie sich anfänglich von der nationalsozialistischen Bewegung angezogen, distanzierte sich dann aber. Über diese Freundschaften war sie eng in den Widerstandskreis des 20. Juli eingebunden, ohne direkt in die Pläne und Aktionen eingeweiht zu sein.

Nahezu gleichzeitig erfuhr sie von der Verhaftungswelle nach dem gescheiterten Attentat und dem Fronteinsatz ihrer beiden Brüder im Osten. Am 10. September 1944 notierte sie in ihr Tagebuch: »Bin völlig zerschlagen. Diese Fronten, draußen und drinnen, an denen die Menschen, die ich liebe, verbluten – fast scheint es über die Kräfte zu gehen.«

Anfangs glaubte sie noch, den besten Freunden über ihre tief in das nationalsozialistische Milieu reichenden Verbindungen helfen zu können, war sie doch mit der Schwester Eva Brauns, der Geliebten Hitlers, befreundet. Das bedingungslose Vorgehen der Machthaber gegen den Widerstandskreis schloß ein solches Ansinnen allerdings aus. Nahezu täglich berichteten Rundfunk und Zeitungen über neue Verhaftungen, und die Angst, ob weitere Freunde darunter seien, war allgegenwärtig. Hier erwies sich der Informationsvorsprung als vorteilhaft, über den Ursula von Kardorff als Journalistin in der *Allgemeinen Deutschen Zeitung* verfügte, denn ihr vertraute Redakteure saßen als Berichterstatter in den streng zensierten Prozessen. So erfuhr sie auch, ob ein Verhafteter überhaupt noch lebte.

Jetzt brauchten die Söhne, deren Väter verhaftet, und die Frauen, die nicht wußten, ob ihre Männer schon hingerichtet waren, freundschaftlichen Halt und einfühlsames Gespräch. Ursula von Kardorff sah es als ihre Aufgabe, Wolf-Uli Hassel vom Ausgang des Prozesses gegen seinen Vater zu informieren; dieser, Ulrich von Hassel, ehemals preußischer Patriot und Militarist alten Schlages, hatte für die Widerstandsbewegung hochkarätige Verbündete gewonnen und Kontakte zu den Alliierten geknüpft. Sie schreibt: »Ging dann abends mit Wolf-Uli Hassel die ganze Charlottenburger Chaussee hinunter. Was für ein Gang! Ausgerechnet ich mußte ihm die Nachricht überbringen, eine Stunde nach der Verhandlung: Tod durch Erhängen. Er hatte immer noch Hoffnung für seinen Vater gehabt, ganz einfach, weil er nicht ohne Hoffnung leben kann. Doch noch ist das Urteil nicht vollstreckt. Wie machtlos stand ich da. Die Tränen rollten uns herunter, als wir uns am Bahnhof unter dem Stadtbahnbogen verabschiedeten. Ich konnte ihm nur noch sagen, daß er immer spüren sollte, wie sehr seine Freunde für ihn da seien. Aber was für ein lächerlicher Trost.«

Die Solidargemeinschaft des Verschwörerkreises, dessen politisches Spektrum sich von der konservativen Rechten bis zur sozialdemokratischen Linken spannte, setzte sich im Kreis der Freunde und Hinterbliebenen fort, wenn auch nicht unter politischen, sondern freundschaftlich-humanitären Vorzeichen. Die Frauen namhafter Widerstandskämpfer haben kaum Eingang in die Geschichtsbücher gefunden, ihr Anteil an dem, was ihre Männer in der Aktion vollzogen, ist schwer meßbar. Solange die Männer noch lebten, ließen die Frauen nichts unversucht, um zu helfen. In Kardorffs Tagebüchern findet sich die Notiz: »Wie zäh die Frauen für ihre Männer sorgen. So viel nie erlahmende Geduld, so viel Überredungskünste, so viel Geschick, auch die kleinsten Möglichkeiten auszunutzen, hätten im umgekehrten Falle wohl nur wenige Männer aufgebracht.«

Nicht nur den Widerstandskämpfern war angesichts der Todesurteile eine außerordentliche Haltung abverlangt, auch deren Frauen trugen ihren Teil mit. Stoizismus und übermenschliche Größe bewunderte Ursula von Kardorff an Annedore Leber, deren Mann, ein kluger und unbeugsamer Sozialdemokrat, verhaftet worden war. Auch hier hatte sie die Aufgabe, die Nachricht aus dem Gericht zu übermitteln: »Heute Mittag mußte ich es Frau Leber sagen. Wieso bewegten sich meine Lippen? Wie brachte ich es fertig, diese Worte auszusprechen, ihr ins Gesicht zu sehen, ohne die Fassung zu verlieren? Einen Moment überkam es mich. Ich wollte sie berühren, streicheln, da zuckte sie zurück: ›Bitte, jetzt kein Mitleid.‹ Idiotische Geste von mir, aus lauter Hilflosigkeit. Auch Leber soll großartig gewesen sein. In der Verhandlung kam zur Sprache, daß er als Innenminister vorgesehen war ... Viel konnte ich Annedore nicht sagen, denn unsere Berichter aus der Redaktion sind vorsichtig geworden, es ist zu gefährlich, über die Prozesse zu sprechen ...«

Ursula von Kardorff stand dem Kreis der Verhafteten so nahe, daß sie selbst unentwegt in Angst lebte, verhaftet zu werden. Die Gestapo hatte Gästebücher, Notizen und Verhöre ausgewertet, in denen irgendwann auch ihr Name auftauchen mußte. Vorsorglich legte sie sich ein Notgepäck zurecht. Jedes Telefonklingeln versetzte sie in tiefe Unruhe, denn »in der modernen Welt werden die Opfer von ihrem Henker telefonisch bestellt«. Eines Tages war es dann doch so weit, die Gestapo wartete an der Tür. Dies löste eine Reihe weiblicher Reflexe aus: »Mit wankenden Knien schlich ich ins Badezimmer, um mich anzuziehen und zu schminken. Warum man in solchen Momenten so hübsch wie möglich aussehen will, weiß ich nicht. Uralter Instinkt? Die Vorstellung, den Gegner auf diese Weise entwaffnen zu können?«

Ursula von Kardorff wurde mehrmals verhört, stundenlang, quälend: »Oben ein trostloses Zimmer, kahl und häßlich, Risse an den Wänden, halbverschalte Fenster. Hinter dem großen Schreibtisch ein kleiner, blasser, dünnlippiger Mann … Seine erste Frage: ›Wen kennen Sie von den Attentätern des 20. Juli?‹ Ich: ›Mein Gott, wie soll ich wissen, wer alles dabei war, jeden Tag gibt es neue Verhaftungen, von den meisten erfährt man nichts.‹ Er: ›Nun, in Ihren Kreisen spricht sich das doch schnell herum, aber wenn Sie wollen, kann ich Ihnen auch die Namen vorlesen.‹ Schlägt einen Aktendeckel auf und liest in schnellem Tempo nach dem Alphabet eine Liste herunter. Ich bekam nur einen Teil der Namen mit, erfuhr jedoch einiges Neue dabei: Verhaftet wurden die Brüder Brückelmeier, Kleist, Oppen und auch Jessen, ein Freund der Familie B. In Potsdam, Welsburg, der auf unserem letzten Fest in der Rankestraße so unermüdlich tanzte, Frau Leber und noch einige andere, die ich in der Erregung vergessen habe. Im ganzen waren 23 darunter, die ich kannte. Schließlich kamen wir zum Ziel: Philippa und Werner Haeften. Ich konnte andere Klippen umgehen.

Ungefähr nach einer Stunde hatte ich instinktiv das Gefühl: dieser Mann will mir wohl. Wahrscheinlich war er früher Kriminalkommissar und wurde erst später von der Gestapo übernommen. Ich hatte mich so intensiv auf ihn eingestellt, daß ich ihn dazu brachte, meinen Abschweifungen auf neutrale Themen willig zu folgen. Aber vielleicht war dies nur Taktik bei ihm? Vor allem wollte er Einzelheiten über unsere verschiedenen Abende wissen, besonders über die im Sommer 1943 und hauptsächlich den bei Haeften, auch über den im Dezember 1943 bei Brückelmeiers. Ich lieferte ihm, so anschaulich wie nur möglich, ein frivoles Feuilleton: Es hätte sich lediglich um Flirt und Liebesgeschichten gehandelt. Er muß mich für ein ungemein leichtsinniges Wesen gehalten haben. ›Und Schulenburg‹, sagte er, ›haben Sie nicht mit ihm zusammen gesessen und über das Attentat gesprochen?‹ Furchtbare Sekunde. Ich tat so fassungslos, daß er dieses Thema schnell fallen ließ. Und doch wurde ich das Gefühl nicht los, von ihm durchschaut zu werden. Ich sollte ihm genau sagen, wer alles bei Haeften eingeladen war. Während ich Namen aufzuzählen begann, überlegte ich fieberhaft, was schlimmer sei, sie zu verschweigen oder zu nennen. Aber sowie ich mich nicht mehr besinnen konnte, half er mir aus ...

Die Sekretärin tippte das Protokoll fehlerlos in die Maschine. Einmal ging sie hinaus, da beugte sich der Kommissar schnell zu mir hinüber und sagte fast flüsternd: ›Mir haben sie alle Frauen vom 20. Juli übergeben, ich wünschte, ich könnte sie freilassen, denn ich will mit dieser Sache nichts zu tun haben. In meiner früheren Abteilung hatte ich nur Zollgeschichten zu bearbeiten.‹ Als die blonde Tipperin wieder hereinkam, änderte er seinen Ton. Offensichtlich wird er von ihr bespitzelt. Zum Schluß erzählte er mir, wie die Kette sich Glied für Glied schlösse, wie hilflos manche Verhafteten in ihrer Verteidigung gewesen seien, da sie – das klang fast traurig – nicht lügen konnten.« Ursula von Kardorff meisterte diese Situation, zu ihrem eigenen Erstaunen nicht angstvoll, sondern überlegt und kühl kalkulierend. Zugleich aber spürte sie, wie wenig sie zur Märtyrerin taugte. Sie hatte Glück, eine Verhaftung blieb aus. In ihren *Berliner Aufzeichnungen* hält sie in treffenden journalistischen Skizzen Persönlichkeiten des 20. Juli fest und verleiht ihnen eine unpathetische, nicht glorifizierende Gegenwärtigkeit.

Im organisierten Widerstand

Widerstand war keineswegs eine Frage der Bildung oder des Intellekts, sondern vielmehr der Überzeugung. Mehr als die Hälfte der Frauen, die zum Beispiel in Österreich[10] im Widerstand arbeiteten, stammten aus einfachen Arbeiterfamilien. Vielfach hatten sich bereits die Eltern der Arbeiterbewegung angeschlossen und wurden für ihre Kinder zum Vorbild. Typisch für diese Sozialisation ist der Lebenslauf der 1905 geborenen Österreicherin Agnes Primocic:

»Mit 16 Jahr bin ich in die Zigarrenfabrik kommen, nach dem Krieg war das, im 21er Jahr. Und ich muß sagen, mein ganzes soziales Empfinden ist dort erst richtig entwickelt worden. Denn damals haben die Sozialdemokraten noch echt gekämpft.

Die Frauen überhaupt, die haben ja wirklich sehr viel erreicht im Betrieb ... Zu der Zeit war ich Sozialdemokratin, organisiert in der Partei. Meine Eltern, das ist eine Arbeiterfamilie gewesen, acht Kinder, da is sehr knapp mit allem zsammengangen. Und die ganze Erziehung, das ganze Leben war halt so, wies bei einer Arbeiterfamilie ist.«[11]

In der Zigarrenfabrik hatte Agnes Primocic Mühe, für sich und ihr uneheliches Kind den nötigen Lebensunterhalt zu verdienen. Aber sie blieb politisch aktiv und engagierte sich als Betriebsrätin. Daran änderte auch ihre Heirat mit einem einfachen Arbeiter aus einer Zellulosefabrik nichts, obwohl sich ihr Mann kaum politisch betätigte. Wie viele Frauen proletarischer Herkunft ließ sie sich nach 1934, dem endgültigen Untergang der österreichischen Demokratie, nicht vom Verbot der Arbeiterbewegung abschrecken, sondern arbeitete in der Illegalität weiter. Dies kostete sie schließlich sogar ihren Arbeitsplatz in der Zigarrenfabrik. Sie schloß sich kommunistischen Gruppierungen an, nach dem Anschluß Österreichs trat sie der Roten Hilfe bei – einer kommunistischen Gruppe vornehmlich zur Unterstützung politischer Gefangener –, wurde mehrmals verhaftet und wieder auf freien Fuß gesetzt. Ihre Grundüberzeugung hatte sich aber bereits vor 1934 gefestigt.

Immer zeigte sich Agnes Primocic kämpferisch – auch in der beruflichen und familiären Doppelbelastung – und überzeugt von den Möglichkeiten weiblicher Solidarität: »Die Frauen warn überhaupt viel fortschrittlicher wie die Männer, das muß man sagen. Wir waren viel kämpferischer als alle andern Betriebe, wo nur Männer gewesen sind. Die Frauen waren ja net nur Arbeiterinnen in der Fabrik, sie warn auch Familienmütter, sie haben mit dem Geld auskommen und die ganze Situation meistern müssen, verstehst. Daher haben sie mehr soziales Bewußtsein gekriegt. Warn ja zehn Prozent Arbeitslose in der Zeit, da hats eben viele Frauen geben, die die Alleinverdiener in der Familie gewesen sind und die Situation viel besser begriffen haben.«[12]

Die illegale Arbeit veränderte das gewohnte weibliche Rollenverhalten und bestimmte auch die Lebensgewohnheiten in der Partnerschaft. Es erforderte eine ungewöhnliche mentale

Kraft, ständig in Furcht vor Entdeckung zu leben. Der Alltag mußte der politischen Arbeit untergeordnet werden, an die Stelle kleinbürgerlicher Beschaulichkeit traten unentwegte Wachsamkeit und Findigkeit. Die Frauen lernten in ganz spezifischer Weise mit diesen Anforderungen umzugehen. Dies zeigt sich bei der Umsetzung der konspirativen Regeln sozialistischer und kommunistischer Untergrundorganisationen. So heißt es in einem geheimen Leitfaden österreichischer Untergrundkämpfer: »Niemand braucht zu wissen, daß Du Mitglied oder Funktionär der Organisation bist.«[13] Diese Regel galt zum Schutz der Genossen, aber auch des eigenen Lebensgefährten. So hatte die Köchin Maria Bures nicht einmal ihrem Mann erzählt, daß sie der Kommunistischen Partei beigetreten war: »Ich hab immer gesagt, Hansl, frag net, wo ich hingeh, frag net, wann ich komm, ich mach nichts Unrechtes. Nicht daß er glaubt, ich flieg mit andere Männer herum. Es wird einmal gut sein, daß einer von uns in Freiheit ist.«[14] Maria Bures' Mann fragte auch nicht weiter nach, er unterstützte seine Frau vielmehr bei ihrer illegalen Tätigkeit, soweit sie dies wünschte. Ein solches Verhalten setzte allerdings absolutes Vertrauen voraus.

Eine andere Regel lautete, das für die konspirative Arbeit notwendige Material nicht in der Wohnung oder im Betrieb zu verwahren. Dies zwang die Frauen zu Phantasie und größter Vorsicht, denn auf ihnen lastete eine zunehmend schwerere Verantwortung. Mit der Zerschlagung konspirativer Kreise und mit dem einsetzenden Krieg waren sie zu Aufgaben gezwungen, die bisher vornehmlich von Männern getragen wurden; bis dahin hatten Frauen in der illegalen Tätigkeit nur selten führende Positionen inne. Zu ihren Aufgaben gehörte nun die Leitung von Versammlungen oder das Entwerfen von Flugblättern, zugleich aber sorgfältige Tarnung. Elisabeth Sinic zum Beispiel arbeitete nach der Annektierung Österreichs in einer illegalen Grazer KP-Gruppe, bis sie schließlich Anfang 1939 verhaftet wurde. Obwohl sie aus sehr einfachen Verhältnissen stammte, wagte sie sich auch an Tipparbeiten und Textentwürfe heran.

Nach dem Krieg berichtete sie in einem Interview: »Ich hab damals einen Weinkeller gehabt, gepachtet … Hinten im dritten

Keller haben wir ausgeschenkt für die ganzen Wirt in der Umgebung. Mein Mann war ja damals arbeitslos, ich hab den Keller geführt auf meinen Namen. Das war so eine geheime Parteizentrale bei mir unten, da haben wir uns troffen, im dritten Keller hinten. Dort haben wir den Text von den nächsten Flugblattln besprochen und wer die macht. Das war sowieso immer ich. Ich hab eine Schreibmaschine gehabt und Gummihandschuh. Das war eine tschechische Maschin', die hat mir der Fritzl übergeben. Die war dann bei mir daheim in der Holzlag, im Schuppen hinten, den hab ich mit meiner Nachbarin zusammen gehabt. Aber die hat nix gewußt davon, gar keine Idee. Oben, wo ihre Bretter waren, hab ich die Maschin versteckt. Die haben bei mir suchen können, was sie wollten, sie haben nie was gefunden.

Kommen sinds ja öfter, die Gestapo. Wie ich dir schon gesagt hab, die Flugblattln geschrieben hab ich, mit die Gummihandschuh. Viel haben wir ja nicht gehabt, für jedes Viertel vielleicht 25 Stück, dort haben wirs reingesteckt in die Briefkästen. Den Text ›Wollen wir das?‹ hab ich allein zusammengestellt, gell. Ich hab sogar ein Henkerbeil daneben gezeichnet. Hab mich lang geplagt dabei, bis ichs richtig gemacht hab.«[15]

Aber Elisabeth Sinic wurde verhaftet. Beim Verhör ging es auch um den Verbleib der Schreibmaschine. Doch eisern blieb die Sinic ihrer Linie treu, hätte doch ein Verrat des Verstecks für die Partei einen herben Materialverlust bedeutet. Kaltschnäuzig verfolgte sie die konspirative Taktik, bei jeder Gelegenheit und für jede Situation irgendeine Geschichte parat zu haben. So führte sie die Polizei an mehrere fiktive Orte, natürlich ohne Ergebnis. Ihr Urteil: Zwei Jahre und zwei Monate wegen Hochverrats.

Auch bei der Verteilung von Propagandamaterial erwiesen sich Frauen trotz des immer feiner gesponnenen Überwachungsnetzes als mutig und erfinderisch. Sie spielten ihre Rolle als Hausfrau und Mutter aus, um möglichst nicht aufzufallen: Gewürzbehälter dienten als Versteck für verschlüsselte Nachrichten; die Kinder wurden auf dem Fahrrad mitgenommen, um Flugblätter besser verstecken zu können; zur Verteilung der Flugschriften bedienten sich die Frauen einfacher Tricks: »In der Simmeringer Hauptstraßen hab ich dann die Flugblätter gestreut, hab mir in den Mantelsack ein Loch gemacht, damit die Flugblätter durchrutschen können. Wenn einer vorbeigegangen ist, hab ichs zurückgehalten. So hab ich gestreut, wenns finster war.«[16]

Der geringste Fehler konnte die Entdeckung bedeuten. Zu den Regeln gehörte auch, nicht in Panik zu verfallen, wenn man zufällig in eine Razzia oder Hausdurchsuchung geriet. Es galt, ruhig und selbstsicher aufzutreten, als wenn man nichts mit der Sache zu tun habe. Nervosität wäre nur aufgefallen. Viele Frauen litten allerdings schwer unter dem psychischen Druck. Eine Widerstandskämpferin schreibt, sie habe »durch die lange Illegalität schon ein bißl an Verfolgungswahn gelitten«.

Frauen leisteten Sabotage in Fabriken, schmuggelten als Partisaninnen Waffen und Sprengstoff, versteckten Untergrundkämpfer. Mit fortschreitender Kriegsdauer waren sie mehr und mehr auf sich alleine gestellt. Bei Verhören setzte die Gestapo besonders Frauen und deren Familienangehörige unter starken psychischen Druck, um Informationen über Mitwisser zu erpressen. »Absolutes Leugnen auch bei persönlicher Gegenüberstellung und trotz Zeugenaussagen von Spitzeln und Provokateuren« gehörte deshalb zu den wichtigsten psychologischen Verhaltensregeln.

Doch vielen gelang es in der Verhörsituation immer wieder, gerade gegenüber ihren männlichen Widersachern weibliche Verhaltensmuster auszuspielen, Gefühlsausbrüche vorzutäuschen oder einen gänzlich hilflosen und naiven Eindruck zu machen. Elisabeth Sinic beispielsweise wurde ihrem Sohn gegenübergestellt, doch beide blieben standhaft. Auch ihr kleiner Junge verriet kein Wort, sagte, er wisse von nichts, habe nie etwas gesehen oder gehört, obwohl ihm von den verhörenden Beamten vorgemacht wurde, seine Mutter habe bereits ein Geständnis abgelegt. Schließlich führte man der Widerstandskämpferin einen ihr wohl vertrauten Genossen vor, dem in der Folter das Gesicht zerschlagen worden war. Doch Elisabeth Sinic gab sich ungerührt: »Wenn ich gestanden hätt, wärn nur andere drangekommen. Immer na gesagt, immer na, außer bei Sachen, bei denens lächerlich war.«

Bereits die Konspirationsregeln des organisierten Widerstandes zeigen, wie sehr jede der Frauen ihr Verhalten auf das Leben in der Illegalität abstimmen mußte: Unwillkürliches Umblicken auf der Straße, spontanes Sprechen am Telefon, Briefe an Freunde oder Bekannte konnten verräterische Spuren legen. Bei allen Frauen hinterließ die Zeit der Illegalität tiefe Spuren. Oft konnten sie erst Jahre nach dem Krieg über diese qualvolle Zeit sprechen.

Leben im Untergrund

Nur wenigen Verfolgten des Naziregimes gelang es, sich ihren Häschern zu entziehen, zu perfekt war das Überwachungssystem, zu schwierig war es, illegal über die Grenze zu kommen. Daß es trotzdem vereinzelt Menschen gelang, sich für eine gewisse Zeit zu verstecken, mag wie ein kleines Wunder klingen. Anhand ihrer Aufzeichnungen läßt sich der Weg der Jüdin Else Behrend-Rosenfeld im Untergrund recht genau nachvollziehen, der sie über den Zeitraum von zwei Jahren von München über Berlin nach Freiburg und schließlich auf abenteuerlichen Wegen in die Schweiz führte.

Im Sommer 1942 waren bereits mehrere tausend Juden von München in die Vernichtungslager deportiert worden. Auch Else Behrend-Rosenfeld mußte mit diesem Schicksal rechnen, deshalb entschloß sie sich zur Flucht. Ein solches Unterfangen konnte nur mit Hilfe guter Freunde gelingen, die bereit waren, eine »Illegale« aufzunehmen. Else Rosenfeld hatte Aussicht, vorläufig bei einer Cousine in Berlin unterzuschlüpfen. Dies bedeutete, eine neue Identität anzunehmen und ein anderes Leben führen zu müssen. Else Rosenfeld erwog für kurze Zeit, einen fingierten Abschiedsbrief zu hinterlassen, um einen Selbstmord vorzutäuschen. Dann aber schien es ihr ausreichend, den Judenstern und den Ausweis zu vernichten, um ihre alte Identität zu tilgen.

Welcher Finten bedurfte es, zu einem neuen Ausweis und damit zu einem neuen Namen zu kommen! Einmal war die neue Kennkarte zu plump gefälscht, ein andermal paßte das

Geburtsalter nicht. Die Namensliste glich der einer Hochstaplerin: Behrend-Rosenfeld, alias Leonie Maier, alias Martha Schröder. Falsche Namen gehörten zur Verschlüsselung der Person. Sie aber empfand es als bedrückend, nicht ohne Lüge leben zu können: »Das Groteske in meiner Situation trat mir besonders vor Augen. Wie tief in Betrug und Schwindel, von Urkundenfälschungen gar nicht zu reden, war ich verstrickt! Wie sehnte ich mich, aus diesem Lügengewebe herauszukommen und wieder ein Leben in Legalität und Aufrichtigkeit zu führen. Wann würde das der Fall sein?!«[17] Für jede nur denkbare Situation mußte sie sich eine »Geschichte« zurechtlegen und kühlen Kopf bewahren.

Eine Entdeckung hätte nicht nur das eigene Leben gefährdet, sondern auch das der Helfer. Deshalb gehörten auch hier strikte Verhaltensregeln zum gegenseitigen Vertrauen: »Wir besprachen dann, wie ich mich verhalten sollte. Ich werde, wenn Erna zum einkaufen geht, auf kein Klingeln oder Klopfen reagieren. Ich werde das Haus niemals verlassen, mich auch nicht am Fenster zeigen, keinerlei Verkehr mit alten Freunden aufnehmen. So wäre alles schön und gut, aber ich schrecke doch bei jedem Läuten des Telefons oder der Hausklingel zusammen und kann nicht vermeiden, daß mir jedesmal heiß und kalt dabei wird. Noch schlimmer aber sind die Nächte. Ich schlafe spät ein und wache bald darauf in Schweiß gebadet aus einem schweren Traume wieder auf …«

Zur ständigen Angst vor dem Entdecktwerden kam die Bedrückung der Isolation. Kontakte mit alten Freunden bedeuteten einen latenten Gefahrenherd, an Briefkontakt mit der eigenen Familie war nicht zu denken. Immer wieder mußte die illegale Unterkunft gewechselt werden, um keinen Verdacht aufkommen zu lassen. Else Rosenfeld wagte sich nur selten und dann mit größter Vorsicht ins Freie. Sie stand außerhalb des Lebensrhythmus der Stadt, selbst den Wechsel der Jahreszeiten erlebte sie nur sporadisch. Obwohl immer die Gefahr einer Ausweiskontrolle drohte, verließ sie einmal ihr Versteck: »Es war ein eigenartiges Gefühl, nach so langer Zeit wieder an der Luft und unter Menschen zu sein! Bei dem letzten Male war es Sommer, Mitte August, jetzt waren die Bäume kahl, und die

Luft war winterlich kalt. Aber sie tat mir wohl, ich sog sie in tiefen Zügen ein. Vor der hell erleuchteten Untergrundbahn hatte ich eine begreifliche Scheu, ich fuhr lieber mit der Tram. Vorne beim Wagenführer würde ich kaum Gefahr laufen, von alten Bekannten gesehen und erkannt zu werden. Außerdem hatte ich einen dichten, schwarzen Trauerschleier vor das Gesicht gebunden.«

Schließlich wurde die Großstadt als Aufenthaltsort zu riskant: Verstecke flogen auf, die Reichshauptstadt stand im Fadenkreuz feindlicher Bomber, und im Luftschutzkeller durften sich Illegale nicht sehen lassen. Auch Else Rosenfeld und einige Freundinnen waren in Berlin von einer benachbarten Lebensmittelhändlerin denunziert worden und entgingen nur knapp einer Entdeckung – Konspiration und Denunziation gehörten wie zwei Seiten einer Münze zum Leben in der Gewaltherrschaft. Trotzdem gelang es ihr mit Hilfe einer Freundin wieder, einen neuen Zufluchtsort zu finden, an dem sie sich zudem viel freier bewegen konnte. Über ein Jahr wurde sie in Freiburg vom Ehepaar Lotte und Edmund Goldschagg aufgenommen. Der Sozialdemokrat, später Chefredakteur und Mitherausgeber der *Süddeutschen Zeitung*, führte Else Rosenfeld mit dem unbedenklichen Namen »Buddeli« im Bekanntenkreis ein. Fortan galt sie, auch den Kindern gegenüber, als neue Haushaltshilfe und Hauslehrerin.

Ihr Ziel blieb es allerdings, sich in die Schweiz abzusetzen. Im April 1944 schließlich gelang die Flucht. In ihren Aufzeichnungen hielt sie die dramatischen Momente fest: »Der Große wandte sich zu mir: ›Gehen Sie immer etwa zwanzig Schritte hinter mir‹, er zündete eine Zigarre an, tat ein paar Züge, die sie hell aufglimmen ließ, und begann zu gehen. Ich folgte, von Zeit zu Zeit sah ich vor mir den leuchtenden Punkt der Zigarre des voranschreitenden Mannes ... Mir kam vor, als gingen wir endlos, ich hatte alles Gefühl für Zeitablauf verloren ... Wir standen still ... ›Drüben liegt eine Strecke bachaufwärts das deutsche Zollhaus, auf dieser Seite des Baches kommen später die Grenze und das Schweizer Zollhaus. Das müssen Sie erreichen. Geben Sie mir Ihren Postausweis und Ihre Kleiderkarte.‹ Ich reichte beides hinüber, ich hatte sie in meiner Manteltasche bereit gehalten. Es war ausgemacht, daß sie Hella übergeben werden sollten, zum Zeichen, daß ich über die Grenze gelangt war. Aber so weit war es ja noch gar nicht! ›Bringen Sie mich doch noch etwas weiter‹, sagte ich, ›ich kann absolut nichts sehen.‹ ›Nein‹ entgegnete er kurz, ›es ist mir zu gefährlich, Sie müssen sehen, wie Sie allein weiterkommen!‹ Er war fort wie ein Geist! –

Ich stand allein. Unten rauschte der Bach, langsam setzte ich Fuß vor Fuß. Ich fühlte, daß ich auf einem Wiesenhang ging, er mußte ziemlich steil zum Bach abfallen. Also vorsichtig gehen! ... Von meiner Vergangenheit war ich getrennt, schon hatte sich zwischen sie und die Zukunft eine weite Kluft geschoben. Würde ich sie überwinden oder stand ich vor dem Ende? ... Ich ging noch langsamer, setzte die Schritte noch vorsichtiger. Da – ich hatte den Boden unter den Füßen verloren, war gefallen, tausend flammende Sterne tanzten vor meinen Augen ... Ich war direkt in den Hof des Schweizer Zollhauses gestürzt.«

Die beiden Jahre in der Illegalität waren nur lebbar, weil immer wieder mutige Freundinnen solidarische Hilfe anboten, verschlüsselte Nachrichten überbrachten, mit Lebensnotwendigem aushalfen. Nur eine verschworene Gemeinschaft von Helfern bot leidlich Schutz vor Verrat. *Ich stand nicht allein* lautet auch der Titel ihrer Erinnerungen.

Denunziation als staatsbürgerliche Pflicht

Die Nationalsozialisten versuchten, ein möglichst effektives und flächendeckendes Spitzelsystem in den Reichsgebieten aufzuziehen. Alle Lebensbereiche waren von Denunzianten durchsetzt, vom Postwesen bis zu den Betrieben, von den Kirchen bis zu den Wohnungen. Bereits in der Schule wurden die Kinder aufgefordert, nicht systemkonformes Verhalten anzuzeigen. Denunziation bekam den Rang einer staatsbürgerlichen Pflicht; wer sich verweigerte, machte sich strafbar. Wie wirkungsvoll es hingegen ein konnte, wenn Mütter mit einer verantwortungsvollen Erziehung gegensteuerten, erzählt die

Münchnerin Edda Neumann in Erinnerung an ihre Mädchenzeit:

»Jede Verfehlung war sozusagen gegen Hitler und die Regierung gerichtet, und durch viele Aufforderungen sollten die Schulkinder dazu gebracht werden, auf Mitmenschen aufzupassen: ob sie etwas verschwendeten, nicht richtig die Fenster verdunkelten, nicht zur Geldsammlung der Winterhilfe spendeten oder gar die Anti-Spionage-Losung ›Feind hört mit‹ mißachteten … Vor einem ›Feind-hört-mit‹-Plakat sagte mir meine Mutter einmal kurz und strikt: ›Es ist ganz einfach. Wir sagen nie etwas weiter. Wir zeigen nie jemanden an. Das tut man in unserer Familie nicht, wir sind keine gewöhnlichen Leute. Anzeigen ist schmutzig. Vergiß das nie.‹ Das prägte sich mir tief ein. Als später im Krieg eine Illustrierte Bilder von Leuten lobend veröffentlichte, die Teilnehmer des 20. Juli-Attentats denunziert hatten, spürte ich krampfhafte Übelkeit vor den triumphierenden Gesichtern, ganz ohne daß mir die politischen Zusammenhänge der Ereignisse verständlich waren.«[18]

Ein wirksames Spitzelsystem bauten die Nationalsozialisten mit der Organisation der Blockwarte auf, ermöglichte dies doch gleichsam den Blick durchs Schlüsselloch ins Wohnzimmer.[19] Die Partei hatte die Blockwalter angewiesen, alle Haushaltungen aufs genaueste zu überwachen. Seit dem 1. Oktober mußte für jeden Hauseinwohner eine eigene Hauskarte angelegt werden, mit Angaben zur Person, Religion, Arierfeststellung, Parteizugehörigkeit etc. Diese Aktionen liefen unter dem Deckmantel der Wohlfahrt und des Luftschutzes. In Sachsen forderte die Partei von den Blockwarten sogar wöchentliche Berichte über die Haltung und die Stimmung der Hausbewohner ein. Hier nutzten zahllose Hausmeistersehefrauen die neuen Machtspielräume, die der Aufgabenbereich eines Blockwarts bot für die kleine Karriere im Wohnblock und für wichtigtuerische Machtausübung. Das Blockwartsystem entwickelte sich als idealer Nährboden für Denunzianten: Die Heimtücke der Denunziation gehörte zum bedrohlichen Alltag im Dritten Reich.

Höchststrafe für einen Pullover

Denunzianten stammten zumeist aus demselben Milieu wie die Denunzierten. In der Regel gingen die Denunziationen aus persönlichen Streitereien, Feindschaften und Aversionen hervor, kamen aus dem Umfeld der Freunde, ja sogar der Familie. Das folgende Fallbeispiel zeigt die Folgen einer Denunziation:[20]

Anfang 1942 wird die geschiedene 31jährige Hausgehilfin Susanne M. im niederrheinischen Geldern von ihrem Stiefvater wegen »Wehrkraftzersetzung« angezeigt. Sie habe aus dem Haushalt ihrer Arbeitgeber, einer angesehenen Beamtenfamilie, einen Wintermantel und eine Damenwollweste bei der örtlichen Winterhilfesammelstelle abgeben sollen. Da Susanne M. in sehr ärmlichen Verhältnissen lebt und ein Geschenk für ihre kranke Mutter sucht, tauscht sie die Damenwollweste gegen einen »abgenutzten, angeschmutzten Pullover ihres Stiefvaters« aus. Die Unterschlagung fliegt auf, der Fall wird vor dem Sondergericht Düsseldorf verhandelt. Das Urteil: Todesstrafe.

Hitler hatte wenige Wochen vorher über den Rundfunk die »Verordnung zum Schutz der Sammlung von Wintersachen für die Front« verkündet. Doch der Urteilsspruch schien auch dem Oberstaatsanwalt Dr. Steiner unverhältnismäßig, so daß er ein Gnadengesuch einreichte. Die Verurteilte habe nicht aus einer asozialen Grundeinstellung in eigennütziger Weise die Opfer der Heimat sabotieren oder den Opferwillen der Front schmälern wollen. Vielmehr sei sie auf den Gedanken gekommen, ihrer kranken Mutter, die acht Kindern das Leben schenkte, wovon drei Jungen heute als Soldaten an der Front ihre Pflicht im Felde erfüllten, eine warme Jacke zuzuwenden. Sie zeige echte Reue über ihr »verabscheuungswürdiges Verbrechen«, so daß dieses Leben im Interesse des Volksganzen nicht ausgelöscht zu werden brauche.

Das Gesuch hatte Erfolg, Susanne Mertens wurde zu fünf Jahren Zuchthaus begnadigt, schließlich nach zweieinhalb Jahren wegen ihrer beiden unversorgten Kinder vorzeitig entlassen. Aus den Akten ist noch ersichtlich, daß ihr Schwiegervater nach dem Krieg wegen dieser Anzeige vorübergehend in Haft kam.

Verrat oder Widerstand?

»Menschen, die einmal wegen ihrer politischen Gesinnung bestraft worden sind, müssen noch lange nachher allerlei Schikanen über sich ergehen lassen ... Mißtrauen und Schikanen werden auch auf die Frauen der in Haft befindlichen Gegner des Regimes ausgedehnt«, heißt es 1938 in einem Sopadebericht.[21] Diese Praktiken übte die Gestapo bereits seit der Machtergreifung aus und trieb damit die Sozialdemokratin Mathilde Baierl in einen schier unlösbaren Konflikt zwischen Denunziation und Widerstand.[22]

Mathilde Baierl stammte aus einer angesehenen sozialdemokratischen Familie im oberpfälzischen Furth im Wald. Mit der Machtergreifung war jegliches politische Handeln von Sozialdemokraten gleichsam über Nacht im Sinne des neuen Staates Unrecht. Trotzdem unterstützte Mathilde Baierl, Mutter von vier Kindern, verheiratet mit einem aufrechten, sozialdemokratisch gesinnten Glasarbeiter, wie die übrigen Familienmitglieder die illegalen Aktivitäten ihres Vaters. Dieser stellte sein nahe an der tschechoslowakischen Grenze gelegenes Haus zur Verbreitung von SPD-Schriften zur Verfügung und hielt Kontakt zu seinen in Prag exilierten Genossen der Sopade. 1934 brachte eine Verhaftungswelle nahezu die ganze Familie hinter Gitter. Mathilde Baierl war plötzlich mittellos und sollte mit wöchentlich acht Reichsmark Unterstützung sich und ihre vier Kinder durchbringen. Die Situation weitete sich zur Familientragödie, als sie selbst in Haft kam.

Als die Inhaftierte vom Nervenzusammenbruch ihres Mannes und schließlich vom Tode eines ihrer Kinder erfährt, bietet sie dem zuständigen Kriminalsekretär Beetz im Falle seiner Hilfe Gegenleistungen an. Die extreme psychische und physische Belastung haben Mathilde Baierl erpreßbar gemacht. Sie nimmt das Unrecht in Kauf, eine Denunziantin zu werden, um sich und ihre Kinder aus der ausweglosen Situation zu befreien. Nach ihrer Haftentlassung arbeitet sie drei Jahre lang mit der Polizei zusammen und hält als Spitzel Kontakt mit den exilierten Sozialdemokraten. Immer wieder fährt sie unter Aufsicht der Gestapo über die Grenze in die Tschechoslowakei und berichtet über Lage und Stimmung der Genossen. Das gibt ihr aber auch die Möglichkeit, für die Sopademitglieder wichtige Informationen aus dem Reich zu übermitteln, also gleichsam als Doppelagentin tätig zu sein. Gleichzeitig bringt sie verbotene SPD-Schriften über die Grenze zurück, verteilt sie an Bekannte und schafft so bei Zugriffen der Polizei schwerwiegendes Belastungsmaterial. In einem Fall kostet dies einen ehemaligen SPD-Landtagsabgeordneten, der kurz zuvor Haftentlassung aus Dachau erhalten hat, weitere vier Jahre Zuchthaus. Als 1938 die sozialdemokratische Exilorganisation in Prag aufgelöst wird, endet auch ihre Spitzeltätigkeit.

Mathilde Baierl war zugleich Täterin und Opfer, Spitzel und Widerstandshelferin. Sie agierte als Handlangerin der Gestapo und als Informantin für exilierte Sozialdemokraten. Sie ermög-

Lotte Branz mit Sohn Julian, 1933. Lotte übernahm nach der Verhaftung ihres Mannes Kurierdienste der illegalen sozialdemokratischen Partei und schleuste Genossen und jüdische Bekannte über die »grüne Grenze«.

lichte der Geheimpolizei den Zugriff auf Genossen, schaffte aber zugleich die Haftentlassung ihres Mannes und unterstützte ihren Vater. So hat sie geholfen und zugleich geschadet, immer im Gewissenskonflikt zwischen Solidarität und Erpreßbarkeit. Wie hätte sie den gordischen Knoten lösen können, um ihrer Rolle als Mutter, Ehefrau und Tochter sowie als verantwortungsvolle Sozialdemokratin gerecht zu werden?

Zur Frage der Verantwortung von Menschen, die in so extremen Situationen auf die Probe gestellt wurden, schreibt der exilierte Schriftsteller und Kulturphilosoph Manès Sperber in seinem Aufsatz »Individuum und Gemeinschaft. Zur Dialektik von Anpassung und Widerstand«: »Wer darf erwarten, geschweige denn von einem Menschen verlangen, daß er sein eigenes Leben gefährde, anstatt es durch stumme Komplizität zu bewahren? Die Schwierigkeit dieser Frage ist weit größer, als man vermuten möchte. Der Mann, der sein Leben auf solche Weise einsetzt, gefährdet nicht nur sich selbst, sondern auch seine Familie und seine intimsten Freunde.«[23]

Judaslohn

Mathilde Baierl hatte aus ihren Spitzeldiensten nie materiellen Nutzen gezogen. Die Schreibkraft Helene S. dagegen heimste für ihre Denunziation eine Million Reichsmark Belohnung und eine persönliche Belobigung von Adolf Hitler ein. Sie hatte Carl Goerdeler verraten, der nach dem mißlungenen Attentat auf Adolf Hitler am 20. Juli 1944 steckbrieflich gesucht worden war.[24]

Helene S. lernte Goerdeler, damals 2. Bürgermeister von Königsberg, 1921 zufällig persönlich kennen. 25 Jahre später erkannte sie ihn in einem Gasthaus wieder, das Fahndungsfoto verschaffte ihr letzte Gewißheit. Keineswegs politische Motive, vielmehr ein ausgeprägtes Geltungsbedürfnis ließen sie zur Denunziantin werden. Sie erhielt ihren Judaslohn, Carl Goerdeler hingegen teilte das Schicksal von 700 weiteren Offizieren aus dem Umfeld der Widerstandsgruppe des 20. Juli und wurde Anfang 1945 hingerichtet. Damit begann aber erst die Geschichte der Helene S. Sie verwahrte einen Großteil des Geldes auf der Bank, spendete und verschenkte erhebliche Summen, für sich selbst verwendete sie nichts. Am Ende des Krieges zog sie sich aus Angst vor Verhaftung ganz zurück. Schließlich mußte sie sich doch vor Gericht verantworten. Die Rechtsprechung der Besatzungsbehörden verwandelte die vermeintliche Großtat in ein »Verbrechen gegen die Menschlichkeit« und verurteilte sie zu fünfzehn Jahren Zuchthaus und zehn Jahren Ehrverlust.

Dieses Urteil stand noch ganz im Zeichen der Vergeltung, deshalb wurde es in einem weiteren Verfahren auf jeweils sechs Jahre reduziert. Die Verurteilte hatte die Kosten des Verfahrens zu tragen, die Reste der Prämie wurden eingezogen. In der Urteilsbegründung heißt es unter anderem: Es ist auch derjenige »wegen unmenschlicher Verfolgung aus politischen Gründen zu bestrafen, welcher, ohne daß er ideologisch einem politischen System nahezustehen braucht, in einer Zeit politischer Hochspannung aus scheinbar unpolitischen Beweggründen eine Handlung vornimmt, die ausschließlich politischen Zwecken dient«.

Wege ins Exil

»Aber es waren nicht die Anrufe, sondern die bedrückende Atmosphäre von Furcht, Feigheit, Mißtrauen, demütigem Untertanengeist und hysterischer Nazivergottung, die mir den Entschluß leichter machte, Deutschland zu verlassen. Ich mußte wieder Geld verdienen, denn meine Ersparnisse waren fast verbraucht. Noch etwas anderes war ausschlaggebend für meinen Entschluß: Wer jetzt in Deutschland blieb, ob freiwillig oder erzwungen schweigend, duldete dies Regime, das Freunde vernichtet und vertrieben hatte.«[1]

Nicht nur klare politische Einsichten waren es, die die Journalistin und Schriftstellerin Elisabeth Castonier bewogen, Deutschland, ihre geliebte Heimat, zu verlassen. Wegen ihrer jüdischen Abstammung hatte sie ihre bürgerliche Existenz verloren. Schon wenige Wochen nach der Machtergreifung bekam sie die Säuberungsaktionen gegen das jüdische Kulturleben am eigenen Leib zu spüren. Ihr Schauspiel *Sardinenfischer* wurde abgesetzt, siebzehn Berliner Bühnen zogen ihre Zusage zurück, das Stück herauszubringen. Das *Berliner Tageblatt* und die *Welt am Montag* waren gleichgeschaltet und verweigerten die Annahme ihrer Artikel. Die Hoffnung auf eine Änderung der politischen Lage und die Angst vor der ungewissen Zukunft im Exil verzögerten ihre Ausreise, wie sie in ihren Memoiren *Stürmisch bis heiter* festhält: »Ich wollte Deutschland verlassen. Vernunft riet dazu, Feigheit verhinderte es. Ratschläge vom schrumpfenden Freundeskreis, abzuwarten, ob sich nicht doch etwas ändern würde, wurden befolgt.«[2]

Die Gefühle und Überlegungen der Frauen, die Deutschland verlassen wollten, waren zwiespältig und zerrissen. Sogar bereits Emigrierte rieten angesichts ihrer eigenen Lage nicht vorbehaltlos zur Flucht. Erika Mann, die Tochter des 1933 vertriebenen Schriftstellers Thomas Mann, empfahl im Schweizer Exil einer auswanderungswilligen Gesprächspartnerin: »Wir draußen sind nicht sehr fürs Emigrieren … es ist schlimmer, als man denkt, wenn man weggeht, schwieriger, feindlicher, ärger; und dann, nehmen Sie mirs nicht übel, aber wir sind der Ansicht, daß alle, die drinnen unbedroht leben können, dies tun sollten und besonders, wenn sie Gefühl und Verstand haben und nicht d'accord sind mit dem Gottverlassenen um sie her. Es ist doch wichtig … daß ein bißchen Vernunft im Land bleibt.«[3]

Natürlich waren diese Worte nicht frei von Ironie, denn sie richteten sich an eine Dame, die sich zu den »halboffiziellen« Personen Münchens rechnete. Frau M., wie Erika Mann sie in ihrem 1938 in einem New Yorker Exilverlag erschienenen Buch *School of Bavarians. Education under the Nazis* nannte, habe wegen ihrer »nordischen Idealgestalt« ein ganzes Jahr lang »als staatlich empfohlen Zuchtstute« das Titelblatt des *Kalenders für Volksgesundung* geschmückt. Obwohl selbst »Vollarierin« und gutsituiert, mochte sie die veränderte politische und wirtschaftliche Landschaft nicht länger ertragen und erhoffte sich vor allem für ihren kleinen Sohn eine andere Zukunft: »Ich will, daß aus diesem Kindchen ein Mensch gemacht wird, – verstehen Sie mich, ein richtiger anständiger Mensch, – einer, der Wahrheit und Lüge auseinanderhalten kann, einer der die Freiheit kennt und die Würde und die wirkliche Vernunft, – nicht eine Vernunft, die sich ›den Gegebenheiten anpaßt‹ und die ›taktisch vorgeht‹ und die schwarz zu weiß macht, wenn es ihr gerade ›nützlich‹ scheint. Ich möchte doch, daß aus dem Bübchen ein Mensch gemacht wird, – ein Mensch und kein Nazi!«[4] Doch Frau M. gelang es nicht mehr, das Land zu verlassen. Drei Wochen später wurden sie und ihr Mann verhaftet, da sie sich »wiederholt in herabsetzendem Sinne über das nationalsozialistische Aufbauwerk« geäußert hätten. Das Kind kam in ein staatliches Kinderheim.

Drei Frauen, deren Gedanken um das Exil kreisen: In gleicher Weise erlebten sie die Unfreiheit und die Enge des geistigen Klimas in Deutschland als so bedrückend, daß sie im Exil den einzigen Ausweg sahen. Aber jedes Einzelschicksal behielt seine eigenen Facetten und individuellen Prägungen. Die »rassisch« motivierte Vertreibung der Jüdin Elisabeth Castonier setzte mit der Zerstörung ihrer beruflichen Existenz ein, an

Vertriebene Künstlerinnen. Erika Mann und Therese Giehse mit dem Kabarett »Die Pfeffermühle« im Exil in Basel, 1933 (Foto: Karl Mettler, Basel)

deren Folgen sie auch im Exil zu leiden hatte. Erika Mann mußte die Unwägbarkeiten der Emigration als Repräsentantin des »jüdischen Asphaltjournalismus« aus politischen und rassischen Gründen auf sich nehmen. Sie führte von außen ihren Kampf gegen den Nationalsozialismus mit den literarischen Waffen des Kabaretts, als politische Vortragsreisende und schließlich im Dienst der amerikanischen Armee. Der Exilwunsch der Frau M. hingegen richtete sich auf ihr Kind und war vom traditionellen Bild der Mutterschaft mitbestimmt. Unzufriedenheit allein, ohne rassische oder politische Verfolgung, bewog allerdings selten eine Familie, den leidvollen Weg in die Emigration auf sich zu nehmen.

Das Leben von Frauen im Exil ist noch recht wenig erforscht. Trotzdem gewähren die bekannten dokumentarischen und autobiographischen Texte einen bewegenden Einblick in die Umstände von Vertreibung und Alltag in der Fremde. Exil bedeutete Flucht, nicht Auswanderung. Aus Briefen, Erinnerungen, Biographien geht hervor, wie schwierig es für Frauen war, das Erlebte und Erlittene zu verkraften.

Vertreibung

Die nackten Zahlen der Ausbürgerungslisten und Auswanderungsstatistiken verraten nichts über die seelische Bedrückung und die Zwänge, denen Emigranten ausgesetzt waren: Etwa 300 000 Juden verließen zwischen 1933 und 1945 Deutschland, rund 30 000 Bürger flohen aus politischen Gründen ins Ausland, darunter etwa 6000 Sozialdemokraten, 8000 Kommunisten und 5000 Oppositionelle anderer politischer Richtungen.[5]

Seit der Machtergreifung wuchs der Druck der Nationalsozialisten auf die rassisch oder politisch unerwünschten Gruppen. Je nach Großwetterlage der Politik beförderten oder behinderten die Nationalsozialisten die Emigration. Dabei nutzten sie jede Gelegenheit, sich am Besitz der Ausgebürgerten zu bereichern. Die »Reichsfluchtsteuer« erlaubte es, das jüdische Vermögen einzuziehen mit dem Ziel, die Juden verarmt aus dem Land zu jagen.

Für einen Neuanfang war es wichtig, rechtzeitig Geld ins Ausland zu transferieren. Wie man hier mit Erfindungsreichtum die strengen Devisenkontrollen zu umschiffen versuchte, berichtet Elisabeth Castonier: »Da es nicht ratsam war, Bargeld ins Ausland mitzunehmen, weil Devisenkontrollen vorgenommen wurde, sandten wir Geldscheine in harmlosen Büchern, und als dies gefährlich wurde, im ›Angriff‹ oder ›Völkischen Beobachter‹ ... Eine Zeitlang waren die ›Jungfrau von Orleans‹, ›Don Carlos‹ und auch der ›Faust‹ besonders beliebt, um Geld ins Ausland zu schmuggeln. Aber eine kryptische Nachricht aus Paris, auf einer Ansichtspostkarte, meldete, daß tausend Mark aus der ›Jungfrau‹ gestohlen worden waren.«[6]

Alle, die sich zum Verlassen ihrer Heimat durchgerungen hatten, mußten erst ein geeignetes Aufnahmeland suchen, obwohl man davon ausgehen konnte, »daß kein Land der Welt auf die Juden wartete«, wie ein junger Emigrant schrieb. Die Vereinigten Staaten zum Beispiel forderten neben dem obligatorischen Visum ein Affidavit, die Bürgschaftserklärung eines amerikanischen Bürgers für jeden der unbekannten Bewerber um eine Einreise. Diese Papiere kamen oft mit soviel Verzögerung, daß eine Ausreise nicht mehr möglich war.

Bei den aufreibenden und langwierigen Vorbereitungen für die Reise bewiesen die Frauen vielfach eine ungewöhnliche Hartnäckigkeit und besonderes Verhandlungsgeschick: »... sobald die Last untragbar, sobald das Leben unlebbar, sobald der Entschluß zur Emigration unweigerlich ist«, schrieb die Schriftstellerin Anna Seghers, »tritt die Frau ganz auf den Plan. Dieser Entschluß erweckt ihr ganzes Wesen, Teile ihres Wesens, die ein gewöhnliches, alltägliches Leben wahrscheinlich nie gezeigt hätte.«[7] Oft saßen die Ehemänner in Schutzhaft oder es bestanden Zweifel, ob man zusammen würde ausreisen können.

Ein beredtes Beispiel für Optimismus und Zähigkeit findet sich in den Aufzeichnungen der Münchnerin Charlotte Stein-Pick. Sie scheute keinen Weg, die erforderlichen Papiere einzutreiben, vor allem aber ihren inhaftierten Mann aus Dachau freizubekommen – ein schier unmögliches Unterfangen: »Von dieser Stunde an versuchte ich unermüdlich, tagein und tagaus, Beziehungen anzuknüpfen, die zur Freilassung meines Mannes führen könnten. Ich rannte zu christlichen Freunden, Bekannten oder Kollegen. Aber überall nur gab es ein Achselzucken, ein Kopfschütteln und ein Nein. Und jeder war froh, wenn ich wieder ging. Wie eine Aussätzige wurde ich behandelt, sogar von Menschen, die uns gut gesinnt waren.«[8]

Selbst den Mut, bei Christian Weber vorzusprechen, brachte sie auf. Dieser war einer der wichtigsten Parteibonzen der bayerischen Landeshauptstadt. Ein knappes Empfehlungsschreiben des befreundeten Kammersängers Heinrich Rehkemper, den der ansonsten ungeschliffene Nazifürst sehr bewunderte, leistete unschätzbare Dienste. Weber schien vom unerschrockenen Auftreten dieser Frau, die sogar ihre jüdische Abstammung nicht verheimlichte, so beeindruckt, daß er über einen Adjutanten nicht nur die Ausreise beförderte. Es gelang Charlotte Stein-Pick dank ihrer Überzeugungskraft sogar, das bereits enteignete Haus zurückzubekommen. Selbst die Zahnarztpraxis ihres Mannes wurde wieder eröffnet, die einzige in München, in der sich Juden noch behandeln lassen konnten. So war zumindest die Zeit bis zur Ausreise finanziell überbrückt.

Zumeist erleichterten bittere Erfahrungen den Abschied von der Heimat. Die Betroffenen bekamen Schritt für Schritt die Leere und den Schmerz der Entwurzelung zu spüren. Mit dem Verlust der Wohnung, der Freunde, der Heimatstadt mußte auch ein Stück des bisherigen Lebens aufgegeben werden. In den Biographien vieler Frauen erweist sich diese Phase des Exils als ein traumatischer Einschnitt.

»Alles war zu Ende, das fühlte ich mit jedem Zimmer, das leer wurde, mit jedem Raum der verödet lag«, schrieb die jüdische Ärztin Rahel Straus, die Deutschland bereits Ende des Jahres 1933 verlassen hatte. »Neben dem großen Leid scheinen solche Dinge klein, und sind es auch. Aber oft wird einem durch die kleinen Dinge, die nebenhergehen, ein großer Schmerz erst wieder voll bewußt. So ging mit jedem Stück ein Teil meines früheren Lebens dahin … Die Tage und Wochen, die folgten, sind mir noch heute wie ein wirrer, schwerer Traum. Man tut, fast nachtwandlerisch, was notwendig ist, aber man lebt nicht. Langsam erst spürt man die Leere um sich, die sich nie wieder füllt, die große Einsamkeit. Aber das Leben fordert sein Recht, es fordert in diesen Tagen Entscheidungen von weittragender Bedeutung. Ich hatte nur einen Wunsch: München und Deutschland so schnell wie möglich zu verlassen. Das Heim zerstört, die Heimat verloren, was sollte ich noch dort.«[9]

Das Exil zerriß auch Familienbande, Frauen wurden von ihren Kindern getrennt, Großeltern mußten zurückbleiben, Geschwister sahen sich erst nach dem Krieg wieder. Manche jüdischen Eltern schickten ihre Kinder nach England oder Schweden, um ihnen das Überleben zu sichern, hatte doch die englische Regierung nach der Reichspogromnacht zehntausend jüdischen Kindern die Einreise in Aussicht gestellt. Else Behrend-Rosenfeld betreute im Auftrag der Israelitischen Kultusgemeinde im Sommer 1939 einen solchen Kindertransport: »Mittwoch nacht die Reise mit den zwanzig Münchner Kindern, die ich bis Frankfurt brachte, wo der Transport der jüdischen Kinder aus dem ganzen Reich gesammelt und zusammengestellt wurde … Der Abschied von den Eltern verlief – wie

Tatort Straße: Augenzeugen verfolgen den Boykott jüdischer Geschäfte. München, 1. April 1933 (Foto: Weiler)

noch jedes Mal – ruhig und würdig, auch die Kinder verhielten sich musterhaft. Die jüngsten waren sechs, die älteren fünfzehn Jahre.«[10]

Die äußere Fassung läßt bei Kindern wie Müttern die Seelenqualen nur erahnen. Keine Mutter wußte, wann sie ihr Kind wiedersehen würde. Somit waren alle Hoffnungen und Wünsche, die die Frauen im Familienalltag auf ihre Kinder gerichtet hatten, zerbrochen; viel zu früh mußten sie ihre Kinder in ein ungewisses Leben entlassen, kaum ein Kind, das durch die Trennung nicht Schaden an Leib und Seele erlitt. Wie tief der Wunsch nach einem glücklichen Wiedersehen auch die Kinderherzen besetzte, zeigt die tragikomische Abschiedsszene, die die Jüdin Valerie Wolffenstein schildert: »Der kleine Neffe einer Bekannten hatte seine Mutter bei der Abreise beschworen, ihm sofort mitzuteilen, wenn Hitler gestorben wäre. Schließlich versprach sie ihm, in diesem Falle zu schreiben: ›Großmutter ist tot‹. Die erste Karte des Jungen lautete: ›Das Geld habe ich glücklich über die Grenze gebracht. Bitte vergiß nicht, mir zu schreiben, wenn Großmutter tot ist und wir eine neue Regierung bekommen haben.‹«[11]

Auch viele Ehepaare mußten eine Trennung in Kauf nehmen, etwa wenn der eine Partner stärker gefährdet war oder die Ausreise- und Arbeitsgenehmigungen nicht gleichzeitig vorlagen. Dann konnte man nur über Briefe und Postkarten Kontakt halten, immer von der Hoffnung getragen, der Partner möge bald nachkommen. Ein offener Gedankenaustausch war wegen der Zensur gefährlich, denn laut offiziellem Sprachgebrauch lebte der Angehörige nun im feindlichen Ausland. Während des Krieges mußten die Schreiben zudem auf 25 Worte begrenzt werden.

Inge Deutschkron beschreibt in ihrem Buch *Ich trug den gelben Stern*, wie sie als Kind die verzweifelten Briefdialoge zwischen ihren getrennten Eltern erlebte: »Meine Mutter schrieb meinem Vater drängende Briefe, in denen sie forderte, daß er schleunigst etwas unternähme, um uns aus Deutschland herauszuholen. ›Liest Du denn keine Zeitungen?‹ schrieb sie ihm, da offene Hinweise auf die politische Situation in Auslandsbriefen gefährlich waren und als Spionage ausgelegt werden konnten. Sie rang die Hände vor Verzweiflung, wenn er in seinen Antworten entweder nicht darauf einging oder sie vertröstete. Sie fürchtete, mein Vater könne, wie so viele andere, nachdem sie in Freiheit waren, die Lage in Deutschland nicht mehr richtig einschätzen. Briefe von Ausgewanderten klangen oft so, als hätten sie beim Grenzübertritt alles vergessen, was sie erlebt hatten.«[12]

Mehr und mehr Länder kontingentierten drastisch die Zahl der aufzunehmenden Flüchtlinge oder schlossen die Grenzen ganz. Die zynische Absicht der Nationalsozialisten zeigte Wirkung, den Antisemitismus gleichsam zu exportieren, indem man die Aufnahmeländer mit mittellosen Einwanderern konfrontierte. Wer ausgewandert war, erschien auf den staatlichen Auswanderungslisten und verlor damit die deutsche Staatsangehörigkeit. Ein Zurück gab es nicht mehr. Am 23. Oktober 1941 verboten die NS-Behörden die Auswanderung endgültig,

*»Es war ein Ende, unbarmherzig und kaum zu fassen.« Eine jüdi-
sche Familie wird unter den Augen von SS-Männern vertrieben.
Memelland 1939 (Fotograf unbekannt)*

für die Verfolgten im Land gab es kaum noch ein Entkommen.
Die Deportationspläne für die jüdische Bevölkerung lagen
bereits in den Schubladen.

Ob eine Rückkehr möglich war und zu welchem Zeitpunkt,
wußte niemand. Um so schwerer wog der Abschied: »Wenn ich
an den 25. August 1939 zurückdenke, dann ist es mir, als sähe
ich durch einen schwarzen Schleier. Es war der Tag des
Abschieds von allen, die wir liebten und die zurückbleiben
mußten, und es war das Losreißen von der Heimat, das Gehen
in eine ungewisse Zukunft. Obwohl meine Augen in Tränen
schwammen, so hat sich mir doch das Bild eingeprägt, das ich
vom Wagenfenster des Zuges in mich aufnahm. Da standen die
gebeugten Eltern meines Mannes, meine gute Mutter, da waren

meine alte Resl und noch einige liebe Menschen. Sie waren alle stumm vor Schmerz. Wenn sie es uns auch gönnten, daß wir der Schmach und dem wahrscheinlichen Tod entrinnen konnten, sie bangten um sich und auch um uns. Es war ein Ende, unbarmherzig und kaum zu fassen. Langsam setzte sich der Zug in Bewegung.«[13]

Fluchtwege

Die Fluchtwege aus Deutschland waren verschlungen und von der jeweiligen politischen Situation bestimmt. Vor dem Krieg bot das europäische Ausland weitgehend Sicherheit. Nach Kriegsausbruch fielen den Nationalsozialisten aber die Exilierten, die beispielsweise in Belgien oder Frankreich Schutz gesucht hatten, wieder in die Hände. Nur noch wenige europäische Länder wie England, Schweden oder die Schweiz galten als leidlich sichere Zufluchtsorte.

Die Stationen einer Flucht lassen sich am Beispiel der jüdischen Verlegerin Brigitte Fischer nachzeichnen. Sie emigrierte zusammen mit ihrem Mann erst nach Wien, um dort die traditionsreiche Arbeit des renommierten Verlages S. Fischer weiterzuführen. Zum Freundeskreis zählten so angesehene Literaten wie Robert Musil, Egon Friedell oder Ödön von Hórvath. Mit dem Einmarsch der deutschen Truppen in Österreich mußte auch die zweite Existenz aufgegeben werden, und Brigitte Fischer wählte Stockholm als nächsten Fluchtort: »Hier, hoch im Norden, weit entfernt von den mörderischen Horden der Nazis, glaubten wir uns nun endgültig in Sicherheit«, notierte sie in ihrem Erinnerungsbuch *Sie schrieben mir oder was aus meinem Poesiealbum wurde.*[14] Aber je weniger sich das Königshaus und die schwedische Regierung von Nazideutschland distanzierten, desto drängender empfand die Verlegerin in den Wunsch, Europa mit ihrem Mann und den Kindern möglichst rasch zu verlassen. Als schließlich ihr Mann vorübergehend von der schwedischen Polizei verhaftet wurde, blieb die Flucht über Rußland und Japan nach Amerika; der Krieg ließ nur noch diese Route zu.

Es gehörte immer eine gehörige Portion Glück dazu, daß eine Flucht gelang. Wie wichtig aber auch die mentale Stärke der Frauen war, schildert eindringlich Charlotte Stein-Pick mit ihren aufwühlenden Erlebnissen auf dem Weg ins heiß ersehnte, ferne Land Amerika. Ihre Vertreibung zeigt, daß sie mit Hindernissen ganz anders umging als ihr Mann.

Bis zum 6. September sollten sich die Passagiere des englischen Schiffes »Aquitania« in Cherbourg einfinden. Zehn Tage schienen ihr und ihrem Mann ausreichend, um von der Schweiz aus rechtzeitig den Hafen zu erreichen. Aber nur mit größter Mühe ließ sich ein Zug nach Paris finden, denn nach dem Überfall der Deutschen auf Polen herrschte überall größte Aufregung, die Abteils waren übervoll mit Militärpersonen, Frankreich war nach der Kriegserklärung für Deutsche »feindliches Ausland«. Charlotte wagte nur noch, in englischer Sprache mit ihrem Mann zu sprechen, um ihre Herkunft nicht zu verraten. Niemand sollte die nur gespielte Selbstverständlichkeit des Benehmens durchschauen. Als es hieß, das Schiff lege wohl nicht in Cherbourg an, sondern in Le Havre, mußten wegen der gebotenen Eile die Koffer zurückbleiben: »Wie merkwürdig doch eine Frau denkt«, schrieb sie. »Selbst in dieser Gefahrenstunde grämte ich mich über den wahrscheinlichen Verlust unserer Sachen, während mein Mann auch noch nicht mal einen Blick zurückwarf. Ich konnte damals nicht ahnen, daß die Koffer wohlbehalten vier Monate später in New York ankommen würden.«[15]

Die Schwierigkeiten nahmen kein Ende. Auf der Schiffsagentur in Le Havre erfuhren sie, daß das Schiff nicht von Frankreich, sondern von Southhampton abginge – undenkbar, in der Kriegssituation ein englisches Visum zu bekommen. Wieder setzte sich ihre Hartnäckigkeit sogar gegen die nationalen Ressentiments durch, während ihr Mann längst resigniert hatte: »So rannte ich zum englischen Konsulat, mein Mann ging gar nicht mit hinauf. Er war tief deprimiert und glaubte, ich jage einem Wahn nach. In dem kleinen Konsulat drängten sich aufgeregte Männer und Frauen aller Nationen. Die Sekretärin wehrte nur ab. Den Konsul sah ich im Hintergrund stehen, ein älterer Mann, groß und schlank, mit einem sehr gütigem Gesicht. Als ich mich vorgearbeitet hatte, sagte ich in meinem damals noch gebrochenen Englisch immer wieder das gleiche: ›I beg you from the bottom of my heart, help us.‹ Er kam näher, ... wurde durch die ständige Wiederholung aufmerksam. Als er die deutschen Pässe sah, schüttelte er nur den Kopf. ›Unmöglich.‹ Ich wies auf das Wort ›J‹ (Jude) hin. ›Aber Ihrer Nationalität nach sind Sie Deutsche, ganz gleich was die Nazis behaupten.‹ Trotzdem blieb ich, bis am Nachmittag geschlossen wurde. Immer wieder suchte ich seinen Blick zu erhaschen, er wich mir aus. Kleinlaut schlich ich die Treppe herunter, mein Mann saß auf einer Bank. Als er mich sah, sagte er nur: ›Gib es doch endlich auf.‹«[16]

Am nächsten Tag hatte Frau Stein-Pick doch noch Erfolg. Der Konsul holte von Paris telefonisch die Erlaubnis ein, das Visum zu erteilen. In England folgten weitere Verhöre der Einwanderungsbehörde, und als sie sich endlich auf der »Aquitania« befanden, stellte sich heraus, daß die Kabinenplätze doppelt verkauft waren. Endlich legte das Schiff ab. Die Schiffspassage blieb gefährlich, war doch kürzlich das Schwesterschiff von deutschen Booten versenkt worden. Zur Sicherheit wurden Gasmasken und Rettungswesten verteilt, das Passagierschiff war mit einer Kanone ausgerüstet, zusätzlich fuhr ein Kriegsbegleitboot auf. Die weitere Überfahrt verlief reibungslos. Charlotte Stein-Pick notierte: »...wir mußten in der Fremde suchen, was uns das Höchste war: DIE FREIHEIT.«

Auf der Suche nach einer neuen Existenz

Für viele war die erste Phase der Exilzeit erfüllt von »falschen Hoffnungen, verlorenen Illusionen, Abwehr, Entwurzelung und Kampf um die Existenz«, erinnert sich Alice Herdan-Zuckmayer, die Frau des erfolgreichen Schriftstellers, an ihren Neuanfang in Amerika. Die meisten Frauen mußten ganz von vorne anfangen, nur wenige hatten die Möglichkeit, in ihrem erlernten Beruf zu arbeiten. Elisabeth Castonier beispielsweise blieb in der Zeit ihres Wiener Exils nichts anderes übrig, als im Café Sacher die Zeitungen nach Stellenanzeigen durchzukäm-

*Zwischen Freude und Verzweiflung: In der amerikanischen Bot-
schaft in Paris versuchten zahllose Flüchtlinge das rettende Visum
zu bekommen, 1939 (Fotograf unbekannt)*

men, »aber die Spalte mit offenen Stellen war kurz, die Spalte
mit Arbeitsuchenden aller Art sehr lang«. Sie entschied sich für
den Job der Zeitungsverkäuferin. Ihre kleine Philosophie des
Straßenverkaufs liest sich heiter, aber die Realität war bitter:
»Morgens ist alles schön und erträglich. Im Lauf des Tages
wachsen die Füße, schwellen an, werden große, schwere
Bleisäcke, die Hände sind schwarz wie von einem Grubenarbei-
ter. Im Kopf ist nur ein Gedanke: schnell alles verkaufen – so,
noch eine, da drüben, der will vielleicht dringend lesen, daß
soeben die deutsche Reichsbank ... Was in den Blättern steht,
interessiert nur den Käufer, für den Verkäufer gibt es nur eins:
schnell loswerden, so schnell wie möglich, dann die nächste
Ausgabe holen.«[17] Die wenigen Schillinge sicherten zumindest
einen bescheidenen Lebensunterhalt – und die Freiheit.

Besonders Ehefrauen nahmen häufig jeden sich bietenden Job an, um für das Lebensnotwendige zu sorgen und wenigstens ihren Männern eine berufliche Perspektive zu eröffnen. Sie waren zumeist der ruhende Pol in den ersten Jahren der Emigration. »Sie wurden Putzfrauen oder sie verkauften Seifen und Bürsten und ermöglichten auf diese Weise Studium und Berufsausbildung der Männer«, schreibt Alice Herdan-Zuckmayer. »Manche Männer fühlten sich dadurch erniedrigt und beleidigt, und es dauerte geraume Zeit, bis sie sich entschlossen, den Balast an Vorurteilen, Kastengeist und Geltungstrieb über Bord zu werfen und damit das Rettungsboot wesentlich zu erleichtern.«[18]

Als besonders bitter empfand es die Berliner Ärztin Hertha Nathorff, zugunsten ihres ebenfalls praktizierenden Mannes den beruflichen Anschluß verloren zu haben: »Und dann kommt all das Weh, die Verzweiflung und auch eine gewisse Eifersucht auf meinen Mann und auf alle, die wieder im Arztberuf sind ...«, schreibt sie über ihre Zeit in New York.[19] Der Wiedereinstieg in einen akademischen Beruf war nicht zuletzt deshalb schwierig, weil die erforderlichen Studien Geld kosteten, das einer der Partner verdienen mußte.

Für die meisten Frauen bedeutete das Exil damit den Verzicht auf eine eigene berufliche Karriere. Was sollte eine ambitionierte Schriftstellerin machen, wenn sich auf den Schreibtischen der Verlage die Manuskripte bereits stapelten, da jetzt jeder Exilschriftsteller versuchte, das Geschriebene unterzubringen? Welche Schriftstellerin wurde von ihrem Lebensgefährten so unterstützt, daß sie Zeit und Kraft zum Schreiben fand? Die Männer dominierten auch im Exil den Literaturbetrieb.[20]

Einen ganz anderen Weg ging das Ehepaar Zuckmayer. Hier nahmen beide Partner das Wagnis auf sich, ein autarkes Landleben zu führen. Alice Herdan-Zuckmayer und »Zuck«, wie sie ihren Mann Carl liebevoll nannte, versuchten sich in den Vereinigten Staaten im gänzlich ungewohnten Beruf von Farmersleuten. Mit großem Charme und liebevoller Selbstironie beschreibt Alice ihre Anfänge als Bauersfrau in *Die Farm in den grünen Bergen*: »›Der Landmann sät. Der Mäher mäht. Der Zimmermann zimmert. Der Bäcker bäckt. Die Magd melkt.‹

Die Familie Alice und Carl Zuckmayer um 1930 (Foto: Lotte Jacobi)

Das sind die reinen einfachen Lehrsätze aus dem Lesebuch unserer Kindheit ... Ich darf säen, mähen, zimmern, backen, melken, ich kann alles bis zu einem gewissen Grad lernen. Auf manchem Gebiet wird man ein Stümper bleiben, auf andern bringt man es zum Dilettanten, und einige wenige Dinge erlernt man wirklich und kann sie für alle Zeiten.«[21]

Beide Zuckmayers hatten von ihrer neuen Aufgabe herzlich wenig Ahnung. Deshalb bestellten sie sich beim United States Department of Agriculture Broschüren über die Geheimnisse von Ackerbau und Viehzucht und informierten sich, soweit das im Trockenlernverfahren überhaupt möglich war, über den Aufbau einer Farm, Hühnerhäuser und deren Inneneinrichtung oder das Trocknen von Arzneipflanzen. Schließlich gehörten Hühner, Enten, Gänse, Ziegen und Schweine zu den neuen Lebensgefährten, die alle betreut werden wollten.

Doch zwischen Theorie und Praxis blieb eine Kluft. So schien Alice für die Erwirtschaftung des täglichen Bedarfs an Ziegenmilch nicht das nötige Talent zu besitzen: »... ich aber schien zum Melken nicht geboren und hatte nur ein Gefühl, daß mir die Hände, Arme, Rücken dabei wehtaten und ich vor Anstrengung stöhnte, dreimal so lang brauchte, als es üblich war, und bei alledem wurde ich den Verdacht nie los, daß mich die Ziegen spöttisch ansehen.«[22] Der große Schriftsteller zeigte im Umgang mit diesen Tieren mehr Geschick, auch seine Schreibtätigkeit kam trotz des Alltags eines Farmbetriebes nicht gänzlich zum Erliegen.

Sicherlich verklärte sich auch bei Alice Zuckmayer im Rückblick einiges zur Idylle, und der Alltag war beschwerlicher, als sie es später in Worte kleiden mochte. Doch sie und ihr Mann hatten die Zeit des Exils als einen neuen Lebensabschnitt angenommen. Die Farm im Staat Vermont bedurfte wohl eines besonderen Pioniergeistes und fand deshalb auch bei den amerikanischen Nachbarn wohlwollende Anerkennung.

Einigen wenigen Exilierten war auch in Amerika rascher Erfolg beschieden. Zu den Glücklichen gehörten zum Beispiel Alma und Franz Werfel. Alma war es gelungen, auf der Flucht ihr Geld waghalsig im Unterkleid über die Grenze zu schmuggeln und somit den finanziellen Anfang zu sichern. Franz blieb ein Erfolgsautor, sein Roman *Das Lied von Bernadette* wurde in Amerika im Exilverlag L. B. Fischer sofort zu einem literarischen Bestseller. Brigitte B. Fischer schreibt über den Lebensstil ihrer Freunde: »Alma und Franz genossen den neuen Ruhm und das Leben in der Weltstadt New York. Wir verbrachten mit ihnen dort vergnügte Abende im Hotel St. Moritz, wo sie sich zunächst niedergelassen hatten. Ohne die bei Alma obligatorische Flasche Sekt und den Hummer ging es dabei nicht ab.«[23]

Auch die Verlegersgattin Brigitte B. Fischer führte nach der Neugründung des Exilverlages L. B. Fischer Corporation ein durchaus sorgenfreies und etabliertes Leben. Immerhin waren ihrem Ehemann Gottfried Bermann-Fischer vor der Emigration 1936 mit den reichsdeutschen Stellen ungewöhnliche Verhandlungen über das Schicksal des Verlages geglückt: Bermann-Fischer durfte fast die Hälfte des Verlagsvermögens, ferner fast 800 000 Bücher und die Rechte an den »unerwünschten«, d. h. in Deutschland verbotenen Autoren legal aus Deutschland transferieren. Auch wichtige Teile des Privatvermögens, so eine wertvolle Gemäldesammlung, Bach- und Mozartautographen und eine teure Stradivari, blieben im Besitz der Familie.[24]

Die Familie Fischer bewohnte in Old Greenwich im Staate Connecticut, etwa eine Autostunde von New York entfernt, ein komfortables Holzhaus. Brigitte Fischer versorgte als Hausfrau und Mutter die Kinder. Da sie sich eine Haushaltshilfe leisten konnte, blieb ihr Zeit, im Verlag als Herstellerin und Graphikerin mitzuhelfen. Zugleich pflegte sie die gesellschaftlichen und freundschaftlichen Kontakte mit den Autoren, zu denen im Exil Lion Feuchtwanger und Thomas Mann ebenso zählten wie die Zuckmayers und die Werfels. Sie arbeitete aber auch in der »League of Women Voters« mit und setzte sich in Vorträgen mit der Exilsituation auseinander. In ihren Erinnerungen schreibt sie: »Meine Aufgabe innerhalb der League wurde es, Vorträge über das Schicksal des S. Fischer Verlags, seiner Autoren und seiner Emigration zu halten und meinen Zuhörerkreis über die Auswirkungen des Nationalsozialismus in Deutschland, über die Verbrechen, die im Namen Hitlers nicht nur an den Juden, sondern an der ganzen Menschheit begangen wurden, aufzuklären.«[25]

Brigitte B. Fischer fühlte sich in Amerika vom ersten Tag an wohl. Sie erlebte das Exil nicht nur als politische Befreiung, sondern auch als persönlichen Aufbruch. An der amerikanischen Gesellschaft bewunderte sie ebenso die weitgehende Gleichstellung von Mann und Frau und die verantwortungsvolle Einbindung der Frauen in die Verwaltung ihrer »Community«. Die Lebensumstände boten ihr neue Möglichkeiten der Selbstverwirklichung.

Die NS-Propaganda griff das Schicksal einiger erfolgreicher Schriftsteller wie der Ehepaare Mann oder Werfel auf und formte daraus das Zerrbild eines selbstsüchtigen unbeschwerten Alltags im Exil. Damit nährten sie die Vorurteile, die Emigranten hätten das Vaterland in schwieriger Zeit im Stich gelassen und ließen es sich im »Feindesland« gutgehen; zugleich ließen sich so die Ausbürgerungen nachträglich rechtfertigen. Aus diesen Vorstellungen resultierten auch Fehlurteile, die noch Jahre nach dem Krieg über das Exil kursierten.

Alte und neue Identitäten

Es hing von den verschiedensten Faktoren ab, in welcher Weise sich die emigrierten Frauen in ihrer neuen Welt einlebten, die Bereitschaft zu einer neuen Identität aufbrachten oder ein Leben in zwei Welten führten. Diesen Zustand der Verunsicherung beschreibt Alice Herdan-Zuckmayer nach ihrer Ankunft in Amerika: »Dort sind wir ausgewandert, dort haben wir nicht mehr hingehört. Hier sind wir eingewandert, aber wir gehören noch nicht zu ihnen. Werden sie uns hier mißtrauen, weil wir aus dem Land kommen, in dem die Pest herrscht?«[26]

Die Sprache war ein entscheidender Indikator auf der Suche nach einer zweiten Heimat und einem anderen Ich. Alles verlief in einem langsamen, keineswegs immer bewußten Prozeß und war auch von der Dauer des Exils bestimmt. Manchen schien bereits der deutsch klingende Name ein Hindernis zur Integration. Sophie Caplan, geborene Kempinski, und ihre Mutter folgten bei ihrer Ankunft in Australien dem Anraten, sich zukünftig nur noch »Kemp« zu nennen: »Der richtige Anfang ist wichtig, mit einem Namen, den man leicht englisch aussprechen kann. Erzählt keinem, daß euer Name Kempinski war.«[27] Die Namensänderung wurde durch den Notar besiegelt.

Exilierte mit nur geringen Sprachkenntnissen standen im fremdsprachigen Ausland vor einer Wand. Da ein Neuanfang in erster Linie über den Einstieg ins Berufsleben möglich war, kam zu den Sprachproblemen in allen Ländern noch die Schwierigkeit mit der Arbeitserlaubnis hinzu. Diese bekam man in der Regel nur, wenn man eine Arbeitsstelle nachweisen konnte, eine Arbeit gab es aber nicht ohne Arbeitserlaubnis.

Nicht ohne Resignation erzählt die Österreicherin Gretl Gerber, die es erst nach England, dann nach Amerika und schließlich nach Australien verschlagen hatte, sie habe in all den Jahrzehnten ihres Exils nicht mehr in den ursprünglichen Beruf einer Sekretärin zurückkehren können. Nie sei ihr die Zeit geblieben, sich die fremde Sprache wirklich anzueignen: »Ich spreche keine Sprache richtig. Mein Deutsch ist wrong und mein Englisch auch.«[28] So jobte sie als Köchin, Hilfskraft in einem Altenpflegeheim, Verkäuferin von Süßigkeiten oder als Aushilfe in einem Krankenhaus. Sie brauchte länger als andere Exilierte, mit den neuen Lebensgewohnheiten zurechtzukommen und den Lebensstandard wieder auf ein erträgliches Maß zu heben.

Wer die Sprachbarriere überwinden lernte und Offenheit und Bereitschaft zum Gespräch zeigte, konnte sich leichter integrieren. Alice und Carl Zuckmayer übten ihre Sprechfertigkeiten, indem sie auf ihrer Farm große Schlachtfeste veranstalteten und dazu Gäste einluden. Wie unkonventionell Alice schließlich mit Sprache und Besuch umgehen konnte, zeigt in amüsanter Weise eine Unterhaltung mit einer jungen Amerikanerin. Da sie eben mit dem Rupfen und Ausnehmen von zwei Dutzend Hühnern beschäftigt war, animierte sie ihren Besuch einfach zur Mithilfe: »...die Zeit verflog unter munteren Gesprächen. Bis zum achten Huhn hatten wir uns über die Folgen der falschen Pädagogik unterhalten, bis zum zwölften die heikle Frage des Theaters und der Übersetzung gestreift, bis zum sechzehnten beleuchteten wir die Literatur im allgemeinen, es brauchte nur zwei Hühner, um die Stellung des Mannes in Europa zu schildern, und mit den restlichen sechs reichten wir kaum aus, um die Bedeutung der Frau in Amerika festzulegen.«[29]

Schwierig war es allerdings für Schauspielerinnen oder Schriftstellerinnen, die von der unmittelbaren Verfügbarkeit der Sprache lebten. Es gab kaum geeignete Bühnen mit einem anspruchsvollen Rollenangebot. Der Schauspielerin Lucie Mannheim jedoch gelang der Durchbruch in zwei Sprachwelten. Sie hatte bereits fünfzehn Jahre in Deutschland erfolgreich auf der Bühne gestanden und konnte sich auch im englischen Exil im Film und auf der Bühne in der fremden Sprache behaupten: so etwa in Alfred Hitchcocks Streifen *39 Stufen* oder in Bruno Franks Bühnenstück *Nina*. Solche Karrieren blieben allerdings eine Ausnahme.

Ungewöhnliche Wege beschritt auch die Kabarettistin und Schriftstellerin Erika Mann. Sie dachte und schrieb bereits bald nach ihrer Emigration in Englisch. Den raschen Zugang in die neue Sprache erleichterte ihr sicherlich die Heirat mit dem englischen Schriftsteller W. H. Auden. Das Manuskript zu *School of Barbarians* schrieb sie bereits in englischer Sprache. Aus der Fremdsprache wurde eine zweite Muttersprache. Im amerikanischen Exil informierte sie ihr amerikanisches Publikum mit »lectures«, einer Art Gesprächsvorträge, vor allem über die Rolle der Frau im Hitlerdeutschland und im Exil. Ab 1943 arbeitete sie für zwei amerikanische Zeitungen als Kriegsbe-

Schauspielerinnen und Schauspieler die an deutschsprachigen Bühnen berufstätig waren und sich für ev. Mitarbeit an deutschsprachigen Schauspielaufführungen in Buenos Aires interessieren, werden gebeten, sich unter Angabe der bisherigen künstlerischen Tätigkeit und mit ev. Bildbeilage unter dem Kennwort „Theater" bei der Administration des Argentinischen Tageblattes zu melden. pm.

Exiltheater: In Buenos Aires gab es eine Bühne für deutschsprachige Emigranten. Annonce im Argentinischen Tageblatt, *1939*

richterstatterin und trat mit dieser Aufgabe in die 9. US-Armee ein; dies führte sie auf die europäischen Kriegsschauplätze nach Frankreich, Belgien, Holland und schließlich nach Deutschland, das sie nicht mehr als ihre Heimat empfinden konnte: »...in der Tat fühlte ich wie eine Amerikanerin, lebte wie eine Amerikanerin, war praktisch eine Amerikanerin.«[30] Die Sprache, der Eintritt in die Armee, der Wunsch, nach der deutschen und britischen die amerikanische Staatsbürgerschaft zu erwerben, waren Stufen einer neuen Identität.

Viele der Emigrantinnen fanden nach der Flucht, die sie meist durch mehrere Länder führte, ein neues Zuhause. Begegnete die Bevölkerung den Fremden vielerorts erst ablehnend, so folgte normalerweise ein Prozeß der Gewöhnung und des Tolerierens. Nicht wenige Exilierte heirateten, gründeten eine Familie und integrierten sich so in die neue Gesellschaft. Oft war die Annahme der fremden Staatsbürgerschaft nur noch ein formaler Vollzug der Akkulturation. Rückblickend empfanden es viele Frauen auch als Glück, in Deutschland nicht nur einer mörderischen Bedrohung entkommen zu sein, sondern auch die Chance eines Neubeginns bekommen zu haben. Bei allen negativen Erfahrungen des Exils blieben ihnen doch der europäische Kriegsschauplatz und die Hungerjahre erspart.

Abkehr oder Rückkehr

Zwischen tiefer Ablehnung und Sorge um Deutschland bewegten sich die Äußerungen der Emigrantinnen, Gleichgültigkeit findet sich in den Erinnerungen kaum. Erika Mann nützte wie ihr Bruder Klaus jede Gelegenheit, die Zuhörer oder Leser kritisch bis sarkastisch über das »Dritte Reich« aufzuklären. Ihr Bild von einem zukünftigen Deutschland war geprägt vom Gedanken der Erziehung, genauer der Umerziehung. Dahinter stand die Vorstellung, die sie mit zahlreichen anderen Emigranten teilte, man müsse mit allen Mitteln eine Wiederholung dieser unheilvollen Zeit verhindern. Trotzdem beließ es Erika Mann bei programmatischen Aufrufen. Sie selbst kehrte nur noch zu kurzen Besuchen nach Deutschland zurück.

Eine wirkungsvolle Umsetzung des Erziehungsgedankens erreichte die jüdische Journalistin Jella Lepmann.[31] Sie emigrierte 1936 nach London, dort arbeitete sie für die BBC. Mit der englischen Armee kehrte sie unmittelbar nach Kriegsende als Engländerin nach Deutschland zurück, um als Beraterin im Nachkriegsdeutschland zu helfen. In München setzte sie als Zuständige für Frauen- und Jugendfragen mit aller Energie die Gründung einer Internationalen Jugendbibliothek durch. Sie brachte den Mut auf, im Haus der Kunst, dem Musentempel der Nationalsozialisten, als Zeichen des Neubeginns eine Ausstellung der besten Kinder- und Jugendbücher aus verschiedenen Ländern durchzuführen. Gegenüber ihren militärischen Vorgesetzten plädierte sie für ihr Vorhaben: »Lassen Sie uns bei den Kindern anfangen, um diese gänzlich verwirrte Welt langsam wieder ins Lot zu bringen. Die Kinder werden den Erwachsenen den Weg zeigen.«[32]

Auf die Frage, warum er nach Deutschland zurückgekehrt sei, nannte Theodor W. Adorno drei Motive: um Verhärtung und Wiederholung des Unheils entgegenzuwirken, zum Ort seiner Kindheit zurückzukehren und seine vertraute Sprache wiederzufinden.[33] Diese Begründungen spielten auch für die mögliche Rückkehr von vielen emigrierten Frauen eine tragende Rolle. So kamen Schauspielerinnen deshalb zurück, um endlich wieder in ihrer Muttersprache Bühnenrollen sprechen zu können. Valérie von Martens und Curt Goetz – bereits vor dem Krieg in Deutschland berühmt wegen ihres gemeinsamen Films *Napoleon ist an allem schuld*, 1940 von Goebbels verboten, weil sie allzu Deutsches verlachten – genossen ihre Rückkehr in die Schweiz: »Man muß erlebt haben, was es heißt«, notiert Valérie in den gemeinsamen Memoiren, »nach vielen Jahren wieder seine Muttersprache sprechen zu können und sie andere sprechen zu hören. Lange ließ uns diese Sensation nicht los, und nach Monaten noch haben wir uns glücklich zugeflüstert, daß die Leute am Nebentisch auch deutsch sprechen.«[34]

Charlotte Stein-Pick hingegen verweigerte bei ihrer Rückkehr anfänglich die deutsche Sprache, zu beängstigend waren die Erinnerungen: »Am nächsten Morgen waren wir schon in Deutschland, als ich erwachte. Ein mir selbst unbegreiflicher

Trotz erfaßte mich. Nun wollte ich nicht mehr deutsch sprechen, ich, die gute Lehren anderen gegeben hatte. Im Speisewagen bestellte ich mir bei dem fließend englisch sprechenden Kellner Kaffee, der ungenießbar war, und daher bat ich um Tee. Zu meinem stillen Vergnügen hörte ich ihn dann zu seinem Kollegen sagen: ›Wieder so a spinnete Amerikanerin, die net woaß, was sie will.‹«

Viele Frauen erlebten bei ihrer Rückkehr nach Deutschland einen Schock. Zu weit klafften die Erinnerungen, die sie von der Heimat ins Exil mitgenommen hatten, und das ernüchternde Bild des Nachkriegsdeutschland auseinander: »Ich will nur so viel sagen: es war anders, ganz anders, als wir's uns je vorgestellt hatten. Die Städte waren schrecklicher zerstört, als man es sich in Schreckensträumen ausmalen konnte. Die Einwohner der Städte krochen in den Straßen umher, als wären sie Teile ihrer zerbröckelten Häuser und aus Partikeln von Staub, Schutt und Asche zusammengesetzt. Aber allmählich tauchte zwischen diesem grauen Staub da und dort eine helle Schicht zutage, die der Zartheit einer Haut vergleichbar war, die sich im Heilungsprozeß über eiternden Wunden bildet. Das war eine Sicht des Ungekannten, Unvermuteten, das war ein Material, aus dem etwas Neues aufgebaut werden konnte.«[35] Andere Frauen jedoch kehrten nicht mehr nach Deutschland zurück, weil sie eine erneute Entwurzelung fürchteten; ihre alte Heimat war ihnen fremd geworden. Nicht wenige lehnten es sogar ab, Deutschland je wieder zu besuchen.

Überleben – Alltag im Bombenkrieg

Der Kriegsalltag hatte viele Gesichter: Gab man sich zu Kriegsbeginn offiziell fürsorglich und selbstsicher, so zeichnen die SD-Berichte im Kriegswinter von Stalingrad schon ein erheblich nüchterneres Bild. Am Ende des Krieges blieb nur die Hoffnung, das nackte Leben zu retten. Wie veränderten nun sechs Jahre Mangelwirtschaft die Rolle der Frau und Mutter? Galt es, diese Zeit im Rückblick als verlorene Jahre aus dem Gedächtnis zu verdrängen oder konnte sich auch ein neues Selbstverständnis etablieren? Was blieb übrig vom vollmundig propagierten nationalsozialistischen Frauen- und Mutterbild?

Die NS-Ideologie strebte eine wirtschaftliche Autarkie mit marktunabhängiger Selbstversorgung auch für den kleinen Bereich der Familie an. Aus der Hausfrau wurde wieder eine vormoderne Hauswirtschafterin, die im eigenen Nutzgarten Obst und Gemüse zog, selbst einkochte, kurz, von der Erzeugung bis zum Verbrauch für alles zuständig war. Zudem sollte sie stricken, schneidern, ja selbst Spinnen und Weben kamen wieder in Mode. Im Schatten des Krieges galt als zeitgemäß, was im Grunde vielfach fortschrittsfeindlich war, bedeutete es doch vor allem eine enorme Mehrbelastung.

»Heldinnen der Sparsamkeit«

Bereits vier Tage vor Kriegsausbruch, am 27. August 1939, wurde die Zwangsbewirtschaftung in Gang gesetzt. Jeder Haushalt bekam ein Kontingent an Lebensmittelmarken, die exakt die Menge limitierten und den Zeitraum des Kaufs festlegten. Nur Kartoffeln und Brot waren anfangs nicht rationiert, ansonsten wurden die Haushalte buchstäblich auf halbe Ration gesetzt.

Dies zwang die Hausfrauen zu anderen Formen der Vorratshaltung. »Kampf dem Verderb« lautete der offizielle Slogan. Fett und Butterschmalz waren besonders schwer zu ergattern und wurden deshalb sorgfältig in Steintöpfen aufbewahrt. Verderbliche Waren mußten dauerhaft konserviert werden, wußte man doch nicht, wann welche Lebensmittel zugeteilt würden. Eier zum Beispiel konnte man bis zu einem Jahr frisch halten, indem man sie in »Wasserglas«, eine weiße geleeartige Substanz, einlegte. Als Gefäße benutzte man bevorzugt Steinguttöpfe, die man in der Speisekammer aufbewahrte. In bezug auf die Haltbarkeit war diese Methode jedem Kühlschrank überlegen, über den auch nur etwa ein Prozent der Haushalte verfügte. Die Hausfrauen weckten Obst, Gemüse, ja selbst Fleisch ein, alles, was sie nicht für den unmittelbaren Bedarf brauchten.

Die Kriegswirtschaft brachte nicht nur für Lebensmittel immer wieder gravierende Versorgungsengpässe: »Die bereits seit längerer Zeit anhaltende Verknappung in Haushaltsgegenständen hat sich nach Meldungen aus dem gesamten Reichsgebiet in den letzten Monaten sehr verschärft«, notierten 1942, im dritten Kriegsjahr, die Sicherheitsdienste. »Von den Hausfrauen werden lebhafte Klagen darüber laut, daß sie unbrauchbar gewordene Haus- und Küchengeräte nicht mehr ersetzen können. Der Einzelhandel verfüge kaum noch über irgendwelche Warenbestände und Neueingänge erfolgten nur unregelmäßig, d. h. äußerst selten und dann auch nur in geringen Mengen. So seien Eßbesteck, Wassereimer, Milchkannen, Wasserschüsseln, kleine Waschkessel und Kinderbadewannen kaum zu erhalten ... Ebenso sei es mehr oder weniger schon ein Zufall, Teller, Tassen, Wassergläser und Kinderbecher, Kaffeekannen, Glasschüsseln, Steinguttöpfe und -schüsseln zu erhalten ... Einen besonders breiten Raum hätten die Klagen der Hausfrauen zur Einmachezeit über den Mangel an Weckgläsern, Bindegläsern und Dosendeckeln ...«[1] Deshalb wurde im Haushalt alles sorgfältig aufgehoben, was man irgendwann wieder brauchen konnte, selbst jedes Weckgummi. Die Not schuf eine Gesellschaft des Aufbewahrens, wie der Überfluß heute eine Wegwerfgesellschaft produziert.

Die Versorgungslage zwang die Hausfrauen zu äußerster Sparsamkeit, galt es doch, den »Speisezettel auf die jeweilige

Sammeln, Vorratshaltung, Selbstversorgung. Ein Scherenschnitt aus Schülerhand, 1939

Marktlage« abzustimmen, wie es offiziell hieß. Oft wußten die Frauen nicht mehr, was sie auf den Tisch bringen sollten, denn über Wochen fehlten selbst Grundnahrungsmittel wie Gemüse und Kartoffeln. Auch die Qualität ließ häufig zu wünschen übrig: »Beim Brot handelte es sich um ein schlecht verdauliches Schwarzbrot, dessen Substanz mit allerlei Ingredienzien gestreckt wurde ...«, erzählt eine Hausfrau in Erinnerung an das Jahr 1944. »Unter die Rubrik ›Fett‹ fielen im wesentlichen Butterschmalz, Schweineschmalz und Fleischschmalz. Beim letzteren handelte es sich um ein Gemisch, das je zur Hälfte aus Schweineschmalz und Schweinefleisch bestand und aus diesem Grund in der Pfanne leicht anbrannte.«[2]

Hauptbestandteil der deutschen Küche im Krieg waren Kartoffeln; die Hausfrauen bereiteten sie in möglichst vielfältiger Weise zu, um Abwechslung in den Speiseplan zu bringen. Neben zahlreichen Kartoffelrezepten standen bereits im ersten Kriegswinter auch einfache Graupen- und Haferflockengerichte in den Kochbüchern. Die vorsichtigen Angaben der Fettmenge oder der Fleischeinlage verraten das Mangelgericht und spiegeln die Notsituation wider: »Aufläufe aus Graupen kann man sowohl salzig als auch süß bereiten. Das Grundrezept lautet: 250 g Graupen, reichlich 1/2 l Brühe oder entrahmte Frischmilch, Salz und Gewürz. Zur Verfeinerung trägt eine Beigabe von etwas Margarine oder Fett bei ... Auch Tomatenmark gibt einen herzhaften Geschmack. Als Hauptgericht empfiehlt es sich, zwischen die Graupenmasse eine Gemüse- oder Fleischeinlage einzufüllen. Dazu braucht man nur wenig Fleisch, etwa einen Bratenrest und etwa übriggebliebene Tunke.«[3]

Wie sehr sich die Ernährungslage gegen Kriegsende verschlechterte, verraten Rezepte aus dem Jahre 1945. Nun ergänzten selbst gesammelte Eicheln den kargen Speiseplan. Fett wird gar nicht mehr verwendet oder nur noch mit den Worten »falls vorhanden« erwähnt:

Eichelblutwurst
Zutaten: vier Tassen Magermilch oder Molke, eine Tasse Eichelmehl, zwei rohe Kartoffeln, eine kleingehackte Zwiebel, Salz, Pfeffer, ein Teelöffel Majoran, 500 g Weißbrot.

Milch zum Kochen bringen. Eichelmehl einrühren. Zehn Minuten kochen lassen. Mit den roh geriebenen Kartoffeln binden. Mit Gewürzen scharf abschmecken. Weißbrot in kleine Würfel schneiden und in ein schmales, hohes Glas füllen. Die Eichelmasse darüber gießen, so daß das Brot fest umschlossen ist. Zwölf Stunden stehen lassen. Stürzen ...

Eichel-Knäckebrot
Zutaten: 250 g abgezogene Pellen von Pellkartoffeln, 125 g Eichelmehl, zwei Eßlöffel Haferflocken, ein Teelöffel Selleriesalz, ein Teelöffel gemahlener Kümmel.
Die Kartoffelschalen werden durch den Fleischwolf gedreht. Mit Eichelmehl, Haferflocken und den Gewürzen in einem Teig verkneten. Auf bemehltem Brett dünn ausrollen. In Stücke schneiden. Auf ein leicht bemehltes Backblech legen. Zehn bis 15 Minuten bei 220 Grad knusprig backen lassen.[4]

Ersatzstoffe erinnerten nur noch an die längst unerschwinglichen Vorbilder: Statt Kaffee gab es Zichorien-Malzkaffee, den »Muckefuck«, Rübensirup ersetzte den Zucker, Trockenmilch die Vollmilch, statt Mandeln röstete man Haferflocken. Fleisch auf dem Küchentisch gab es bestenfalls an Festtagen, und nicht selten fanden sich da »Geflügel- und Fleischspezialitäten« wie Raben, Dohlen und Eichhörnchen, wie sie auch nach dem Krieg noch auf dem Münchner Viktualienmarkt angeboten wurden.[5] Der Hunger war zum Meisterkoch avanciert. Im zweiten Kriegswinter hatte es wenigstens für die Weihnachtstage noch eine Sonderzuteilung Bohnenkaffee gegeben, »um der Bevölkerung trotz des Ernstes der Zeit eine bescheidene Feststimmung zu vermitteln«, wie der Sicherheitsdienst feststellte. Oft wußten die Frauen nicht mehr, wie sie für ihre Kinder eine warme Mahlzeit zubereiten sollten, wenn nach einem schweren Bombenangriff wieder einmal die Wasser- und Energieversorgung ausgefallen war. Dann mußten die Frauen das Wasser kübelweise von den Spritzenwagen holen, die die einzelnen Stadtgebiete versorgten.

Besonders sparsam ging man mit Holz und Kohle um, da immer weniger zugeteilt wurde. Die Frauen beschafften sich

Holz aus zerbombten Häusern, trugen herabgefallene Dachbalken, Fensterstöcke, Fußbodenplanken und ähnliches zusammen, um es zu Hause zu verheizen.[6] Meist konnte man nur mehr einen Raum beheizen, deshalb spielte sich das Familienleben überwiegend in der Wohnküche ab. Sie war Küche, Kinderspielzimmer und Waschküche in einem. Die erzwungene Sparsamkeit und die Brennstoffknappheit machten aber nicht nur die Verbraucher, sondern auch die Hersteller erfinderisch: Da das elektrische Kochen eine wichtige Alternative zum Holzherd darstellte, wurde seit 1942 ein neuer Wasserkessel angeboten, der schließlich in fast jedem Haushalt zu finden war: Der Pfeifenwasserkessel für Tee und Kaffee, kurz TECA.

Der Mangel veränderte Gewohnheiten. Für die Hausfrau wurde der Alltag unberechenbar, das scheinbar Selbstverständliche zum Problemfall. Das zeigt sich allein im Umgang mit der Wäsche. Eine Hausfrau hatte guten Grund, die Menge der Wäsche und die Zahl der Waschtage möglichst gering zu halten. So trugen die Kinder ihre Kleider eben länger am Leib. Die schmutzige Wäsche wurde dann ausgekocht, wenn ausreichend Brennmaterial vorhanden war. Um die Wärme doppelt zu nutzen, stand neben dem Kochtopf fast immer ein Wäschetopf auf dem Herd. Aber keine Hausfrau hing mehr den Reinlichkeitsidealen aus Friedenszeiten nach, fehlte es doch schlicht an Waschmittel und ausreichend guter Seife; längst wurde ein Stück Kernseife wie eine Kostbarkeit gehandelt. Weil es auch kaum Bürsten gab, mußte man sich auch hier mit wenig tauglichen Ersatzprodukten behelfen. Persil hatte bereits 1939 seine Werbung eingestellt – Weiß als Inbegriff von Sauberkeit war nicht mehr wichtig.

Zeiten und Wege

Stunden um Stunden verflossen beim Anstehen, ein Martyrium für Frauen, die auch noch Kinder zu beaufsichtigen hatten. Unverhüllt geben die Lageberichte einen Eindruck: »So heißt es in den Meldungen aus Bochum, Dortmund, Hagen und Arnsberg, daß das Anstellen vor den Gemüsegeschäften bereits um

6 Uhr früh, teilweise auch um 5 Uhr, vereinzelt sogar schon um 2 Uhr nachts beginne. Vielfach brächten sich die Frauen dazu Fußbänke und Stühle, mitunter sogar Liegestühle mit. Aus Gesprächen mit diesen Frauen gehe hervor, daß die Lage in den einzelnen Familien mitunter verzweifelt sei …«[7] Wenn Sonderlieferungen auf den Markt kamen, machten sich die Hausfrauen natürlich sofort auf den Weg, um etwas zu ergattern. Da die Lieferungen jedoch stets begrenzt waren, reichten sie nie für alle: Viele gingen nach langem anstrengendem Warten am Ende doch leer aus.

Zahlreiche Geschäfte beschränkten wegen der schlechten Versorgungslage ihre Öffnungszeiten. Dies brachte berufstätige Frauen und Hausfrauen in arge Bedrängnis: »Die Fleischer haben am Montag geschlossen, die Bäcker am Dienstag, die übrigen Kaufleute am Mittwoch, und die verschiedenen Einzelhandelsgeschäfte an ganz unterschiedlichen Tagen der Woche«, heißt es in den SD-Berichten. »Die Hausfrau müßte sich von allen Geschäften eine Tabelle anlegen, wenn sie einkaufen gehe, denn oft käme sie vor verschlossene Türen und habe kostbare Zeit verloren. Sehr viele Geschäfte und vor allem die Wirtschaftsämter hätten nur vormittags geöffnet, so daß Berufstätigen die Möglichkeit genommen sei, ihre Besorgungen zu erledigen.«[8] Hinzu kam, daß die Frauen weite Entfernungen zurücklegen mußten, wenn durch Bombenangriffe Geschäfte in der Nachbarschaft zerstört oder öffentliche Verkehrsmittel lahmgelegt waren.

Was die Frauen in den Läden nicht mehr bekommen konnten, versuchten sie beim gesetzlich streng verbotenen »Hamstern« aufzutreiben. In Scharen fuhren die Städter in zumeist völlig überfüllten »Hamsterzügen« aufs Land, um bei den Bauern Bettwäsche, Silberbestecke oder andere Wertgegenstände gegen etwas Eßbares einzutauschen. Von irgendeinem Zielbahnhof aus zogen sie dann auf langen Wegen von Dorf zu Dorf, von Weiler zu Weiler. Um nicht mit leeren Händen zurückzukommen, erlaubte man sich bisweilen auch eine List, wie die Münchnerin Regina Dehner zu erzählen weiß: »Meine Mutter war beim Hamstern an sich sehr geschickt und erfolgreich, aber selbst sie wurde gerade in den letzten Kriegsjahren

*Alltägliche Mühsal. Frauen müssen nach Fliegerangriffen wegen
zerstörter Leitungen weite Wege zu den Wasserstellen zurücklegen.
Hamburg 1944 (Fotostudio Schmidt-Luchs)*

von den Bauern häufig abgewiesen. Um das Mitleid insbesondere der Bäuerinnen zu wecken, nahm sie meine jüngere Schwester mit auf ›Hamstertour‹. Ohnehin mager und klein, wurde diese noch weiß gepudert und als lungenkrank deklariert. In einem Fall, wo auch dieses nichts half, erklärte meine Mutter dem Bauern aufs Geratewohl, sie wisse, daß er ›schwarzgeschlachtet‹ habe. Der Trick erwies sich als wirksam ...«[9] Ohne Zweifel scheute keine Hausfrau, keine Mutter Zeit noch Wege, um ihre Familie zu versorgen, aber die Summe der Aufgaben führte zu ständiger Überlastung. Überreizte Stimmung war noch die harmloseste Folge.

Weihnachtsabend

Die Frau hatte in der Familie die gesamte Verantwortung zu tragen, wenn der Mann eingezogen war. Dies bedeutete nicht nur Erledigung der Hausarbeit, sondern auch alleinige Versorgung und Erziehung der Kinder. Viele Kinder bekamen ihren Vater in den ersten Jahren überhaupt nicht zu Gesicht oder erlebten ihn nur auf »Heimaturlaub«. Es lag an den Frauen, den Vater nicht ganz zu entfremden, mit dem Abwesenden Kontakt zu halten, auch ihm Hoffnung oder Trost zu spenden. Dabei hatten die Frauen selbst mit ihren Ängsten zu kämpfen: mit der Angst vor dem Alleinsein, mit Trennungsängsten, mit der täglichen Angst vor dem Tod. Zudem galt es auch, anderen Familienmitgliedern zu helfen, vielleicht die eigenen Eltern mitzuversorgen.

Die Propagandastellen widmeten der ersten Kriegsweihnacht besondere Aufmerksamkeit, um die öffentliche Stimmungslage im Lot zu halten. Einen Weg in die Familien suchte man über die parteiamtliche NS-Zeitschrift *FrauenWarte*. Der idealisierende und verharmlosende Artikel »Kriegsabende« beispielsweise appellierte an die sozialen Pflichten der Familie und beschwor mit leisen Tönen ihre völkische Verantwortung: »Durch die Verdunkelung beginnen die Abende jetzt früher und unmittelbarer als sonst ... Diese langen Abende stellen für unendlich viele Mütter und Frauen besondere Anforderungen an die Lenkung und Ausgestaltung des Familienlebens, vor allen Dingen gerade dann, wenn der Mann im Felde ist und die Frau Vater und Mutter in einer Person sein muß.« Der Krieg biete hier viele Möglichkeiten, so zum Beispiel durch das Betrachten der Fotos von der Front: »Aber auch hier gilt, daß gemeinsames Betrachten mit der Mutter lebendiger und fruchtbarer ist, als wenn die Kinder nur allein blättern müssen. Noch stärker wird das Ausschneiden und Sammeln solcher Fotos, die den Kindern besonders interessant sind, in irgendeinem dafür geeigneten Buch, das so zum selbstgemachten Kriegsbuch wird.«

Feldpostbriefe sollten zum »Heiligtum der Familie« werden, »das Vorbereiten und Packen eines Liebesgabenpaketes für die Angehörigen draußen« galt als besondere Aufgabe für Frauen und Mädchen: »Laßt auch die Freunde und Verwandten zu euch kommen und mittun. Solche Kriegsabende verbinden alle Menschen wieder fester und herzlicher. So kann aus der Not der Tage unvergeßliches Glück werden.«[10]

Die Kirchen spendeten den Frauen mit ihrer Auffassung einer christlichen Familiengestaltung immer wieder Trost, zugleich aber kamen ihre ethisch-moralischen Handlungsmaximen der NS-Ideologie vielfach entgegen. So finden sich 1944 in katholischen Hirtenschreiben und offiziellen Verlautbarungen auch praktische Ratschläge, die die besonderen Aufgaben der Frau in der Kriegssituation betonen.[11] Rollenerwartungen, wie sie bereits 1939 in der *FrauenWarte* anklingen, bekommen geradezu kultische Züge. So sollte die Frau mit einem Bild des Gatten »Mahnmale im Heim« errichten, so daß ihr immer ein »Augenblick des Gedenkens« möglich sei; ebenso verfahre der »Gatte in der Fremde«. Den Witwen – in religiöser Überhöhung nannte man sie »Priestermütter im Witwenkleide« – wurde anempfohlen, eine kleine Hauskirche einzurichten oder eine »Bilderecke, Erinnerungsmappe, Gebetsandenken mit den Kindern, besonders beim Jahresgedächtnis und am Namenstag. Gedenken auch der andern Toten«. Die Hauptaufgaben sah man in der Stärkung des Lebenswillens und der bereitwilligen Übernahme von »Pflichten für Familie, Volk und Kirche«. Für viele Frauen, die ihren Halt im Glauben suchten, bedeutete dies Sinngebung und immaterielle Bestätigung ihres Tuns. Familiäre Beziehungen und individuelles Leid konnten als Teil einer kollektiven Schicksalsgemeinschaft begriffen werden.

Mußten die Frauen die kriegsbedingte Trennung von ihren Männern hinnehmen und versuchen, ihren Alltag darauf abzustimmen, so regte sich erheblicher Widerstand gegen Evakuierungsmaßnahmen, die eine Trennung von den Kindern nach sich zogen. Die unzulängliche Versorgungssituation und die vermehrten Luftangriffe führten im Herbst 1942 zu einer Erweiterung der Kinderlandverschickung, bevorzugt in die ländlichen Gebiete Bayerns. Aufenthalte, die zunächst für Wochen geplant waren, konnten sich wegen der Gefahr von Luftangriffen auch erheblich verlängern, so daß die HJ in Kinderlandverschickungs-Lagern in Oberbayern im November 1943 anregte, »die Kinder in den KLV-Lagern jetzt schon vorsichtig mit dem Gedanken vertraut zu machen, auf eine Weihnacht im Kreis der Angehörigen zu verzichten und gleich den Soldaten eine schöne Kriegsweihnacht fern dem Elternhaus im Lager zu feiern«.[12]

Es kam allerdings immer wieder zu Protestaktionen, da viele Frauen in der meist wochenlangen Abwesenheit ihrer Kinder eine weitere ernsthafte Gefährdung der familiären Bindungen sahen. Die Mütter wollten mit ihren Kindern zusammenbleiben. Die Vorstellung, daß ihnen selbst etwas zustoßen könnte und die Kinder ohne Familie wären, schien vielen unerträglich. Die Skepsis vieler Eltern und alleinerziehender Mütter trat im Herbst 1943 offen zutage, als allein in den Volks- und Mittelschulen 150 000 Kinder von zu Hause keine Einwilligung zur Verschickung bekamen.

Dem Führer ein Kind schenken

Die Erfahrungen der Kriegsjahre bewegten viele Frauen, auf ihren Kinderwunsch zu verzichten. Hier scheiterte die nationalsozialistische Bevölkerungspolitik endgültig, die schon vor dem Kriege trotz aller Maßnahmen nur zu bescheidenen Erfolgen geführt hatte. Das generative Verhalten der Frauen lief der offiziellen Propaganda diametral entgegen. Zu verständlich war die Angst, der Mann könnte nicht aus dem Felde zurückkommen und die ganze Verantwortung für die Erziehung der Frau zufallen. Viele Paare einigten sich darauf, ihre Kinderwünsche bis zum Ende des Krieges zurückzustellen. Zudem fühlte sich eine große Zahl der Frauen überlastet und den Anstrengungen einer Schwangerschaft nicht gewachsen. Man wußte um die Gefahr einer Früh- oder Fehlgeburt, die zum Beispiel durch den Streß der zahlreichen Luftangriffe ausgelöst werden konnte, und es war fraglich, ob in einer solchen Situation ein Arzt oder eine Hebamme zur Verfügung stehen würde.

Natürlich gab es für werdende und stillende Mütter Sonderzuweisungen von Lebensmitteln. So erhielt eine Schwangere in den letzten Monaten 1/4 Pfund Butter, dreieinhalb Liter Milch, Obst und Brot wöchentlich. Aber was blieb ihr nach der Stillzeit? Es fehlte zumeist am Notwendigsten, vom Flaschensauger bis zur Babykleidung.

Auch hier erwies sich die offizielle Politik als widersprüchlich. Zum einen forderte die Partei die Frauen auf, gerade in Kriegszeiten Kinder in die Welt zu setzen, zum anderen erhielten Mütter für das zweite Kind keine Karten für Kinderkleidung. Man setzte einfach voraus, daß die Ausstattung des ersten Kindes noch vorhanden sei. Dies gipfelt in einem SD-Bericht aus dem ersten Kriegsjahr, in dem es heißt, ein großer Teil der Kinderbettfabrikanten sei dazu übergegangen, Rüstungsaufträge anzunehmen, so daß nur noch eine einzige Kinderbettfabrik liefern könne.[13]

Für kinderreiche Familien wurde es immer schwerer, ausreichend große Wohnungen zu bekommen. Je mehr sich die Luftangriffe auch auf zivile Bereiche konzentrierten, desto heftiger spitzte sich die Wohnungsnot zu. Zahllose Familien waren ausgebombt und mußten einquartiert werden: »Da unsere Wohnung halb ausgebrannt war, haben wir vier von der Familie auf drei Stockwerken im gleichen Haus gewohnt«, erinnert sich eine Zeitzeugin. »Die Küche haben wir in der Wohnung von einem blinden Mann gehabt, die Eltern hatten das Schlafzimmer von einer Witwe und wir beiden Schwestern haben auch bei einer Witwe im Erdgeschoß geschlafen.«[14] Die Risiken für eine kinderreiche Familie waren unkalkulierbar geworden, der Propagandapopanz der »deutschen Mutter« zerbrach spätestens im Bombenhagel.

Im Dienste der Gemeinschaft

»Die deutsche Frau bringt mit der größten Selbstverständlichkeit wie der Mann selbst die schwersten Opfer. Sie blickt dabei auf den Führer, dem sie bis zum letzten Atemzug die Treue hält«, stand 1945 im *Völkischen Beobachter* zu lesen.[15] Von einer idealen deutsch-arischen Frau erwartete man »Opfer jeglicher Art« bis hin zur Selbstaufopferung. Auch über die Familie hinaus sollte Unterstützungsarbeit für die Volksgemeinschaft geleistet werden.

Diesen Aufgabenbereich organisierte die NS-Frauenschaft/Deutsches Frauenwerk. Die Tätigkeiten reichten von Näharbeiten, Haushaltshilfen in kinderreichen Familien bis zur Wehrmachtsbetreuung, von Frauennachmittagen bis zu Sammelaktionen für das Winterhilfswerk. Alle Arbeiten sollten freiwillig, ehrenamtlich und unentgeltlich geleistet werden.

Wie Hilfen von Frauen für Frauen aussahen, zeigt zum Beispiel die »Flickbeutelaktion«. Einfühlsam wird die psychische Situation der Hilfe Empfangenden geschildert, nicht aber die Mehrbelastung der Helferinnen: »Die überlastete Frau steckt die gewaschene, auszubessernde Wäsche in einen Beutel, gibt ihn in der Ortsgruppe ab, damit er in einer der Nähstuben sachkundig ausgebessert und dann der Eigentümerin wieder zugestellt werden kann. Hierbei gab es anfangs manche Schwierigkeiten zu überwinden. Die Frauen scheuten sich, den sehr zerrissenen Inhalt ihres oft recht hochgestapelten Flickkorbes in fremde Hände zu geben. Deshalb wurden in fast allen Gauen die ursprünglich mit Namen versehenen Beutel fortan mit Kennummern bezeichnet. Durch diese Flickbeutelaktion sind häufig uns fernstehende Frauen für unsere Arbeit gewonnen (worden).«[16] Diese Schilderung aus dem *Jahrbuch der Reichsfrauenführung* des Jahres 1941 zielte auf Hilfeleistung und Solidarität ab und verdeutlichte zugleich den möglichen Werbe-effekt einer solchen Aktion.

Auch hier stand die Mutterschaft im Blickpunkt der Bemühungen. Wöchnerinnen sollten im Rahmen der NS-Wohlfahrt mit »Pfundspenden« versorgt werden, mit Lebensmitteln, die den Hausfrauen selbst nur begrenzt zur Verfügung standen. Erwünscht waren, wie aus einem Sammlungsaufruf hervorgeht, »Fleisch-, Gemüse- und Fischkonserven, Zucker, Sago, Haferkakao, Büchsenmilch, Mehl, Gräupchen, Honig, Haferflocken«. Um Mütter mit Kindern bei der Arbeit zu entlasten, richtete die Frauenschaft Nachbarschaftshilfen ein mit Einkäufen und Kinderbetreuung oder auch mit Springertätigkeit an der Arbeitsstelle. Alle diese Aktivitäten dienten neben dem sozialen Aspekt der Ideologie: der Stabilisierung der Volksgemeinschaft, der Einübung in Solidarität und der Parole »Gemeinwohl vor Eigennutz«. Zugleich galt es, die Frauen auf schwerere Zeiten vorzubereiten.

Wehrmachtsmäntel für die Front. Auch Mütter mit vielen Kindern mußten in Heimarbeit Frondienste leisten, 1941 (Privatfoto)

Eine wichtige Zielgruppe für den Fraueneinsatz bildete auch die Wehrmacht. »Gebt alles Entbehrliche der kämpfenden Front«, lautete die Devise. Eine Sammlung löste die nächste ab: »Strickopfer«, Kleidersammlungen, »Winterhilfswerk«. Gesammelt wurde an der Arbeitsstelle, an der Haustüre, vor allem aber auf der Straße. Für eine Hausfrau war es schwer, sich den erwarteten Leistungen zu entziehen oder sie gar offen zu verweigern, wollte sie sich in ihrer Hausgemeinschaft nicht einen schlechten Ruf einhandeln. Bei vielen Sammlungen waren die Blockwarte eingeschaltet, die in der Regel auch Listen über die Spendenfreudigkeit führten.

Nicht alle Frauen waren allerdings bereit, der Spendenhysterie nachzugeben. Als im Winter 1942/43 für die Soldaten an der Ostfront nicht nur Pelz- und Wintersachen, sondern auch Skier »geopfert« werden sollten, gab eine Stuttgarterin ein Paar ab und versteckte das andere im Kohlenkeller.[17] Diese kleinen Formen der Resistenz verdeutlichen das Bedürfnis, den privaten Bereich gegen den staatlichen abzugrenzen und sich nicht um die letzten Freizeitvergnügen bringen zu lassen.

Frauen trugen die Hauptlast bei der Herstellung, Sammlung und Verteilung dieser »Opfergaben«. Gerade der soziale Gedanke mag viele bewogen haben, sich im Deutschen Frauenwerk zu engagieren, entsprach er doch auch dem christlichen Gedanken der Nächstenliebe. In den Frauengruppen der NS-Frauenschaft/Deutsches Frauenwerk entwickelten sich natürlich Gefühle von Zusammenhalt, Solidarität und Sinngebung als Lohn für das persönliche Engagement. Aber der Idealismus wurde instrumentalisiert und ideologisiert. Außerdem bestätigten diese Aktivitäten nur das gängige gesellschaftliche Bild von der Unterordnung der Frau. Die Reichsfrauenführerin Gertrud Scholtz-Klink stellte dazu im März 1941 in einer Rede in Graz fest: »Mein Ziel war es immer, niemals eine deutsche Frauenbewegung im Sinne einer in sich isolierten Gruppe zu schaffen, sondern der NSDAP ein Rüstzeug aufzubauen, das bedingungslos zu ihr gehört.«[18]

Bombenkrieg

Als sich in den letzten beiden Kriegsjahren die Luftangriffe auch heftig gegen die deutschen Städte richteten, belastete dies den Lebensalltag schwer. Alle »Selbstschutz-Kräfte« wurden aktiviert, das bedeutete, daß jede Frau ihren Beitrag zum Luftschutz leisten mußte: Dazu gehörten der Umgang mit Feuerpatsche und Löscheimer ebenso wie die Verdunkelung der Fenster bei der Ankündigung von Luftangriffen oder die Ableistung von »Diensten«.

Private Aufzeichnungen geben eine Ahnung von den Belastungen, die im Bombenkrieg zu ertragen waren. Das Entsetzen der Luftangriffe, die tägliche Todesdrohung wurden Teil des Alltags, Fliegeralarme bestimmten den Lebensrhythmus: Das Heulen der Luftschutzsirenen löste ängstliche Anspannung und größte Eile aus. Nachts mußten Mütter ihre Kinder aus dem Schlaf reißen und mit allem versorgen, was im schlimmsten Fall zum Überleben notwendig war. Bereits vor dem Zubettgehen legten sie alle Kleidungsstücke zurecht, um für die Flucht in den Luftschutzkeller rasch fertig zu sein. Für jeden stand ein Luftschutzköfferchen bereit, beispielsweise mit Brot, Haferflocken zum Trockenkauen, ausreichend Wasser, ferner eine warme Decke und reichlich Papier zum Abdichten von Öffnungen gegen Staub.[19]

Selbst auf dem Lande war man seines Lebens nicht mehr sicher, wie eine Zeitzeugin von ihrer Mutter berichtet: »Es gab Tote unter der Zivilbevölkerung des Pegnitztals. Die Bewohner des kleinen Ortes Ranna verließen die Häuser und flüchteten in den dichten Wald, wo sie sich Gruben aushoben, mit Stroh und Decken auspolsterten und mit Ästen und Tannengrün abdeckten, um getarnt zu sein und Schutz vor der Witterung zu haben. Es waren die noch kalten Monate Februar, März und April. Nur nachts trauten sie sich in die Häuser, um schnell eine große Kanne Kaffee oder ein paar Kartoffeln zu kochen und diese Kostbarkeiten möglichst warm, noch in der Dunkelheit, in den Wald zu bringen. Bei Tageslicht hätte sie der aufsteigende Kaminrauch verraten.«[20]

Unauslöschlich gruben sich manche Fliegerangriffe ins

Gedächtnis ein. Einige Frauen berichten, daß sie noch Jahre nach dem Krieg nachts aufwachten, da die traumatischen Erinnerungen immer wieder auflebten. Das Grauen eines Bombenangriffs, in dem es nur um das nackte Überleben ging, hielt die Hamburgerin Maria K. fest: »Plötzlich gegen 1.00 Uhr wurde es unruhig. In unserem kleinen Luftschutzraum, in dem in dieser Nacht ca. 30 Leute aus dem Hause waren, schaute einer den anderen an, denn ein unheimlicher Sog ließ alles Atmen einstellen. Die Türen klapperten. Der Kalk und Mörtel fielen von den Wänden, Staub wirbelte auf, das Licht blieb aus, und wir hörten nichts. Kein Schießen, keine Bomben, nein gar nichts, nur dieser unheimliche Sog zog durch alle Räume. Plötzlich setzte das Schießen wieder ein und nun sausten auch die Bomben ohne Zahl herunter. Noch hat uns keine Sprengbombe erwischt, alle zogen die Köpfe ein, vielleicht sind wir das nächste Mal dran. Wieder ging es gut. Unsere beiden Männer gingen nach oben und schauten nach, wie es draußen aussah …

Die nächste Nachricht, die sie uns brachten, war: Entweder alles heraus durch die Flammen in den nahen Stoltenpark oder hierbleiben und umkommen. Unser Haus steht in hellen Flammen. Viel Aussicht, heil durchzukommen, besteht nicht mehr. Alle entschlossen wir uns, sofort den Keller zu verlassen. Noch ein paar Taschentücher, Handtücher und Wolldecken in die bereitgestellten Waschwannen getaucht und einer nach dem anderen verließ den Keller …

Die Häuser zu beiden Seiten brannten fast schon alle im Parterre, und die Steinmassen schlugen auf die Straße, auf der die vielen Menschen versuchten, aus dem Häusermeer herauszukommen und elendig erschlagen wurden. Ein orkanartiger Sturm fegte die Feuerfunken waagrecht durch die Straßen, so daß es fast unmöglich war, dagegen anzukommen. Alte Leute, die nicht mehr recht zu Fuß waren, mußten diesen unmöglichen Kampf aufgeben, und gierig machten sich die Feuermassen über die Beute her. Ein Mann vor mir fing auch Feuer, keine 10 Sekunden dauerte es, auch er war eine lebende Feuersäule. Ich eilte durch den Sturm und Feuerhagel über die nächste Brücke, um eventuell noch in den Bunker zu kommen. Schon 50–60 Leute standen davor, die alle noch hinein wollten, doch es

Ausgebombt. Hamburg 1943 (Foto von Erich Andres, Ausschnitt)

bestand natürlich keine Aussicht ... Es war zum Verzweifeln.«[21]

Liest man hingegen Berichte aus dem *Völkischen Beobachter*, scheint es, als habe der Staat, nicht zuletzt dank der nationalsozialistischen Frauenorganisation, alles im Griff: »Die Kraft des Herzens besiegt den Terror ... Hamburg ... Im Juli 1943 setzten die furchtbaren Bombenangriffe ein, deren Stärke und Schwere alles bisher Dagewesene und selbst alle Vorstellungen übertraf. Bereits in der ersten Nacht gab es so viele Obdachlose, daß ein großer Teil der Bevölkerung am folgenden Tag aus dem Stadtgebiet entfernt werden mußte. Die Verpflegung und Versorgung dieser Volksgenossen oblag der NS-Frauenschaft. Im Nu entstanden Großküchen, Verpflegungs- und Sammelstellen. Daneben aber bildete die Frauenschaft Aufräumungs- und Bergungstrupps, die die Aufgabe hatte, bei den noch nicht ganz zerstörten Wohnungen einige Ordnung herzustellen oder aus den Trümmern wichtige und notwendige Gegenstände zu bergen.«[22]

Die individuellen leidvollen Erfahrungen im Bombenkrieg bleiben unerwähnt. Kamen die Menschen nach einem schweren Luftangriff aus den Luftschutzkellern, erwartete sie in Wirklichkeit ein Chaos. Häuser waren zerstört, Wohnräume verrußt, Scheiben zerbrochen. Dann begann die Sisyphusarbeit der »Trümmerfrauen«, die sich bis in die ersten Jahre nach Kriegsende fortsetzte: »Mit Putzkübeln schleppten wir Schutt aus den Wohnräumen. Vor die Fensteröffnungen nagelten wir Pappdeckel und Packpapier, da es zu regnen begonnen hatte. Tagelang schufteten wir, um zu retten, was ging.«[23]

Stimmungen und Reaktionen

Die deprimierenden Erfahrungen der Kriegsjahre lösten vielfach paradoxe Reaktionen aus. Unbeschwertheit und Lebenslust gehörten zu den Strategien, den oft schwer erträglichen Alltag lebbar zu machen. Viele Frauen erhoben es geradezu zu einer Lebensphilosophie, aus der Freude des Augenblicks neue Kraft zu schöpfen. Maria Nussbaumer arbeitete während des Krieges erst als kaufmännisches Lehrmädchen, dann als Kontoristin bei der Firma Tengelmann. Von Zeit zu Zeit mußte sie nachts mit ihren Freundinnen in den riesigen Kellerräumen der Firma Wach- und Luftschutzdienst ableisten. In ihren Erinnerungen schildert sie die Lösung der Anspannung nach den ersten Luftangriffen: »Am nächsten Morgen beseitigten wir Mädels die Spuren des Nachtlagers und kehrten das aus den Säcken herausgefallene Stroh zusammen. Trotz der kurzen

Nacht waren wir bei bester Laune. Das Radio lief mit ziemlicher Lautstärke und Johannes Heesters sang: ›Schau einer schönen Frau nicht zu tief in die Augen ...‹ Hilde sagte auffordernd: ›Maria, den pack'ma!‹, und schon tanzten wir mit weit ausholenden Schritten durch den Raum. In Ermangelung junger Männer hatten wir uns in letzter Zeit recht gut zusammengetanzt. Wir waren jung und trotz der Schwere der Zeit voller Lebenslust; was blieb uns auch anderes übrig?«[24] Vielen Frauen ist heute noch die Kollegialität und der Zusammenhalt am Arbeitsplatz in bester Erinnerung.

In den ersten Kriegsjahren war es noch möglich, mit dem Zug hinaus zu fahren oder gemeinsam zum Baden zu gehen. Im Laufe der Zeit verloren aber selbst die Urlaubstage ihre Unbeschwertheit. Die Pensionen und Gasthöfe standen wegen der zahllosen Evakuierungen nicht mehr zur Verfügung. Zudem wagten die Frauen kaum noch, Urlaub zu machen, immer in Angst, es könnte zuhause etwas Unvorhergesehenes passieren.

So suchte man die kleine Ablenkung und Entspannung im Theater oder im Kino. Hier konnte man die Sorgen verdrängen, hier ließ sich auch der Kulturhunger befriedigen, den viele Mädchen und Frauen als Folge der geistigen Auszehrung jener Jahre erlebten: »Oben auf dem ›Olymp‹ unserer Staatsoper genoß ich höchstes Glück«, schwärmt eine junge Opernbesucherin jener Jahre, »für die 80 Pfennige pro Galeriestehplatz genehmigte ich mir Opernabende, solange jeweils mein Taschengeld reichte ... seitdem hatte die Welt – trotz Krieg – wieder etwas Paradiesisches an sich ...«[25] Einem anderen Mädchen blieb die Traumwelt ihrer Kinobesuche in Erinnerung: »Meine einzige Abwechslung waren Filme. Die Lichtspieltheater wurden bis zum letzten Tag bespielt. Ich erinnere mich an Streifen wie ›Tanz mit dem Kaiser‹ oder ›Immensee‹. Nach zwei Stunden war die Illusion wieder vorbei. Dann kam die Rückkehr in die kaputte Welt.«[26]

Den offiziellen Propagandastellen waren die kleinen Fluchten der Frauen ein Dorn im Auge; sie befürchteten nach der Niederlage von Stalingrad ein steigendes Desinteresse am aktuellen politischen Kriegsgeschehen und ein Verlöschen der Durchhaltementalität. So heißt es Ende 1943 in den geheimen

Meldungen des Sicherheitsdienstes der SS über »Stimmungen und Reaktionen bei der weiblichen Bevölkerung anläßlich der Kriegslage«: »Am Kriegsgeschehen im einzelnen nehmen die Frauen weniger Interesse. Besonders die weibliche Jugend zeige sich recht teilnahmslos. Häufig trete bei den Frauen eine ausgesprochene Kriegsmüdigkeit zutage. Sie sind bestrebt, allem aus dem Wege zu gehen, was die Gedanken zum Kriegsgeschehen hinlenke, so vermeiden sie z. B. entsprechende Radio- oder Filmdarbietungen und lassen den politischen Teil der Zeitung unbeachtet. Im allgemeinen zeigten nur diejenigen Frauen, die nahe Angehörige an den Fronten haben, und die Frauen der Intelligenzkreise wesentliches Interesse am politischen Geschehen.«[27]

Mit den Kriegsjahren erfuhren viele Frauen immer deutlicher die Diskrepanz zwischen Propaganda und Realität: Zwischen anfänglicher naiver Begeisterung und ohnmächtigem Wissen um die Wahrheit liegen nur wenige Jahre, wie die folgenden Stimmungsbilder von 1940 und 1943 verdeutlichen.

Als Teile »der siegreichen Truppen« nach den militärischen Anfangserfolgen aus Frankreich zurückkehrten, winkte ihnen auch Maria Nussbaumer von ihrer Arbeitsstelle bei der Firma Tengelmann begeistert zu: »Schon bevor ein solcher Zug kam, standen die Leute – und natürlich auch wir Lehrlinge – auf der Laderampe oder neben den Gleisen zum Empfang bereit, besser gesagt zur Begrüßung. Mit eilig auf dem Bahndamm zusammengepflückten Blumensträußen wurde den Soldaten zugewunken. Manche warfen ihnen die Blumen zu. Zu diesem Zeitpunkt hatte fast jeder von uns einen Angehörigen an der Front, und stellvertretend für diese wurden alle Soldaten bejubelt.«[28]

Wie sich das Bild nach wenigen Jahren gewandelt hatte, schildert die Büroangestellte Hannelore Fiedler: »Das ganze Leben und natürlich auch der Dienst wurden immer schwieriger. Wir waren hungrig, übermüdet, schlecht gekleidet und froren. Dazu kamen die seelischen Belastungen. Wer kann heute noch nachempfinden, wie es einer Kollegin zumute war, die ihren Mann, Sohn oder Bruder an der Ostfront im Kessel von Stalingrad wußte? Jeder kannte die Wahrheit. Aber die stammte nicht aus den ›Münchener Neuesten Nachrichten‹ oder aus dem ›Völkischen Beobachter‹, sondern meist von ausländischen Sendern. Sie abzuhören kostete den Kopf. Man mußte also so tun, als ob man nichts wüßte ... Wir wollten nur eines: Durchhalten und Überleben. Denn nach dem Ende, das ja einmal kommen mußte, mußte es ja irgendwie wieder weitergehen. Da mußte etwas Neues kommen. Auf dieses ›Neue‹ hofften wir.«[29] Am Ende aller Wünsche stand eine Normalisierung des Alltags, eine Harmonisierung der Gefühlswelten. Während des Krieges blieb nur, sich an das Unerträgliche zu gewöhnen.

Todesboten

Am 8. Juni 1933 verübte die sozialdemokratische Reichstags-
abgeordnete Antonie Pfülf in ihrer Münchner Wohnung
Selbstmord. Vergeblich hatte sie mit ihrer Partei gegen das
»Ermächtigungsgesetz« gekämpft, das den Reichstag zur
Bedeutungslosigkeit verurteilte. Sie entwarf ihre Todesanzeige
selbst und schrieb darin über sich und ihr politisches Vermächt-
nis: »Sie ging mit dem sicheren Wissen von dem Sieg der großen
Sache des Proletariats, der sie dienen durfte.«

Die Nationalsozialisten verhinderten die Veröffentlichung
dieser Anzeige, bei der Trauerfeier durften nur Name, Geburts-
und Sterbedatum genannt werden. Der Tod der Toni Pfülf
macht deutlich, daß der letzte Wille, ja sogar das Sterben selbst
keine Privatsache mehr war, vor der der Staat haltmachen
wollte.

Mystifizierung des Todes

Mit dem Nationalsozialismus veränderten sich auch die Formen der Trauerkultur, die Frauen und Männer sehr unterschiedlich betrafen. Besonders deutlich wird dies in der
Beschwörung eines neuen Totenkultes, wie er in den Erinne-
rungsfeiern an die achtzehn »Gefallenen« des Hitlerputsches
von 1923 zelebriert wurde. Alljährlich am 9. November wieder-
holten Parteiangehörige und »Blutordensträger«, Teilnehmer
des gescheiterten Putsches, symbolisch den Marsch zur Münchner Feldherrnhalle. In seltsamer Weise mischten sich hier
Totengedenkveranstaltung, mystische »Auferstehung der
Gefallenen« und Führerkult miteinander. Zugleich bot dieses
Weihespiel einen würdigen Rahmen für die Aufnahme der acht-
zehnjährigen Hitlerjungen und BdM-Mädchen in der Partei.
Nur hier waren Frauen beteiligt, ansonsten blieb das ganze

Spektakel Männern vorbehalten. Bei dieser Gelegenheit verdeutlichte der Reichsjugendführer Baldur von Schirach mit feierlichen Worten den Anspruch der Partei, den Einzelnen auf Leben und Tod dem Führer zu verpflichten, »ein heldisches Leben zu führen, ein Leben der Entschlossenheit und Todesbereitschaft«.[1]

Bereits 1936 wurde die visionäre Vorausschau im spanischen Bürgerkrieg beklemmende Realität. Die deutsche Reichsregierung hatte zur Unterstützung General Francos neben 500 Millionen Mark in Rüstungsgütern etwa 20 000 Soldaten zur Verfügung gestellt. Die Existenz dieser »Legion Condor« wurde in den folgenden Jahren von offizieller Seite totgeschwiegen, da die faschistischen Diktaturen Deutschlands und Italiens den spanischen Kriegsschauplatz als Generalprobe für einen zukünftigen Krieg nützten. Diese Heimlichkeit ließ keinen Raum für Heldentum, der Tod deutscher Soldaten mußte geleugnet werden. Deshalb wurde den Müttern gefallener Spanienkämpfer vorgegaukelt, ihr Sohn sei bei einem Manöver »verunglückt«. Als Todesnachricht erhielten die Angehörigen einen »letzten Brief«, den der Soldat noch zu Lebzeiten eigenhändig für die Heimat vorzubereiten hatte; darin stand, er sei bei einem Manöver in Norddeutschland schwer verletzt worden. Wenn ein Sarg überführt wurde, war es den Angehörigen verboten, ihn zu öffnen, um den Toten noch einmal zu sehen. Sogar das Tragen von Trauerkleidung blieb in manchen Fällen untersagt. Auf eine makabre Art und Weise enthüllt sich hier in der Verleugnung der wahren Todesursachen der Zugriff des Staates auf ein Privatissime, nämlich die Ordnung der letzten Dinge. Die Einschränkung der Grundrechte betraf auch Freiheit und Würde des individuellen Trauerns. Ihr zur Seite trat eine inszenierte, propagandistischer Willkür ausgesetzte Trauerkultur.

Nach dem Ausbruch des planvoll herbeigeführten Krieges änderte sich zwangsläufig der Umgang mit dem Tod. Nun gehörten die Meldungen über Verluste an Soldaten und Zivilisten sowie die Übermittlung der Todesbotschaften zu den öffentlichen Angelegenheiten: Je nach Kriegslage wurden die Zahlen manipuliert oder interpretiert. Die Bevölkerung sollte beruhigt sein, das Kriegsgeschehen begreifen und Verluste akzeptieren lernen. Auch die verwendeten Wörter demonstrieren die Umwertung der Begriffe und Werte: Der Tod des Soldaten wurde »Heldentod« genannt, das Grab »Ehrengräberfeld«, der Verlust eines Angehörigen als »Opfer für die Volksgemeinschaft« gedeutet, selbst die Luftkriegstoten hießen fortan »Gefallene«.

Nur im Ausnahmefall überführte man die Leichen von Soldaten in die Heimat; statt individueller Grabstätten entstanden »Ehrenhaine« mit Eichengrabkreuzen, auf denen Name, Lebensdaten, Dienstgrad und militärische Einheit, bisweilen auch Funktion und Parteizugehörigkeit standen. Besonderen Wert legte man auf die optische Einheitlichkeit der Gesamtanlage, da nicht nur der kollektive Tod im Feld, sondern auch das kollektive Grab zur Ideologie der Volksgemeinschaft gehörten. Frauen, die auf dem Friedhof den Tod ihrer Männer betrauerten, erlebten eine Welt planvoller Ordnung, in der der Staat den Tod »würdevoll« verwaltete.

Die Kommunen bekamen die aufwendige Pflege der Gräber vom Staat erstattet, der damit Sorge und Verantwortung über das Leben hinaus demonstrieren wollte: »Im Frühjahr waren die Grabhügel bepflanzt mit Vergißmeinnicht, im Sommer mit rosa blühenden Begonien; zu Allerheiligen erhielten alle Gräber eine einheitliche Bepflanzung mit roter Erika«, heißt es in einem offiziellen Schreiben der Stadt München zur Gräberfürsorge. »Die Ränder der Grabhügel waren mit Tannengrün eingedeckt. Die einzelnen Gräber, wie die ganze Anlage, machten in ihrer Einheitlichkeit einen ruhigen und würdigen Gesamteindruck, soferne dieser nicht durch unerwünschte Zutaten seitens der Angehörigen gestört wurde.«

Besondere Bedeutung maß man von Anfang an der Benachrichtigung von Angehörigen Gefallener bei: »Bei den Betroffenen müsse das Empfinden vorherrschen, daß sie in ihrem Schmerz nicht allein seien, sondern die gesamte Volksgemeinschaft an ihrem schweren Schicksal Anteil nehme«, heißt es in Berichten des Sicherheitsdienstes.[2]

Der Postbote wurde auch zum Todesboten. Ein Mädchen erinnert sich an die Arbeit ihrer Mutter bei der Post: »In den ersten Kriegsjahren stellte sie die sehnsüchtig erwartete Feld-

Das Propagandafoto »Der Führer am Grabe seiner Eltern« symbolisiert die Verschmelzung von Führerkult und Totenkult. 1938 (Pressefoto Heinrich Hoffmann)

post zu, aber auch Gefallenenmeldungen. Das war ihr eine harte Pflicht, denn sie kannte die Frauen und Mütter, die es betraf. Später wurden die Vermißten- und Gefallenenmeldungen vom Ortsgruppenleiter persönlich überbracht.«[3] Etwa vier Millionen Mal wurde in Deutschland und Österreich diese Todesnachricht während des Krieges zugestellt; allein in Europa hatten die kriegsbeteiligten Nationen 19 Millionen Soldaten und 15 Millionen Ziviltote zu beklagen, weltweit belief sich diese Zahl auf 50 Millionen. Sechs Millionen Menschen fielen zudem der rassischen und politischen Verfolgung zum Opfer, planvoll ermordet. Hinter den leeren Ziffern steht eine ungenannte Zahl Angehöriger, stehen Hoffnung, Schmerz, persönliche Trauer.

Wie nachhaltig die Nähe zum Tod das Leben der Frauen veränderte, erfährt man aus den Berliner Tagebuchaufzeichnungen der Journalistin Ursula von Kardorff. Besonders an den Festtagen kreisten ihre Gedanken um die beiden Brüder, die in Stalingrad kämpften: »26. Dezember 1942. Weihnachten ohne Brüder. Die Gedächtniskirche war am Heiligen Abend so voll, daß ich nur auf einem Gang, dicht gedrängt zwischen vielen Menschen, einen Teil der Andacht hören konnte. Alle Frauen weinten. Viele Soldaten.«

Feldpostbriefe waren immer Lebenszeichen. Als sie ausblieben, löste dies bei Ursula von Kardorff eine tiefe Verzweiflung aus, die sich zur Todesahnung steigerte. Wenige Wochen später die Gewißheit: Der Bruder ist tot. Am 16. Februar 1943 schreibt Ursula von Kardorff in ihr Tagebuch: »Kann nichts tun, nichts denken, nichts schreiben. Heute seine Anzeige in der Zeitung, die ich seit Jahren vor mir sah. Das Kreuz über seinem Namen. Warum wußte ich das immer schon? ›Bei den schweren Kämpfen am Donez fiel am 2. Februar im Angriff unser geliebter Sohn und Bruder, Oberleutnant und Kompaniechef in einem Panzerregiment, Jürgen von Kardorff.‹ Wir hatten darunter gesetzt ›Er starb, wie er gelebt hatte, als tapferer Mensch und gläubiger Christ.‹ Diese Formulierung ging gerade noch durch.«

Staatlich inszenierte Totenfeiern, »Heldengottesdienste«, Großanzeigen im *Völkischen Beobachter* demonstrierten Präsenz und Legitimation von Herrschaft. Spalten über Spalten zogen sich in den Tageszeitungen die Todesanzeigen für die Gefallenen hin, durch Soldatenkreuze von den übrigen Sterbeannoncen abgehoben. Viele Frauen hatten ihre ganze Familie verloren, nur als Opfer für den Staat erhielt das Sterben vermeintlich noch Sinn, wie private Trauertexte aus dem *Völkischen Beobachter* nahelegen: »Neun Monate nach dem Tode meines lieben Mannes traf mich die unfaßbare Nachricht, daß mein geliebter einziger Sohn Philipp Seufert ... sein hoffnungsvolles junges Leben kurz nach vollendetem 26. Lebensjahr für das Vaterland geopfert hat. Er war unser Glück und unser Stolz. Nun ruht er auf einem Heldenfriedhof.«[4]

Zivile Tote von Luftangriffen wurden im *Völkischen Beobachter* namentlich aufgeführt. Die offiziellen Beileidstexte zu den Gefallenenlisten des Luftkriegs verdeutlichen die Gleichwertigkeit des »Opfer«todes an Kriegs- und Heimatfront: »Wir beugen uns in Ehrfurcht vor dem Opfer, das sie für die Zukunft unseres Volkes gebracht haben. Sie werden in unserer Gemeinschaft fortleben als die gefallenen Helden der unerschütterli-

Staatsakt für die »Gefallenen der Heimatfront«, München (Fotograf unbekannt)

chen Front der Heimat. Ihr hohes Beispiel macht sie würdig der Männer, die draußen kämpfen und sterben. Ihren Hinterbliebenen wendet sich unsere ganze Liebe und Teilnahme zu.«[5]

Die pompösen Trauerfeierlichkeiten demonstrierten die Einheit von Staat und Individuum, sie glichen einem Staatsakt, bei dem die trauernden Frauen nur noch Teil des Rituals waren: Die Trauerfeierlichkeit begann mit dem Einmarsch der Standarten und Fahnen der Bewegung, ein Kranz des Führers folgte. Feuerschalen wurden entzündet. Die Spitzen der Stadt nahmen ihre Plätze bei den Hinterbliebenen ein. Das Lied vom Guten Kameraden erklang, gefolgt vom Deutschland- und Horst-Wessel-Lied. Dann formierte sich der Trauerzug wie bei einem Staatsakt. 50 Kranzträger schritten voran, Ehrenwachen und HJ-Einheiten bildeten bis zu den Gräbern Spalier. Am Schluß spielte ein Gau-Musikzug eine Strophe des Liedes »Volk ans Gewehr«. Gleichsam als Anhängsel folgte dann die Einsegnung durch die Geistlichkeit der jeweiligen Konfession.

Wie anders artikulierte sich Trauer, wenn keine Rücksicht auf die Staatsraison genommen werden mußte. Erich Kästner schildert in seinen Tagebuchaufzeichnungen *Notabene 45* die Spannung zwischen Wut und Trauer einer bäuerlichen Familie in den letzten Kriegswochen: »Wir wohnen bei Steiners, sehr freundlichen Leuten. Er hält Vieh. Sie ist die Hebamme des Ortes. Viktoria, die Tochter, hilft im Haus. Ein Sohn ist gefallen. Der andere kämpft noch irgendwo. Die Fotografie des gefallenen Sohnes steht, schwarzumflort, in der Wohnstube … Die Fotografie des Gefallenen ist nicht der einzige Zimmerschmuck. An den Wänden hängen, einander gegenüber, ein geschnitztes Kruzifix und ein buntes Hitlerbild …

Als wir gestern abend bei Steiners in der Wohnstube saßen, kamen der Bürgermeister und der Ortsgruppenleiter ins Haus. Der Ortsgruppenleiter blickte ins Zimmer und winkte Viktl, der Tochter, mit dem Kopf. Sie lief in den Flur und fing plötzlich an, fistelhoch auf ein und demselben Ton, wie ein Hund zu heulen. Da hielt die Mutter, die starr auf dem Sofa gesessen hatte, die Hand vors Gesicht, als wollte sie einen Schlag abwehren. Dann murmelte sie: ›Hansl, mein Hanseli!‹ und nun begann auch sie, wie ein Tier aufzuheulen. Wir traten vor die Haustür und hörten die Frauen schreien. Mit Weinen hatte ihre Klage nichts zu tun. Es klang gräßlich und wie in einer Irrenanstalt. Was geschehen war, bedurfte keiner Erklärung. Steiners zweiter und letzter Sohn war gefallen.

Was dann folgte, weiß ich nur vom Hörensagen. Der Vater erlitt einen Herzanfall. Die Mutter riß das Hitlerbild von der Wand. Sie wollte es zertreten und in den Garten hinauswerfen. Später machte sie zweimal den Versuch, durch die Hintertür in die Nacht zu rennen. Beide Male wurde sie gepackt und zurückgehalten. Heute früh hing das Hitlerbild wieder an der Wand. Und vor Hansl Steiners schwarzumrahmter Fotografie, nicht weit von der des Bruders, stand ein Teller mit Gebackenem. Der Schmerz der, wie man so sagt, einfachen Leute ist komplizierter, als unsere Art zu trauern. Er ist reichhaltiger. Er wird, ohne daß es ihn minderte, durch realistische Klagen ungescheut ergänzt. ›Deswegen hat man sie mit soviel Mühe und Kosten aufgezogen!‹ heißt es unter Tränen. ›Nun sind wir wieder ganz allein‹ sagt die Mutter. Und der Vater klagt: ›Jetzt hilft mir keiner mehr bei der Arbeit auf der Alm!‹ Auch dieser Kummer ist tief und echt und herzzerreißend.«[6] Nur im Privatbereich konnten sich die Gefühle auch gegen Herrschaftssymbole richten. Bei öffentlicher Kritik drohte jedoch eine Verurteilung durch das Sondergericht nach dem »Heimtückegesetz«. So blieb den Frauen in der Regel nur, ohnmächtig den Schmerz zu ertragen.

Die Erinnerung an den Toten besetzte die Gefühlswelt der Hinterbliebenen für lange Zeit. Die letzten Handlungen, die letzten Worte des schmerzlich vermißten Menschen gewannen ganz besondere Bedeutung; die Kriegskameraden der gemeinsamen Kompanie wurden ausführlich danach befragt.

Ursula von Kardorff spricht von der Angst, das Aussehen des Verstorbenen, der Klang seiner Stimme, seines Lachens könne aus der Vorstellungswelt schwinden. Es falle schwer, die Endgültigkeit anzunehmen: »Dieses ›war‹ und ›hatte‹ nun auf ihn anzuwenden – es will mir nicht gelingen.« Immer wieder tauchte der Bruder in ihren Träumen auf. Erinnerungen mischten sich mit Zweifeln am Sinn des Geschehenen. Irgendwann brachte die Post schließlich die letzten Habseligkeiten:

»Gestern kamen Jürgens restliche Sachen. Gefallen für Großdeutschland, stand auf dem Absender des Paketes. Der Anblick
wühlte alles wieder auf. Seine Bücher: Luther, Rilke, Kant,
Spengler, Tolstojs ›Krieg und Frieden‹, ein frivoler französi-
scher Roman und die Bibel. Typisch für ihn. Dazu die beiden
Eisernen Kreuze.«[7]

Wie quälend wurde die Ungewißheit über Monate und Jahre
empfunden, wenn der Verlobte oder der Ehemann vermißt
gemeldet war! Viele Kriegskinder hatten ihren Vater nie zu
Gesicht bekommen; eine Münchnerin erinnert sich an die Zeit
ihrer vaterlosen Kindheit: »Ich kannte ihn zu jener Zeit nur
vom Foto auf Mutters Nachtkästchen. Ein junger schmächtiger
Mann mit Schiffchenmütze und Uniform, lachend. Meine Mutter begann, Briefe an ihr bekannte Kriegskameraden zu schreiben, wir hörten täglich die stundenlangen Vermißten- und
Gefallenendurchsagen des Roten Kreuzes mit Angabe der Er-
kennungsnummern der Soldaten im Rundfunk.«

Tod der Verfemten

Allein in den Jahren 1940 bis 1944 sprachen zivile Strafkam-
mern im Reich etwa 15 000 politisch motivierte Todesurteile
gegen Männer und Frauen aus.[8] Die Ächtung eines Verurteilten
durch den Staat ging über den Tod hinaus, denn die Angehörigen mußten den Toten ohne jegliche Feierlichkeiten bestatten.
Die Mutter der Wiener Widerstandskämpferin Hedy Urach
berichtet sogar, die Gestapo habe ihr weder den Hinrichtungs-
termin ihre Tochter genannt, noch irgendwelche Angaben über
den Ort der Grabstätte gemacht.[9] Bei Hochverrat, Landesver-
rat oder Urteilen aus politischen Beweggründen wurde der
Leichnam der Anatomie übergeben.[10] Die Kosten einer Hinrichtung hatten die Hinterbliebenen zu tragen.

Erst im Vergleich mit den pompösen Gedenkfeiern an erin-
nerungswürdige Mitglieder der Volksgemeinschaft ermißt man
die Entwürdigung der Bestattung der Verfemten. Unversöhn-
lichkeit und Ausschluß sind Kennzeichen dieser Ideologie. Bis
in diese Tage klingt der Konflikt zwischen Antigone und dem

Herrscher Kreon nach, wie ihn Sophokles vor zweitausendvierhundert Jahren in seiner Tragödie *Antigone* entwarf: Willkürliche Staatsmacht gewährt dem einen der gefallenen Brüder ein Staatsbegräbnis, während sie den Leichnam des anderen den Vögeln zum Fraße überläßt.

In den letzten Briefen von Verurteilten des Nazi-Regimes lebt etwas vom Geist und Mut einer Antigone. So schrieb Libertas Schulze-Boysen, die am 22. Dezember 1942 zusammen mit ihrem Mann Harro als Mitglied der Widerstandsgruppe »Rote Kapelle« in Berlin-Plötzensee hingerichtet wurde, an ihre Mutter: »Wenn ich Dich um eines bitten darf: Erzähl allen, allen von mir. Unser Tod muß ein Fanal sein.«[11] Auch die dreißigjährige belgische Dichterin und Lehrerin Marguerite Bervots, die leidenschaftlich für die Freiheit ihres Landes kämpfte, formuliert in Erwartung ihrer Verhaftung und des sicheren Todes in einem Brief an eine Freundin ihr politisches Vermächtnis: »Ich bin umgekommen, um Zeugnis dafür zu geben, daß man das Leben wahnsinnig lieben und zugleich in einen Tod, der notwendig ist, einwilligen kann. Ihnen wird die Aufgabe obliegen, den Schmerz meiner Mutter zu lindern. Sagen Sie ihr, daß ich gefallen bin, damit der Himmel über Belgien reiner werde, damit jene, die nach mir kommen, frei leben können, wie ich selber es so sehr gewünscht habe.«[12] Am 9. August 1944 wurde Marguerite Bervots im Gefängnis von Wolfenbüttel enthauptet.

Diese letzten Botschaften waren zumeist nur für einen kleinen Kreis von Angehörigen bestimmt, so daß sich der heutige Leser wie ein Voyeur fühlen muß. Nirgends kündigte sich der Tod eindringlicher und privater an, als in diesen letzten Zeilen. Hermine Zaynard, die bis zu ihrer Verhaftung im österreichischen Widerstand gegen den Faschismus arbeitete, sandte 1943 aus dem Gefängnis an ihre Verwandten und Freunde folgende Zeilen: »Ich kann mir sehr wohl Euer aller Entsetzen, das Euch beim Vernehmen meiner Strafe erfaßt haben mag, vorstellen. So erwächst mir mit diesem Brief die Aufgabe, Euch zu beruhigen. Seht, es ist doch so, daß die Todesstrafe über jedes Lebewesen vom Augenblick der Geburt verhängt ist. So ist eigentlich jedes Todesurteil ein Pleonasmus. Nicht der Tod als solcher ist meine

Strafe, denn der ist Euch allen gewiß, sondern unsere Strafe besteht in der Lebensverkürzung ...

Als ich vor Monaten ein Todesurteil nur in Gedanken in Erwägung zog, fuhren mir die Schauer durch die Eingeweide. Zeitweise litt ich unter regelrechten Angstpsychosen ... Als ich durch die Verurteilung gewissermaßen hineingestoßen ward, stellte ich mit Staunen fest, daß ich mir das ganz, ganz anders vorgestellt hatte. Ich taste meine Psyche ab und stelle allemal mit Verwunderung fest, daß sich nirgendwo, auch nicht in den verborgenen Winkeln meiner Seele Grauen, Frucht und Schrecken festgesetzt haben ... Nun mache ich es mit dem Leben mitunter so wie der Fuchs mit den Trauben, die er nur deshalb als zu sauer bezeichnet hat, weil er sie nicht haben kann ... Und nun alle meine Lieben, bleibt zuversichtlich und denkt daran, daß meine Kräfte proportional der Belastung wachsen. Seid alle innigst umarmt und geküßt von Eurer Euch so sehr liebenden Minkerl.«[13]

Die Sprache der Briefe Hermine Zaynards ist von poetischer Klarheit, sie bezeugt Liebeskraft und Tapferkeit. Hermine stammte als Tochter eines Malergehilfen aus einfachen Verhältnissen, sie selbst arbeitete als Hausangestellte, Erzieherin und Zuschneiderin in einer Wäschefabrik; bereits in ihrer Jugend hatte sie sich der kommunistischen Vereinigung der »Roten Falken« angeschlossen. Am 25. 2. 1944 wurde sie in Wien hingerichtet.

Aus vielen Briefen zum Tode Verurteilter spricht mehr Lebensmut als Angst, Optimismus statt Verzweiflung, geistige Weite anstelle furchtsamer Beengung. Die Frauen hatten sich im Gefängnis zu einer Haltung durchgerungen, die sogar den Angehörigen und Freunden in Freiheit Stärke geben konnte. Jenen verlangten sie bei Besuchen im Gefängnis allerdings Fassung ab, durfte doch nur alle vier Monate Besuch empfangen werden, alle sechs Wochen ein Brief entgegengenommen werden.

Hedy Urach, Tochter eines Wiener Straßenbahnangestellten, die sogar noch im Gefängnis politischen Widerstand organisierte, schreibt eine Woche vor ihrer Hinrichtung am 17. Mai 1943 an ihre Familie; in einer längeren Passage wendet sie sich

Abschiedskarte. Der zum Tode verurteilte Bibelforscher Gustav Stange schreibt an seine Frau Emma:

Stuttgart 20.II.42

Meine liebe Emuss!
Heute morgen kam das Gericht und hat mir eröffnet, daß das Urteil vollstreckt wird. Sende Dir die letzten Grüsse von der Irdischen Welt. Auf Wiedersehen in dem Herrn befohlen. Sei mutig und stark Dein Gustel

an ihre Mutter: »Auf meine kleine, tapfere Mutich bin ich jedesmal sehr, sehr stolz, so tapfer und keine Träne. Du weißt gar nicht, was Du mir damit für ein großes Geschenk Deiner Liebe gibst, daß Du Dich so an meinen Wunsch hältst …

Ihr kennt meinen unsterblichen Optimismus, der läßt sich durch nichts erschüttern, und ich bin mit Schiller vollkommen eines in seinem Gedicht der Hoffnung, übrigens – Schiller, hab jetzt einen Gedichtband von ihm gehabt, Louis, kauf Mutich diesen Band, es muß aber mein Lieblingsgedicht drinnen sein, ›An die Freude‹, es soll Mutich meine Stimmung übermitteln, zu dem ich mich durchgerungen habe, an dem ich mich begeistere und was von all seinen wunderbaren Werken den tiefsten Eindruck gemacht hat, Mutich soll es aber nicht einmal, sondern so oft als möglich lesen und immer wieder lesen, sie wird mich dann ganz verstehen, daß ich trotz aller menschlichen Enttäuschung, die mir sogar hier in der Todeszelle nicht erspart geblieben ist, doch diesem Glauben an die Schönheit und Freude mich bekenne als das Herrlichste einer kommenden Generation. Momentan lese ich Herder ›Philosophie der Geschichte der Menschheit‹, habe erst angefangen, dann Viktor Hugo ›Briefe an einen Freund‹, lese ihn, Louis, er ist ganz groß in seiner Sprache … Ihr seht, ich bin in der ganzen Welt, fühle mich gar nicht in den vier Wänden und küsse Euch und alle Lieben recht tief und herzlich Euer Mädl«[14]

Auch auf diese Zeilen trifft die Anmerkung Thomas Manns zu, die er in einem Vorwort zu letzten Briefen zum Tode Verurteilter beisteuert: Man bewundere die Dichtung, weil sie so ganz zu sprechen wisse wie das Leben, man sei doppelt ergriffen vom Leben, weil es unwissentlich genauso spreche wie die Dichtung.[15]

Im Mai 1943 hingen in den Straßen Wiens große Plakate mit der Aufschrift: »Die vom Volksgerichtshof wegen Vorbereitung zum Hochverrat zum Tode und zum dauernden Verlust der bürgerlichen Ehrenrechte verurteilte Hedy Urach, 32 Jahre alt, wurde heute hingerichtet. Der Oberreichsanwalt beim Volksgericht Berlin.«[16]

Der Ausweg in den freiwilligen Tod

»Im übrigen sind die Gräber unserer Toten eine Stätte, an der wir Lebenden uns Kraft holen. Die Toten leben in uns fort. An der Stätte, wo wir sie ehren, ist kein Platz für Juden. Trotz aller Achtung vor der Majestät des Todes. Gerade deshalb!«[17] Diese Sätze notiert ein Referent an den Rand einer städtischen Verfügung, derzufolge Juden in München nicht mehr in den städtischen Friedhöfen begraben wurden.

Der seit 1933 andauernden Diskriminierung und Entrechtung der Lebenden folgte nun sogar die Ausgrenzung der Toten. Für Juden sollte kein Platz mehr sein, weder auf noch unter der Erde: Mit Beginn des Krieges führten Exekutionskommandos in den besetzten Gebieten systematisch die Ermordung von Juden durch, am 3. September 1941 nahm die SS in Auschwitz »Versuchsvergasungen« auf. Wenig später setzten im Reich die ersten Deportationen ein.

Die SS hatte die Isrealitischen Kultusgemeinden unter ihre Kontrolle gestellt und zwang sie, ihre Mitglieder bis zum Zeitpunkt des Abtransports in Zwangsunterkünften zu betreuen. Zu den schrecklichen Aufgaben der Heimleitungen gehörte es, den Bewohnern mitzuteilen, daß sie auf den Deportationslisten stünden. Bisher hatte die jüdische Gemeinschaft den Frauen und Männern im Lager noch Halt und Schutz geboten, nachdem die eigene Wohnung und der vertraute Arbeitsbereich verloren waren. Jetzt sahen die meisten keine Hoffnung mehr, löste doch der Deportationsbescheid eine tiefe seelische Krise aus. Viele sahen im Selbstmord einen letzten Ausweg. In den Lagern stieg mit der Zunahme der Deportationen auch die Zahl der Suizide. Reichsweit suchten etwa 3000 bis 4000 Juden den Freitod.[18]

Else Behrend-Rosenfeld hält in ihren Erinnerungen über das Judensammellager in München Berg am Laim ein Gespräch mit einer Verzweifelten fest: »Frau Schulmann ist unter denen, die uns am Dienstag verlassen sollen, um nach Theresienstadt zu gehen. Sie steht ganz allein, sie hat keine nahen Angehörigen mehr, und oft hatte ich das Gefühl, daß sie nur noch mit Mühe und großer Anstrengung das Leben ertrug. Sie sagte mir nun, daß sie schon, als sie zu uns eingewiesen wurde, aus dem Leben gehen wollte, damals sei sie von einer Freundin bestimmt worden, es nicht zu tun. Sie hätte sich dann auch im Heim wohlgefühlt, es seien Menschen dagewesen, mit denen sie sich gut verstand, sie habe auch mich liebgewonnen und mit Staunen erkannt, wie die Gemeinschaft sie in ihren Bann schlug, ...aber sie fühle einfach keine Kraft mehr, noch einmal neu anzufangen, noch einmal eine solche Umwälzung zu überstehen.

Und ihre gute Freundin, die sie einmal zurückgehalten habe, sei Ostern deportiert worden. Aber sie habe den Schritt aus dem Leben nicht gehen wollen, ohne es mir zu sagen. Sie bitte mich herzlich, nicht den Versuch zu machen, ihr diesen Entschluß auszureden, er sei unumstößlich, ich solle versuchen, sie zu verstehen ... Sie sprach so fest, ja heiter von diesem Entschluß, ich fühlte keine Ermächtigung, etwas gegen ihre wohlerwogenen Gründe vorzubringen, es wäre mir wie leeres Geschwätz vorgekommen.«[19]

Die Isolation der Juden war so fortgeschritten, daß diese Selbstmorde in der Öffentlichkeit kaum registriert wurden. Bestenfalls interpretierte man sie als Verzweiflungstaten, nicht aber als Vorboten des Rassenmords. In den Zwangsquartieren selbst aber verdichteten sich die Anzeichen, daß Deportation eine Reise ohne Wiederkehr bedeutete, selbst wenn offiziell nur von Umsiedlungsaktionen die Rede war. Die Zusammenstellung des Gepäcks, das die Heimleitung liebevoll für jeden Deportierten besorgte – Proviant für drei Tage, Deckenrolle und persönliche Habseligkeiten, insgesamt 50 Kilogramm –, diente nicht nur dem Notwendigsten, sondern war zugleich ein letzter Liebesdienst. Das Leben, das den Deportierten noch blieb, war ein Tod in Raten, jeder Abschied ein Schritt dorthin.

»... wir schaufeln ein Grab in den Lüften ...«

Die Rampe, die letzte Station einer tagelangen quälenden Reise in den Osten, bedeutete die endgültige Trennung der Familien. Hier wurden die Juden aus den Viehwaggons getrieben, dann begann die Selektion. Frauen und Kinder hatten sich auf der einen Seite, die Männer auf der anderen Seite aufzustellen. Alles Gepäck, Geld, Schmuck war abzugeben. Alle mußten sich entkleiden. Die Frauen wurden in einer Baracke in schamloser Weise am ganzen Körper nach verborgenen Wertsachen untersucht, zuletzt bekamen sie das Haupthaar geschoren. Auf sie wartete der Tod durch Vergasen oder Erschießen, nur ein kleiner Teil wurde für Zwangsarbeiten ausgesucht.

Die nationalsozialistischen Machthaber verfolgten die Liquidierung der jüdischen Rasse langfristig und planmäßig; die Wannsee-Konferenz vom 20. Januar 1942, die 1. Konferenz von Vertretern der Reichsbehörden über die »Endlösung der Judenfrage«, bildete nur einen, wenn auch wesentlichen Mosaikstein im Todesszenario. Im Zuge der »Aktion Reinhard« wurden 1941/42 in Polen Vernichtungslager ausschließlich für Juden errichtet: Belzec, Sobibór und Treblinka. Dann kamen noch Lublin-Majdanek und Auschwitz hinzu.

So, als habe das tägliche Handwerk des Tötens keine Spuren hinterlassen, referiert der Kommandant des KZ Auschwitz über die Anzahl der Opfer: »Ich befehligte Auschwitz bis zum 1. Dezember 1943 und schätze, daß mindestens 2 500 000 Opfer dort durch Vergasung und Verbrennen hingerichtet und ausgerottet wurden; mindestens eine weitere halbe Million starben durch Hunger und Krankheit, was eine Gesamtzahl von ungefähr 3 000 000 Toten ausmacht. Diese Zahl stellt etwa 70 oder 80 Prozent aller Personen dar, die als Gefangene nach Auschwitz geschickt wurden; die übrigen wurden ausgesucht und für Sklavenarbeit in den Industrien des Konzentrationslagers verwendet.«[20]

Zum Alltag in den KZs gehörte das qualvolle Erleben von Todesnähe und Sterben, das nur durch eine winzige Hoffnung auf Leben gemildert wurde, verbunden mit einer tiefen Gier nach Wärme und Zärtlichkeit. Krystyna Zywulska vergegenwärtigt in ihrem Überlebensbericht *Tanz, Mädchen … Vom Warschauer Getto nach Auschwitz* die Gleichzeitigkeit von Liebe und Tod: »Um diese Zeit war die Atmosphäre überall mit Erotik geladen. Gerade deswegen, weil es verboten war, gerade deswegen, weil überall der allmächtige Tod herrschte. Allem zum Trotz, der Vernunft zum Trotz, ohne Überlegung, ohne

Vorbedacht umarmten sich die Leute und verbanden sich für einen kurzen Augenblick, um sich am Leben zu berauschen, um sich zu vergnügen, solange es noch möglich war, solange sie noch am Leben waren. Denn in einer Minute hätte es schon zu spät sein können, weil nicht allzu weit entfernt die anderen entweder schon verwesten oder verbrannt wurden. ›Komm heute zu mir, hab keine Angst‹, hörte man in allen Sprachen in der Abendstille flüstern. Sie verabredeten sich überall, hinter den Baracken, zwischen den Regalen, hinter den Aktenstößen. Es gab kurze bedeutungslose Liaisons, und es gab echte, innige, zärtliche Gefühle, die von der stets lauernden Gefahr geradezu genährt wurden. Sie entsprangen dem Bedürfnis, sich um jemanden zu kümmern, von jemandem behütet zu werden, den starken Arm eines Mannes zu spüren und diese paar Worte zu hören: ›Hab keine Angst, Liebes, alles wird gut werden, komm.‹«[21]

Hohe Rauchsäulen standen über den Lagern, denn die Verbrennungsöfen waren Tag und Nacht in Betrieb. Wenn die Kapazitäten nicht ausreichten, hob man zusätzlich Gruben aus, um die Leichen einzuäschern. Eines Tages beobachtete Krystyna Zywulska die Ankunft ungarischer Juden, obwohl während der Arbeiten im Innendienst der Blick aus den Baracken streng verboten war: »Wir konnten genau die Kinder und die Mütter unterscheiden. Frauen mit Kopftüchern, Mänteln, reiche und arme Bäuerinnen aus der ungarischen Provinz. Sie umarmten und liebkosten ihre Kinder. Kleinkinder, die diese Reise auf den Armen ihrer Mütter gemacht hatten, ältere Kinder, die sich an den Rockzipfeln ihrer Mütter festhielten, und Jugendliche, die sich mißtrauisch umsahen. Sie gingen langsam vorbei ...

Den Schluß dieser trostlosen Prozession bildeten alte Frauen. Da einige nicht laufen konnten, stützten sie sich auf die Arme der Jüngeren. Immer wieder blieben sie stehen, um Atem zu holen. Die ungeduldig gewordenen Posten, die den Frauenzug abschlossen, trieben sie mit ihren Gewehren weiter ... Ungefähr eine Stunde später stieg aus dem vierten Krematorium, das direkt hinter unserem Wohnblock lag, eine Feuersäule empor. Gleichzeitig begann es aus der daneben ausgehobenen

Grube zu qualmen. Zunächst war es nur ein dünner, grauer Rauchfaden, dann wurden immer dichtere Rauchwolken sichtbar, die immer höher stiegen, anschwollen und sich ausbreiteten. Der Wind trieb die dunkle, drohende Wolke in unsere Richtung, und der Rauch verdeckte bereits die Sonne. Der Rauch brachte auch den Geruch der verbrannten Körper zu uns.«[22]

Kilometerweit wurden die beißenden Schwaden ins Land getragen, für jedermann zu sehen, für jedermann zu riechen. Der Rauch über den Lagern blieb ein Fanal in den Erinnerungen: Auf den Spuren des Holocaust befragte die Filmjournalistin Lea Rosh Verfolgte der NS-Zeit: »Die Zigeuner haben mir in Auschwitz, rote Blumen in den Maschendrahtzaun klemmend, gesagt, hier sei das Grab ihrer Mütter, Väter und Geschwister. Und sie zeigten in die Luft.«[23]

In manchen Konzentrationslagern gab es Orchester, die den Todeskandidaten auf dem Wege in die Gaskammern aufspielen mußten. »Musik hat man gespielt«, klagt ein Augenzeuge in jiddischer Sprache, » daß sie sollten nicht hören die Schreie von die Leut.«[24] In Auschwitz musizierte ein Mädchenorchester, zusammengestellt aus gefangenen Frauen. Einmal mußte es dem Lagerarzt Mengele nach der Selektion an der Rampe unter anderem das Duett aus »Madame Butterfly« und die »Träumerei« von Schumann vorspielen.[25] Die Frauen boten sich und ihre Musik als Unterhaltung an, für sie die Chance, am Leben zu bleiben.

Als die Alliierten 1945 das Vernichtungslager Auschwitz befreiten, wurde die Musik Botschafterin der Wiedergeburt des Lebens. Fania Fénelon sang, typhusgeschwächt, dem Tod näher als dem Leben, vor den Befreiern: »Ich singe ... und vor mir, um mich herum, aus allen Teilen des Lagers kommen, an Barackenwände gestützt, sterbende Schatten, Skelette. Sie richten sich auf, wachsen, werden groß! Ein riesengroßes ›Hurra‹ bricht aus ihrer Brust, steigt an, braust los, reißt alle mit. Sie sind wieder Menschen geworden, Männer und Frauen ...«[26]

Die Täter als Opfer?

In seinem Schlußwort sagte der im Auschwitzprozeß angeklagte Johann Schoberth: »Sind wir nicht auch Opfer des Nationalsozialismus?« Er verwies auf seine nationalsozialistische Erziehung, andere redeten von bolschewistischen Feindbildern oder machten Befehlsnotstand geltend. Die Häftlingsärztin Ella Lingens hingegen, als »Politische« nach Auschwitz verschleppt, betonte als Zeugin in ihrer Aussage den persönlichen Spielraum und die Verantwortung der Täter und deren schizoide Handlungen: »Ich kenne kaum einen SS-Mann, der nicht sagen könnte, er habe nicht einem das Leben gerettet. Es gab wenig Sadisten. Nicht mehr als fünf bis zehn Prozent waren Triebtäter im klinischen Sinne. Die anderen waren ganz normale Menschen, die durchaus wußten, was Gut und Böse ist. Sie haben alle gewußt, was da geschieht.«[27] Die Angeklagten waren in der Regel weder die Ungeheuer, als die man sie nachträglich in der Öffentlichkeit gerne hinstellte, noch willenlose Opfer eines totalitären Befehlsapparats, als die sie sich gerne sahen. Nicht zuletzt ihre kleinbürgerlichen Biographien ermöglichten es vielen, sich nach 1945 scheinbar reibungslos in die bürgerliche Gesellschaft der Nachkriegszeit zu integrieren.

Die Lager- und Wachmannschaften konnten in den KZs über Leben und Tod bestimmen und mißbrauchten diese Macht nach Belieben. Auf die Frage eines Richters in einem der NS-Prozesse, was geschehen wäre, wenn ein Angeklagter die Auspeitschung eines Juden nicht gefordert hätte, antwortete der Angeklagte: »Ich wäre wohl nicht bestraft worden, hätte mir allerdings sagen lassen müssen, daß ich zu human sei. Darauf wollte ich es nicht ankommen lassen.«[28] Einen Menschen zu töten, war eine Kleinigkeit. Das Leben habe nichts gegolten, führt ein anderer Zeuge aus; nur aus der Machtfülle der Verantwortlichen heraus sei zu erklären, was in Auschwitz geschah; sie hätten in der Atmosphäre von Auschwitz keine Hemmungen gehabt, Leute in die Gaskammern zu schicken.«[29]

Die Unberechenbarkeit der Täter versetzte die Häftlinge in ständige Todesangst, nicht selten entschied der reine Zufall über Leben und Tod. Besonders der SS-Mann Tauber praktizierte im

Frauenlager von Auschwitz tödliche Ausleseverfahren. Einmal ließ er tausend Frauen nackt bei Eis und Schnee antreten, ging durch die Reihen und hielt mit seiner Reitpeitsche die Brust jeder Frau hoch. Fiel der Busen wieder nach unten, bedeutete dies das Todesurteil, blieb er fest, überlebten die Frauen für dieses Mal.[30] Die Frauen waren hilflos solchen zynischen Launen ausgesetzt, einer Mischung aus sexuellen Männerphantasien, Sadismus, Mordlust und dumpfer Langeweile.

In manchen Fällen zogen die Familien des deutschen Bewachungspersonals nach und lebten neben dem Konzentrationslager ihren bürgerlichen Alltag. Die Ehefrauen sorgten sich um den Garten und kochten für ihre Männer, wenn sie vom »Dienst« nach Hause kamen. In Sobibór mußten Häftlinge aus Kinderwagen kleine Fahrräder basteln, damit die Kinder deutscher Aufseher sich vergnügen konnten.[31] In Treblinka gab es einen Lagerzoo mit Füchsen und Rehen, zudem standen Reitpferde zur Verfügung. Als Ausgleich für ihre »Arbeit« im Vernichtungslager durften die Ehefrauen mit ihren Männern jedes Vierteljahr zwei oder drei Wochen in ein österreichisches Erholungsheim am Attersee fahren.

SS-Männer, die ihre Frau nicht bei sich hatten, schickten als Lebenszeichen kleine Liebesgaben nach Hause. Begehrte Präsente waren die konfiszierten Schmuckstücke deportierter Frauen; in einer eigenen kleinen Goldschmiede ließen sich die Mitglieder der deutschen Lagermannschaft diese Wertstücke aufbereiten. Da es den Lagermannschaften offiziell verboten war, sich zu bereichern, benannte man die kleine Goldschmiede im Lager einfach in Spenglerei um. Leben und Tod, Wirklichkeit und Täuschung fügten sich wie zwei Seiten einer Münze aneinander. Die Banalität des Bösen zeigte sich im Gewande bürgerlicher Normalität.

Der Krieg ist aus

Von der nahen Haderer Dorf-
kirche drang Glockengeläut
zum Waldrand herüber. Meine
Mutter kroch mit einem Sack
Tannenzapfen aus dem Unter-
holz und sagte tonlos: »Der
Krieg ist aus.« Sie sah mich lange
an und nahm mich in die Arme.
Der Löwenzahn blühte wie in
jedem Mai am Wegrand.

Ingrid Lazarus,
Der Krieg ist aus

Das Heulen der Luftschutzsirenen verfolgte die Frauen nun nur noch in ihren Angstträumen, die Zeit der durchwachten Nächte in Luftschutzkellern war zu Ende. Doch die Städte glichen einem Trümmerhaufen: Meterhoch lagen die Schuttberge, die Ruinen eröffneten gespenstische Durchblicke bis tief in andere Straßenzüge. Dresden oder Würzburg waren nahezu vollständig zerstört, andere Städte wiesen schwere Wunden auf. In Hamburg blieben beispielsweise von über einer halben Million Wohnungen nur noch etwa die Hälfte bewohnbar; in München bedeckten zehn Million Kubikmeter Schutt das Stadtgebiet, mehr als eine Million Lastwagenladungen waren zum Abtransport notwendig. Kein Verkehrsmittel funktionierte, die Versorgung mit Wasser, Strom oder Gas lag weitgehend brach. Langsam begriff man die wahren Ausmaße des Krieges. Mußte man sich nun als Besiegte oder durfte man sich als Befreite fühlen?

Am 30. April 1945 rückten die amerikanischen Truppen in München ein, am 3. Mai begann der Einmarsch der Briten in Hamburg. Die einrückenden Truppen lösten bei den Frauen unterschiedlichste Reaktionen aus: »Für mich jedenfalls«, erzählt die Augenzeugin Emma Bauer, »war der erste Amerikaner, den ich in meinem Leben bewußt gesehen habe, der schönste und liebenswürdigste Mensch auf der ganzen Welt.«[1] Anders hat Anneliese Yiengst die erste Begegnung mit den Besatzern in Erinnerung: »Dann kamen sie mit Panzern. Ich sehe noch heute meinen Breslauer Gast in Tränen, weil es deutsche Frauen gab, die den Feinden Blumen zuwarfen! Allerdings ging sie nach einigen Tagen schon – trotz Fraternisierungsverbot – mit einem feschen ›GI‹ spazieren und zum Tanz im Klub! Ich dagegen konnte mich nicht so schnell anpassen und meine Mutter war empört. Als natürlich der Duft von Bohnenkaffee und anderen guten Dingen aus dem Zimmer der Flüchtlinge drang, waren wir die ›Dummen‹ und bekamen nichts ab.«[2]

Bald gehörten zum Straßenbild Behelfsläden mit allen möglichen Luxusgütern. So schreibt eine Trümmerfrau: »Die ersten Nylons mit schwarzer Naht lagen da. Selbst wenn man das Geld gehabt hätte, wäre man zu feig gewesen, diese verruchten Dinger zu kaufen. Daran hing ein Geruch von ›Amiflittchen‹ und was damit zusammenhing. Die Mütter hatten alle ihre selbstgestrickten Sachen leid und hätten gerne mal solche Strümpfe besessen oder einen Lippenstift benutzt. Aber diese Dinge hätte eine ›anständige Frau‹ in unserer Kleinbürgergegend nicht getragen.«[3]

Es waren nicht nur die lange entbehrten Köstlichkeiten wie Seidenstrümpfe und Kaffee, die Frauen zu »Soldatenliebchen« oder »Fräuleins« machten. Bisweilen zwang die blanke Not dazu. Doch schon fanden sich in verschiedenen Städten anonyme Anschläge, die die Bevölkerung zur Selbstjustiz aufriefen: »Schlagt sie, schneidet ihnen die Haare ab ... den amerikanischen Huren, helft alle mit!«[4] Lebte da nicht der Ungeist der NS-Zeit in fragwürdigen Moralvorstellungen und Methoden öffentlicher Anprangerung fort?

In der ersten Zeit der Besatzung bekamen Frauen und Mädchen allerdings auch die Übergriffe der Sieger zu spüren: Über zwei Millionen Frauen wurden Opfer von Vergewaltigungen, in den russisch besetzten Gebieten waren Frauen dem besonders ausgesetzt. Verheerend die psychischen und physischen Folgen: Viele der mißbrauchten Frauen wurden schwanger oder mit Geschlechtskrankheiten infiziert. Mit dem Ende des Krieges hatte ihre Leidenszeit erst begonnen.

Überleben im Trümmeralltag

»Nach dem Krieg erlitt meine Mutter einen völligen Zusammenbruch, sie mußte mehrere Monate im Krankenhaus zubringen. Ihre Kraft war durch die Kriegsdienstverpflichtung, von nächtlichen Angriffen und Löschaktionen erschöpft«, schreibt eine Münchnerin.[5] Wer Leib und Leben gerettet hatte, hatte nun für das weitere Überleben zu sorgen, denn mit dem Ende des Krieges zog nicht zugleich das Ende der Not ein, im Gegenteil. Mit der bedingungslosen Kapitulation brach das Versorgungs- und Ernährungssystem in Deutschland vollkommen zusammen, und die Zuteilung von Nahrungsmitteln erfolgte bis 1949 über ein Kartensystem. Statistisch gesehen sollte eine erwachsene Person täglich 2600 Kalorien bekommen, selten aber wurden mehr als 1500 Kalorien ausgeteilt. In Hamburg beispielsweise waren im Jahre 1946 neunzig Prozent der Frauen unterernährt, der folgende »Hungerwinter« brachte viele Menschen dem Verhungern und Erfrieren nahe.

Viele machten im Chaos der Anfangszeit bei den Plünderungen von Geschäften und Fabriken mit. Zu groß war die Versuchung, endlich etwas für die hungrigen Mägen zu tun: »Die Leute schleppten nun pausenlos Kisten, Kartons, Gläser, Säcke und Flaschen heraus, die sie oft mit kleinen Leiterwagen und primitiven Karren abtransportierten. Es waren Männer und Frauen jeden Alters ... Fast alle hatten sie magere Gesichter; der Hunger und die Gier schauten ihnen aus den Augen. Diese Gier war verständlich, denn niemand wußte, wie es jetzt weitergehen würde. Jeder wollte überleben. Jetzt mehr denn je! ...

Später warf ich alle Skrupel über Bord und ging auch in das Haus. Ein unbeschreibliches Chaos herrschte dort ... Die Menschen schoben und drängten. Sie stiegen einfach übereinander hinweg. Obwohl ich große Angst und noch Hemmungen hatte, nahm ich etwas mit: gesüßtes Kakaopulver, Haferflocken und Trockenmilch – so viel, wie ich auf dem Arm tragen konnte ... Damit würde meine Familie die nächste Zeit durchstehen. Dann ging ich nach Hause. Die Gewissensbisse, die sich auf dem Heimweg meldeten, verbannte ich aber nicht etwa in den hintersten Winkel meines Unterbewußtseins, um dort einen

Sommer 1945: Münchner warten auf ein Beförderungsmittel.
(Fotograf unbekannt)

Schuldkomplex heranzuzüchten, sondern ich setzte mich damit
sofort auseinander und machte ihnen den Garaus: Jawohl, ich
hatte soeben geklaut, das erste Mal in meinem Leben, aber ein
schlechtes Gewissen brauchte ich deshalb nicht zu haben. Nach
diesen schlimmen Jahren hatte ich ein Recht darauf, mich wieder einmal sattessen zu können.«[6]

Die Not machte auf vielerlei Weise erfinderisch, dem Hunger und Mangel ein Schnippchen zu schlagen: »Im ersten Nach-
kriegsjahr 1946 gab es wenig zu essen, die Menschen hunger-
ten«, erzählt eine Berlinerin. »Vis-à-vis des Hauses, in dem wir
damals wohnten, residierte ein amerikanischer General in der
früheren Villa eines ehemaligen deutschen Generals. In der
Küche seines Hauses wurde gut gekocht, denn er hatte häufig
Gäste.

Seine Adjutanten und das Personal waren offensichtlich
Tierfreunde. Jedenfalls sorgte man im Hause dafür, daß die

reichlich anfallenden Speisereste nicht im Mülleimer verschwanden. Sie wurden gesammelt, und der angestellte Gärtner durfte sie als Hundefutter an die wenigen Hundebesitzer in der Nachbarschaft verteilen.« Ein Foxterrier aus dem Bekanntenkreis der Berlinerin, die hier berichtet, zählte zu den dankbaren Abnehmern. Nun schaffte sich die Berliner Familie einen Dackel an, um auch zum Kreis der Bezieher dieser Hundespeisung zu gehören. »Ein- bis zweimal in der Woche brachte uns der Gärtner ein gefülltes Eimerchen. Unsere Mutter verschwand damit in der Küche, um den Inhalt sorgfältig zu sortieren. Viel Weißbrot, aber auch Bratenreste, Kartoffelbrei, gekochtes Gemüse und halbe Koteletts befanden sich darin. Ihre Verwertung, für die es natürlich keine Rezepte gab, erforderte viel Kreativität und Zeit. Niemand durfte unsere Mutter dabei stören. Immer wieder erfand sie neue Variationen schlichter Gerichte, die trotz der wenigen Zutaten auch noch schmackhaft waren. Es gelang ihr, unsere fünfköpfige Familie leidlich satt zu bekommen.«[7] Wer Glück hatte, erhielt vom Caritas-Verband eines der sogenannten CARE-Pakete. Jedes dieser 44 Pfund schweren amerikanischen Spendenpakete enthielt zehn Tagesrationen Essen, außerdem Seife, Zigaretten und Schokolade.

Immer stand die Beschaffung von Lebensmitteln im Zentrum der täglichen Anstrengungen, sei es beim Anstehen vor den fast leeren Geschäften, sei es beim Hamstern oder auf dem Schwarzen Markt. Dort konnte man nahezu alles erhalten, was das Herz begehrte, wenn auch zu horrenden Preisen: 1948 kostete eine Zigarette sieben Mark, ein Kilo Bohnenkaffee 700 Mark. Schwarzmarkt und Tauschhandel, »Kohlenklau« und illegales Holzfällen wurden trotz Verbots zu einer Überlebensfrage. Vor den Tafeln mit den Verkaufs- und Tauschangeboten bildeten sich lange Schlangen. Die Anschläge ersetzten gleichsam den Inseratenteil der Zeitungen, die noch nicht wieder erschienen. Getauscht wurde alles gegen jedes. So finden sich recht kuriose Angebote:

»Vertausche graues Damenkleid gegen Bügeleisen«

»Tausche Ehering gegen gute Kochplatte. Braunes Kostüm gegen guterhaltenen Kinderwagen …«

»Ausgebombte sucht dringend kleinen Herd. Gebe Herren-
schuhe, Größe 41, zu erfragen hier im Laden«
»Biete: Gut erhaltenes Sofa
Suche: Kinderwagen«[8]
Die Währungsreform von 1948 brachte erste Erleichterun-
gen. Jeder Einwohner der drei Westzonen erhielt für 60 Reichs-
mark 60 Deutsche Mark, 40 Mark sofort, den Rest zu einem
späteren Zeitpunkt. Weiteres Altgeld sowie Sparguthaben wur-
den im Verhältnis 1 zu 10 getauscht: Über Nacht füllten sich die
Schaufenster. In den Bäckereien gab es wieder Weißbrot,
Kuchen und Torten, auf den Märkten Gemüse und Salat.
Zunehmend besserten sich die Möglichkeiten einer autonomen
Lebensgestaltung.

Menschen unterwegs

Die Jahre nach dem Kriege glichen einer Völkerwanderung.
Flüchtlinge, Vertriebene, Evakuierte, Kriegsheimkehrer – alle
suchten irgendwo eine Bleibe. Etwa zwölf Millionen Menschen, in erster Linie aus dem Osten, hatten ihre Heimat verloren. Besonders Niedersachsen, Schleswig-Holstein und Bayern
mußten wegen ihrer relativ geringen Bevölkerungszahlen sehr
viele Vertriebene aufnehmen. Nicht zuletzt der Wohnungsnot
wegen brachte dies enorme Schwierigkeiten mit sich. Die
gesellschaftliche Integration dauerte Jahre. Ehemalige Kriegs-
gefangenen- und Konzentrationslager dienten nun als Not-
quartiere, in denen die Menschen oft jahrelang unter einfach-
sten Verhältnissen hausten.
    Auch die evakuierten Familien, die auf dem Land Schutz vor
den Bomben gesucht hatten, konnten nicht einfach in die Städte
zurückkehren. Es fehlte überall an Wohnungen, Arbeitsplätzen
und Versorgungsmöglichkeiten. In Hamburg lebten 1946 noch
nahezu 300 000 sogenannte Butenhamborger außerhalb der
Stadtgrenzen, zum überwiegenden Teil in Niedersachsen und
Schleswig-Holstein. Es gehörte zu den dringenden Aufgaben
der Flüchtlingsbetreuungsstellen, die Evakuierten wieder in die
Heimatstadt zu holen.[9]

Jahr für Jahr trafen überdies Tausende von Kriegsheimkehrern ein, suchten in den zerstörten Städten ihr Zuhause, suchten ihre Familien, ihre Freunde. Zwischen Hoffen und Bangen warteten zahllose Frauen, oft seit Jahren im Ungewissen, um zu erfahren, ob ihr Mann überhaupt noch lebte. Sie hörten die Vermißtenmeldungen im Radio ab und wanderten mit den Bildern der Vermißten auf Straßen und Bahnhöfe, um vielleicht von irgendeinem Kriegsheimkehrer einen Hinweis über den Verbleib zu bekommen. Auch die Münchnerin Ingrid Lazarus und ihre Mutter gehörten zu den Suchenden: »Wir standen viele Nachmittage dort, bis meine Mutter schließlich die Sinnlosigkeit dieses Unternehmens einsah. Es waren die traurigsten Tage meiner Kindheit: Jeden Tag Hoffnung und jeden Tag Enttäuschung … In Wahrheit waren wir jeden Tag aufs neue froh, daß den Vater niemand erkannte. Ein Soldat hätte auch sagen können: ›Vater ist tot.‹«[10]

Kehrte der Mann schließlich heim, mußten die Paare erst wieder zueinanderfinden. Viele Ehen hielten den Belastungen der Nachkriegsjahre nicht stand. Frauen, die immer noch auf ihren Mann warteten, konnten sich nur schwer auf eine neue Bindung einstellen. Nicht selten setzte die Tragödie jedoch dann ein, wenn eine Frau sich auf eine neue Beziehung eingelassen hatte und dann eines Abends der Kriegsheimkehrer vor der Türe stand.

Zurück an den heimischen Herd?

Die Frauen hatten in den Jahren des Krieges und danach die alleinige Verantwortung in Beruf und Familie übernommen. Die Abwesenheit der Männer und ihre Bewältigung der äußeren Not trugen zu ihrem wachsenden Selbstbewußtsein bei. Die These von der geringeren Leistungsfähigkeit der Frau war endgültig in das Reich der Legende verwiesen worden. Als allerdings die Männer aus dem Krieg in ihre früheren Arbeitsstellen zurückkehrten, nicht selten mit verstaubten Vorstellungen von patriarchalischer Selbstgefälligkeit, drängten sie die Frauen mehr und mehr in die traditionelle Rolle als Mutter und Hausfrau zurück. Zugleich schwanden das Selbstbewußtsein und der emanzipatorische Geländegewinn. Verantwortung und Selbständigkeit fielen mit zunehmender Normalisierung des Alltags wieder an die Vorbesitzer zurück.

Auch das Feld der Politik mußten die Frauen weitgehend den Männern überlassen. Weder in der Weimarer Republik, geschweige denn während der NS-Zeit hatten sie ausreichend Möglichkeiten gefunden, politische Erfahrungen zu sammeln oder ihre Anliegen durchzusetzen. Die militärische Niederlage und das endgültige Wissen um die Greuel der Konzentrationslager brachten die beschämende Erkenntnis, in einem verbrecherischen System ausgeharrt zu haben. Nur wenige Frauen sahen die Notwendigkeit oder fanden die Kraft, politisch aktiv zu werden. So ging der Neuanfang vielfach einher mit Verdrängung oder politischer Abstinenz.

Ein eigenwilliges und kraftvolles Zeugnis der Verweigerung gegenüber der Vergangenheit liefert eine anonyme Schreiberin in der unmittelbaren Nachkriegszeit: »Ich möchte ein Mensch sein. Ich will kein Volksgenosse sein und kein Genosse. Ich will Abstand haben und keine Hausgemeinschaft ... Ich will mich nicht betreuen lassen. Ich will mich nicht registrieren lassen, nicht zählen, nicht impfen, nicht katalogisieren, nicht numerieren. In die Krankenkasse und Lebensversicherung will ich nicht. Nie! Wenn ich einmal sterbe, dann aus Versehen oder an Altersschwäche ... ich will nicht für eine Partei sterben, noch fürs Volk, noch für die Freiheit, noch für ein Ideal ... Ich will überhaupt nicht großkundgeben. Und das alles ist nicht mein Volkswille, mein Aufbau- oder Lebenswille ... Ich will gar keine Kinder, ohne deshalb als asozial zu gelten. Oder ich möchte 10 bis 15 Kinder, ohne deshalb von der Regierung belobigt zu werden. Ich pfeife sogar auf die Schwangerschaftszulage, denn das Baby kriege ich und nicht das Volk ... Meine Mutter bekommt am Muttertag nichts, sonst immer: Blumen und Bussi ... Ich möchte eine Partei der Frauen gründen, denn die Männer haben seit Adam nachgewiesenermaßen genug Unfug gestiftet ...«

Danksagung

Es ist nicht selbstverständlich, daß private Bildbestände für eine Buchpublikation zur Verfügung gestellt werden. Deshalb gilt der Dank allen privaten Leihgebern. Daß die Erstellung des Manuskripts auch in schwierigen Phasen Freude machte, ist nicht zuletzt der anregenden und hilfreichen Begleitung durch die Lektorin des Verlages, Viola Eigenberz, zu verdanken. Marita Krauss gab wertvolle Hinweise und Korrekturhilfen.

Anmerkungen

In den Anmerkungen werden nur Kurztitel aufgeführt. Das Literaturverzeichnis enthält die vollständigen Angaben. Die mit einem * gekennzeichneten Titel finden sich im Quellenteil.

Vorbemerkung (S. 7–10)

1 Kuhn, Frauen im Nationalsozialismus, S. 25

Wünsche und Hoffnungen – aus den Krisen ins kleine Glück (S. 11–27)

1 dazu Leben in München, S. 157 f
2 Sommer: Zwischen Aufbruch und Anpassung, S. 213
3 GSTA Merseburg, Preußischer Landtag, Rep. 169 D, Tit. IIc, Nr. 2, Bd. 1, Blatt 47 Blatt 18, Eingabe Prof. Langemann im Dez. 1920 um »Nichtzulassung der Frauen zu den juristischen und richterlichen Ämtern«
4 GSTA Merseburg, Ministerium des Inneren, Rep. 77 Tit. 4043, Nr. 424
5 Scheffen-Döring: Frauen von heute, S. 47 *
6 dazu Frauenalltag und Frauenbewegung, S. 88 f
7 Sopade 1937, S. 1077 *
8 Zit. nach Karin Sommer: Zwischen Aufbruch und Anpassung, S. 251
9 Fest: Hitler, S. 717
10 Dazu Tidl: Die Frau im Nationalsozialismus, S. 22
11 Brauhäuser: Arbeiterfrau, in: Frauenleben in München, S. 86 *
12 Sopade 1936, S. 1259 *
13 Zit. Frauen im Nationalsozialismus, hrsg. Ute Benz, S. 43
14 GSTA Merseburg, Ministerium der Justiz, Rep. 2.5.1, Abt. 11, Nr. 17996, Arbeitsbeschaffung
15 dazu Kasberger, Verstädterung, in: Knauer-Nothaft/Kasberger, Berg am Laim, S. 95 f
16 SD-Berichte, 1938, S. 212 *
17 dazu Walter: Sozialer Wohnungsbau, 1993
18 dazu Heiber: Goebbels, S. 234–240
19 Niedermeier: Menschen meiner Umgebung, in: Arbeit ist das halbe Leben …, S. 183 *
20 Leben in München, S. 139

21 Grunwald: Doch alles kam ganz anders, in: Jugendbilder, S. 98 *
22 Thiele: 1931–1951, in: Jugendbilder, S. 178 *
23 Neumann: Nicht mehr Anstand, in: Jugendbilder, S. 125 *
24 Thiele: 1931–1951, in: Jugendbilder, S. 177–179 *

Schöne neue Welt? (S. 28–49)

1 Gaertner-Schloss: Kindheit unterm Hakenkreuz, in: In München geboren, S. 98 *
2 Buschor: Eine Münchnerin erzählt, in: Verdunkeltes München, S. 158 f *
3 dazu Hansen: Wohlfahrtspolitik im NS-Staat. Augsburg 1991
4 Die Zeichen der Zeit, S. 10
5 Fest, Hitler: S. 713
6 Ich habe etwas zu sagen. Annette Kolb 1870–1967, S. 151
7 Riefenstahl: Memoiren, S. 152 *
8 dazu Hockerts: Mythos, Kult und Feste, in: München – »Hauptstadt der Bewegung«, S. 331–349
9 Hasmeier: »Ein Zipfel blauer Himmel«, in: Frauenleben in München, S. 40 f *
10 dazu auch Sopade 1937, S. 1073–1079 *
11 Bernhardt: Armer Leute Kind, in: Jugendbilder, S. 87 *
12 Koonz: Mütter im Vaterland, S. 234
13 ebd.
14 Zit. nach Frauenalltag und Frauenbewegung, S. 106
15 dazu Dammer: Kinder, Küche, Kriegsarbeit, in: Mutterkreuz und Arbeitsbuch, S. 230 ff
16 Fiedler: Kanzleidienst, in: Arbeit, S. 99 *
17 ebd.
18 Strasser: Zwischen Hakenkreuz und gelbem Stern, S. 18 *
19 Thiele: 1931–1951, S. 179 *
20 Kracauer: Kult der Zerstreuung, in: Theorie des Kinos, S. 232 f *
21 dazu vor allem Courtade/Cadars: Geschichte des Films, S. 39
22 Courtade/Cadars, S. 233
23 ebd., S. 230
24 ebd., S. 138 ff
25 ebd., S. 35
26 Castonier: Stürmisch bis heiter, S. 195 f
27 dazu ausführlich Dahm: Kulturelles und geistiges Leben, in: Die Juden in Deutschland 1933–1945, S. 75–268
28 Zit. nach Dahm, S. 152

Karrieren (S. 50–69)

1 Zit. nach Frauen im Nationalsozialismus, S. 108–110 *

2 dazu Auerbach: »Lebensborn«, in: Legenden, S. 137–140

3 Riefenstahl: Memoiren, S. 158 *

4 Zit. nach Courtade/Cadars: Geschichte des Films, S. 56 f

5 Wistrich: Wer war wer im Dritten Reich, S. 284

6 Courtade/Cadars: Geschichte des Films, S. 64

7 dazu Nienhaus: Von der (Ohn)-macht der Frauen, S. 193

8 Ebbinghaus: Vorwort, in: Opfer und Täterinnen, S. 8

9 dazu Mitrovic: Fürsorgerinnen im Nationalsozialismus, in: Opfer und Täterinnen, S. 14–46; 75–91

10 Mitrovic: Fürsorgerinnen im Nationalsozialismus, S. 29

11 Zit. nach Rothmaler: Die Sozialpolitikerin Käthe Petersen, in: Opfer und Täterinnen, S. 82

12 Rothmaler: Die Sozialpolitikerin Käthe Petersen, in: Opfer und Täterinnen, S. 78; ferner Klee: Euthanasie im NS-Staat, ²1991

13 dazu Leughers: Widerstand oder pastorale Fürsorge …? Ich danke der Verfasserin für die Bereitstellung des ungedruckten Manuskripts.

14 Leughers: Widerstand oder pastorale Fürsorge, S. 10

15 Ausführlich dazu Geschichtswerkstatt Neuhausen: »Schwester Pia«, in: Frauenleben in München, S. 125–130

16 Geschichtswerkstatt Neuhausen: »Schwester Pia«, S. 127 f

17 Dokumentationsarchiv Wien, 6621 a–c

Gefährdetes Liebesglück (S. 70–98)

1 dazu Panzer: »Volksmütter«, in: Frauenleben in Bayern, S. 246 f

2 dazu Schäfer: Zur Stellung der Frau im nationalsozialistischen Eherecht, in: Töchter-Fragen, S. 183–193; Sopade 1938, S. 1133–1143 *

3 Eichler, Du bist sofort im Bilde, S. 50 *

4 Dokumentationsarchiv des Österreichischen Widerstandes, Wien, 5141

5 Ruth Andreas-Friedrich: Der Schattenmann. Tagebuchaufzeichnungen 1938–1945, Berlin 1947. Zit. nach Frauen im Nationalsozialismus, S. 234–236. Dazu: Die Juden in Deutschland, S. 592 ff; Nathan Stolzfus: Widerstand des Herzens, S. 218–247

6 Leitzke, Die Familie gab uns immer wieder Kraft, in: Jugendbilder, S. 111 *

7 Brecht: Furcht und Elend des Dritten Reiches, S. 1140–1143 *

8 Dazu Behrend-Rosenfeld: Ich stand nicht allein *; dies.: Leben und Sterben der Münchner Gemeinde 1938–1942, in: Vergangene Tage; Tagebuchaufzeichnungen Siegfried Rosenfeld (unveröff.) *; Krauss: Eroberer oder Rückkehrer; dies.: Heimkehr der Verfemten, sowie Kasberger und die Klasse 11d des Michaeli-Gymnasiums: »Heimanlage für

Juden Berg am Laim«, in: Verdunkeltes München, S. 21–50

9 dazu Krauss: Heimkehr der Verfemten
10 Nachlaß Siegfried Rosenfeld *
11 Briefe Bauer Engert aus München Berg am Laim, Privatbesitz *; ferner Briefe Sofie Heller, Rhön, Privatbesitz*
12 SD-Bericht 15 v. 18. Nov. 1943, S. 6025
13 Lazarus: Der Krieg ist aus, in: Jugendbilder, S. 155 f *
14 SD-Berichte 16, S. 6486 ff *
15 ebd., S. 6486 f
16 SD-Berichte 15, S. 6143 *
17 dazu u. a. Bleuel: Das saubere Reich, S. 295–307
18 nach Fröhlich: Grenzfälle: Widerstand oder Verrat?, in: Bayern in der NS-Zeit, S. 172–182
19 Fröhlich: Grenzfälle: Widerstand oder Verrat?, S. 179

Erzwungene Arbeit (S. 99–126)

1 Curt Rosten: Das ABC des Nationalsozialismus, 1933. Zit. nach Westenrieder: »Deutsche Frauen und Mädchen!«, S. 57
2 Eichler: Du bist sofort im Bilde, S. 91 *
3 Herbert: Geschichte der Ausländerbeschäftigung, S. 140
4 Zit. nach Westenrieder: Deutsche Frauen, S. 108
5 Widerstand und Verfolgung in Wien, Bd. III, S. 361 *
6 Westenrieder: Deutsche Frauen, S. 108
7 Heusler: Zwangsarbeit, S. 70
8 ebd., S. 58
9 Widerstand und Verfolgung in Wien, Bd. III, S. 367 *
10 Heusler: Zwangsarbeit, S. 42
11 Bade: Vom Auswanderungsland, S. 614 ff
12 Behrend-Rosenfeld: Ich stand nicht allein, S. 97 ff *
13 Ruha: Ich war keine Heldin, S. 92 und S. 97 *
14 Milton: Deutsche und deutsch-jüdische Frauen, S. 11
15 Montuoro: Schicht »B«, S. 222 *
16 ebd., S. 14
17 ebd., S. 128
18 Bruha: Ich war keine Heldin, S. 135
19 Dammer: Kinder, Küche Kriegsarbeit, in: Mutterkreuz und Arbeitsbuch, S. 177 ff
20 dazu Panzer: »Volksmütter«, in: Frauenleben in Bayern, S. 271–282
21 Eiber: Frauen in der Kriegsindustrie, in: Bayern in der NS-Zeit, S. 618
22 Leitzke: Die Familie gab uns immer wieder Kraft, in: Jugendbilder, S. 114 f *
23 Westenrieder: Deutsche Frauen und Mädchen, S. 120
24 Rüdiger: Zur Problematik von Soldatinnen, S. 46
25 Span: Arbeit in der Rüstung, in: Verdunkeltes München, S. 172 *

Grenzbereiche: Vom Widerstand bis zur Denunziation
(S. 127–156)

1 Siehe dazu: Guttmann: Der Fall Erna Huber, in: Unter den Dächern von Giesing, S. 75–77

2 Fiedler: Kanzleidienst, in: Arbeit ist das halbe Leben …, S. 95 *

3 Schillinger: Mutterkreuz und Volksverhetzung, in: Verdunkeltes München, S. 77 *

4 Einige Titel aus der umfangreichen Literatur zum Widerstand der »Weißen Rose«: Inge Scholl: Die Weiße Rose; Hans Scholl und Sophie Scholl. Briefe und Aufzeichnungen *; Die Weiße Rose und das Erbe des deutschen Widerstandes. Münchner Gedächtnisvorlesungen

5 Inge Scholl: Es lebe die Freiheit!, zit. nach Wolfgang Frühwald: Antigones Tat. Die »Weiße Rose« und der Traum vom anderen Deutschland, in: Die Weiße Rose und das Erbe, S. 76

6 Die Textstellen stammen, soweit nicht anders angegeben, aus: Hans Scholl und Sophie Scholl, S. 149–293 *

7 Inge Scholl: Die Weiße Rose, S. 68 und 71

8 Gespräch des Verfassers mit dem Bildhauer Helmut Ammann am 8. 6. 1993. Ammann war zusammen mit seiner Frau Carmen zu diesem Treffen eingeladen, denn er hatte Kontakt mit Alexander Schmorell, der sich als Bildhauer weiterbilden wollte und sein Werkzeug im Ammannschen Atelier aufbewahrte.

9 Kardorff: Berliner Aufzeichnungen, S. 165–224 *

10 Zu Österreich s. vor allem die Publikationen des Dokumentationsarchivs, Wien z. B. Widerstand und Verfolgung in Wien 1934–1935 *; ferner Der Himmel ist blau. Österreich 1938–1945 *; Ich geb dir einen Mantel. Widerstehen im KZ *; Erzählte Geschichte. Berichte von Widerstandskämpfern und Verfolgten *; als Beispiel für Monographien Rosa Jochmann. Zeitzeugin *

11 Primocic: Wir zwei Weiberleut sind gegangen, in: Der Himmel ist blau, S. 15 f *

12 ebd., S. 20

13 Anweisungen der KPÖ an die Mitglieder über Verhaltensmaßregeln in der Illegalität, Februar 1934. Dokumentationsarchiv 6517

14 Bures: Mein Geist hab ich mir selber gerichtet, in: Der Himmel ist blau, S. 64 *

15 Sinic: Die haben nur Flintenweib zu mir gesagt, in: Der Himmel ist blau, S. 94 *

16 Bures: Mein Geist hab ich mir selber gerichtet, in: Der Himmel ist blau, S. 63 *

17 Behrend-Rosenfeld: Ich stand nicht allein, S. 221 *

18 Neumann: Nicht mehr Anstand, in: Jugendbilder, S. 128 *

19 Dazu z. B. Stimmungsberichte der Sopade 1936, 1641–1645 *

20 Wüllenweber: Sondergerichte im Dritten Reich, S. 115–119

21 Sopade 1938, S. 855 *

22 Fröhlich: Die Herausforderung des Einzelnen, S. 182–192

23 Sperber: Individuum und Gemeinschaft, in: Die weiße Rose und das Erbe, S. 29

24 Schubert, Judasfrauen. Zehn Fallgeschichten weiblicher Denunziation im Dritten Reich

Wege ins Exil (S. 157–179)

1 Castonier: Stürmisch bis heiter, S. 218 *

2 ebd., S. 202

3 Mann: Zehn Millionen Kinder, S. 11 *

4 ebd., S. 12 f

5 Vgl. dazu Einleitung zu Biographisches Handbuch der deutschsprachigen Emigration nach 1933; ferner Mehringer: Emigranten, in: Legenden, S. 60–63

6 Castonier: Stürmisch bis heiter, S. 217 *

7 Zit. nach Klapdor: Überlebensstrategie statt Lebensentwurf, Frauen und Exil, S. 14

8 Stein-Pick: Meine verlorene Heimat, S. 63 *

9 Straus: Wir lebten in Deutschland, S. 294 u. 292 *

10 Behrend-Rosenfeld, Ich stand nicht allein, S. 7 *

11 Zit. nach Wetzel: Auswanderung aus Deutschland, in: Die Juden in Deutschland, S. 471 f

12 Deutschkron: Ich trug den gelben Stern, S. 52 f *

13 Stein-Pick: Meine verlorene Heimat, S. 80 *

14 Fischer: Sie schrieben mir, S. 137 *

15 Stein-Pick: Meine verlorene Heimat, S. 86 *

16 ebd., S. 92

17 Castonier: Stürmisch bis heiter, S. 223 *; zu Karrieren in Hollywood Werner / van Steen: 13 Porträts des Eigensinns

18 Herdan-Zuckmayer: Die Farm in den grünen Bergen, S. 12 *

19 Das Tagebuch der Hertha Nathorff, hrsg. Benz, S. 197 *; ferner Koerner: Das Exil der Hertha Nathorff, in: Frauen – Verfolgung, S. 231–250

20 dazu Stürzer: »Schreiben tue ich jetzt nichts«, in: Frauen und Exil, S. 127–142

21 Herdan-Zuckmayer: Die Farm in den grünen Bergen, S. 58 f *

22 ebd., S. 76

23 Fischer: Sie schrieben mir, S. 165 *

24 dazu Walter: Asylpraxis und Lebensbedingungen, S. 165 f

25 Fischer: Sie schrieben mir, S. 169 *

26 Herdan-Zuckmayer: Die Farm in den grünen Bergen, S. 27 *

27 Caplan: Das Erbe einer Jugend im Exil, in: Das Exil der kleinen Leute, S. 245

28 Berloge: »Schön war es nur in Wien«, in: Das Exil der kleinen Leute, S. 187

29 Herdan-Zuckmayer: Die Farm in den grünen Bergen, S. 154 *

30 Zit. nach Mann: Bilder und Dokumente, S. 69

31 dazu Krauss: Eroberer oder Rückkehrer? S. 70–85

32 Lepmann: Die Kinderbuchbrücke, S. 47 *

33 Zit. nach Mertz: Und das wurde nicht ihr Staat, S. 88 f

34 Goetz / von Martens: Wir wandern, S. 384 *

35 Herdan-Zuckmayer: Die Farm in den grünen Bergen, S. 207 *

Überleben – Alltag im Bombenkrieg (S. 180–201)

1 SD-Berichte 310, 20. Aug. 1942 *

2 Dehner: »Heimatfront«, in: Verdunkeltes München, S. 190 *

3 NS-FrauenWarte, S. 268 f *

4 Rezepte des letzten Kriegsjahres 1945, in: Oikos. Von der Feuerstelle zur Mikrowelle. Haushalt und Wohnen im Wandel, S. 282

5 Zitiert nach Krauss: »…es geschahen Dinge, die Wunder ersetzten.«, in: Prinz / Krauss, Trümmerleben, S. 31

6 Dehner: »Heimatfront«, in: Verdunkeltes München, S. 187 *

7 SD-Berichte 19, 3918 *

8 SD-Berichte 15, 6026 *

9 Dehner: »Heimatfront«, S. 188 *

10 FrauenWarte: Reinhart Drabsch, Kriegsabende S. 257 *

11 Zitiert nach SD-Berichte 16, 6379 ff *

12 Stadtarchiv München, Bürgermeister und Rat 305/10b

13 SD-Berichte 4, 1018 und 10, 3770

14 Vereinigung der Freunde Giesings: Erinnerungen alter Münchnerinnen, in: Verdunkeltes München, S. 168

15 Völkischer Beobachter v. 23. 2. 1945, S. 2

16 Zit. nach Tidl: Die Frau im Nationalsozialismus, S. 155

17 Siehe dazu Stuttgart im Zweiten Weltkrieg, S. 315–318

18 Zit. nach Tidl: Die Frau im Nationalsozialismus, S. 97

19 Dehner: »Heimatfront«, in: Verdunkeltes München, S. 184 *

20 Niedermeier: Zwei Generationen, in: In München geboren, S. 162 *

21 Maria K., in: Die Kriegsjahre in Deutschland, S. 285 f *

22 Zit. nach Tidl: Die Frau im Nationalsozialismus, S. 307

23 Miller: Streiflichter, in: In München geboren, S. 80 *

24 Nussbaumer: Erste Berufsjahre, in: Arbeit ist das halbe Leben …, S. 21 f *

25 Leitzke: Die Familie gab uns immer wieder Kraft, in: Jugendbilder, S. 113 *

26 Gaertner-Schloss: Kindheit unterm Hakenkreuz, in: In München geboren, S. 101 *

27 SD-Berichte … vom 18. 11. 1943

28 Nussbaumer: Erste Berufsjahre, in: Arbeit ist das halbe Leben …, S. 18 *

29 Fiedler: Kanzleidienst, in: Arbeit ist das halbe Leben …, S. 100 f *

Todesboten (S. 202–221)

1 Grau: Die Feldherrnhalle, in: Zeichen der Zeit, S. 112
2 SD-Berichte 8, 2916
3 Gaertner-Schloss: Kindheit unterm Hakenkreuz, in: In München geboren, S. 98 *
4 StA München, Bestattungsamt 392
5 StA München, Bestattungsamt 378
6 Kästner: Notabene, S. 45 *
7 Kardorff: Berliner Aufzeichnungen, S. 40 *
8 Letzte Briefe zum Tode Verurteilter, S. 66 ff *
9 Dokumentationsarchiv, 110
10 StA München, Bestattungsamt 368. Schreiben Kripo München vom 23. 4. 1943 an den Oberbürgermeister
11 Letzte Briefe zum Tode Verurteilter, S. 74 *
12 ebd., S. 33
13 Brief Hermine Zaynard aus dem Landgericht I vom 3. Oktober 1943 an ihre Freunde und Verwandten. Dokumentationsarchiv, 786
14 Dokumentationsarchiv, 110
15 Letzte Briefe zum Tode Verurteilter. Vorwort, S. 10
16 Dokumentationsarchiv, 110
17 StA München, Bestattungsamt 394
18 dazu Juden in Deutschland, S. 651 ff
19 Behrend-Rosenfeld: Ich stand nicht allein, S. 165 f *
20 Das Dritte Reich. Bd. 2: Weltmachtanspruch und nationaler Zusammenbruch, S. 239
21 Zywulska: Tanz Mädchen, S. 327 f *
22 ebd., S. 310
23 Rosh/Jäckel: »Der Tod ist ein Meister aus Deutschland«, S. 234
24 ebd., S. 225
25 Fénelon: Das Mädchenorchester in Auschwitz, S. 195 *
26 ebd., S. 11
27 Naumann: Auschwitz, S. 115
28 NS-Vernichtungslager, S. 189
29 ebd., S. 128
30 Fénelon: Das Mädchenorchester in Auschwitz, S. 178 *
31 NS-Vernichtungslager, S. 192 und 216 f

Der Krieg ist aus (S. 222–229)

1 Zit. nach Sommer: »Überleben im Chaos«, in: Frauenleben in Bayern, S. 322

2 Yiengst: Frauenhaushalt, in: Jugendbilder, S. 146 *

3 Lazarus: Der Krieg ist aus, in: Jugendbilder, S. 158 *

4 Chronik der Stadt München, S. 78 *

5 Gaertner-Schloss: Kindheit unterm Hakenkreuz, in: In München geboren, S. 98 *

6 Nussbaumer: Erste Berufsjahre, in: Arbeit ist das halbe Leben …, S. 24 f *

7 Zungenglück und Gaumenqualen, S. 180 f

8 Krauss: »…es geschahen Dinge, die Wunder ersetzten.«, in: Trümmerleben, S. 41 f

9 Glensk: Die Aufnahme und Eingliederung der Vertriebenen und Flüchtlinge in Hamburg, hier S. 22

10 Lazarus: Der Krieg ist aus, in: Jugendbilder, S. 152 *

Quellen

Aus folgenden Archiven wurden Archivalien benutzt: Dokumentationsarchiv des Österreichischen Widerstandes, Wien; Preußischer Kulturbesitz Geheimes Staatsarchiv (PK GSTA) Berlin-Dahlem (früher PK GSTA Merseburg); Stadtarchiv München

Als Quellen werden Schriften aus dem dargestellten Zeitraum, Manuskripte, vor allem Erinnerungsliteratur aufgeführt. Sie sind in den Anmerkungen mit einem * gekennzeichnet und dort mit Kurztitel aufgeführt. Die Titel sind nach dem ersten Wort alphabetisiert.

Ankenbrand, Lisbeth: *Die gesunde glückliche Frau*. Ein neuzeitlicher praktischer Ratgeber der seelischen und geistigen Hygiene, Stuttgart 1932

Arbeit ist das halbe Leben ... Münchner Arbeitswelten damals und heute. Lesebuch zur Geschichte des Münchner Alltags, hrsg. von der Landeshauptstadt München, München 1992 (= Geschichtswettbewerb 1991) Zit. als *Arbeit*

Bauer Engert: Briefe 1944–1945, privat

Behrend-Rosenfeld, Else R.: *Ich stand nicht allein*. Leben einer Jüdin in Deutschland 1933–1944. Mit einem Nachwort von Marita Krauss, München 1988

Bernhardt, Anna: Armer Leute Kind, in: *Jugendbilder*, S. 81–90

Bloch, Ernst: Die Frau im Dritten Reich, in: Ernst Bloch: *Vom Hasard zur Katastrophe*. Politische Aufsätze aus den Jahren 1934–1939. Mit einem Nachwort von Oskar Negt. Frankfurt am Main 1972, S. 129–136

Brauhäuser, Anna: Eine Arbeiterfrau, in: *Frauenleben in München*, ²1994, S. 82–88

Brecht, Bert: Der Spitzel. Aus *Furcht und Elend des Dritten Reiches*, Bd. 3, Frankfurt 1967, 1134–1144 (Werkausgabe Edition Suhrkamp)

Browning, Hilda: *Women under Fascism and Communism*, London o. J.

Bures, Maria: Mein Geist hab ich mir selber gerichtet, in: *Der Himmel ist blau*, S. 59–70

Buschor, Hermine: Eine Münchnerin erzählt, in: *Verdunkeltes München*, S. 155–160

Castonier, Elisabeth: *Stürmisch bis heiter*. Memoiren einer Außenseiterin, Frankfurt 1989

Chronik der Stadt München 1945–1948, hrsg. Michael Schattenhofer, München 1980

Dehner, Regina: »Heimatfront«, in: *Verdunkeltes München*, S. 184–194

Der deutsche Soldat und die Frau aus fremdem Volkstum, hrsg. Oberkommando der Wehrmacht, Heft 1, Berlin 1943

Der deutschen Frauen Leid und Glück, Paris 1939

Der Himmel ist blau. Kann sein. Frauen im Widerstand. Österreich 1938–1945, hrsg. Karin Berger u. a., Wien 1985. Zit. als *Der Himmel ist blau*

Deutschkron, Inge: *Ich trug den gelben Stern*. München [7]1992

Deutschland-Berichte der Sozialdemokratischen Partei Deutschlands (Sopade), hrsg. von Klaus Behnken. Berlin, Frankfurt u.a. [7]1989. Zit. als *Sopade*

Die Frau als Zuchtstute im Dritten Reich, Wien o. J.

Die Frau im »Dritten Reich«. Was die werktätigen Frauen von den Nationalsozialisten zu erwarten haben, Berlin 1931

Die werktätige Frau. Mitteilungsdienst des Frauenamtes der deutschen Arbeitsfront, Folge 1–6, Berlin 1942

Eichler, Max: *Du bist sofort im Bilde.* Lebendig-anschauliches Reichsbürger-Handbuch, Erfurt 1940

Erzählte Geschichte. Berichte von Widerstandskämpfern und Verfolgten, Bd. 1: Arbeiterbewegung, hrsg. Dokumentationsarchiv des Österreichischen Widerstandes, Wien o. J.

Fénelon, Fania: *Das Mädchenorchester in Auschwitz.* München 1981. Franz. Originalausgabe Paris 1976

Fiedler, Hannelore: Kanzleidienst, in: *Arbeit*, S. 94–103

Fischer, Brigitte B.: *Sie schrieben mir oder was aus meinem Poesiealbum wurde.* München 1981

Frauen im Nationalsozialismus. Dokumente und Zeugnisse, hrsg. Ute Benz, München 1993

Frauenleben in München. Lesebuch zur Geschichte des Münchner Alltags, hrsg. Landeshauptstadt München, München [2]1994.

Gaertner-Schloss, Irene: Kindheit unterm Hakenkreuz, in: *In München geboren*, S. 98–104

Goetz, Curt/Martens, Valérie von: *Wir wandern, wir wandern.* Der Memoiren dritter Teil, Stuttgart 1963

Grunwald, Heide: Doch alles kam ganz anders, in: *Jugendbilder*, S. 91–107

Hans Scholl und Sophie Scholl. Briefe und Aufzeichnungen, hrsg. Inge Jens, Frankfurt am Main [3]1989

Harand, Irene: *Die Wahrheit über den Antisemitismus*, Wien 1933

Harand, Irene: *Sein Kampf.* Antwort an Hitler, Wien 1936

Hasmeier, Paula Annemarie: »Ein Zipfel blauer Himmel«, in: *Frauenleben in München*, S. 37–46

Heinen, A.: *Mütterlichkeit als Beruf und Lebensinhalt.* Ein Wort an Erzieher und Erzieherinnen, M. Gladbach 1915

Heller, Sofie: Briefe 1944–1946, privat

Helmuth James von Moltke: *Briefe an Freya 1939–1945*, hrsg. Beate Ruhm von Oppen, München ³1995

Herdan-Zuckmayer, Alice: *Die Farm in den grünen Bergen.* Frankfurt/Hamburg 1956

Hitler, Adolf: *Mein Kampf*, 289–290. Aufl. München 1938

Hoegner, Wilhelm: *Die Frau im Dritten Reich*, Berlin 1931

Ich geb Dir einen Mantel, daß Du ihn noch in Freiheit tragen kannst. Widerstehen im KZ. Österreichische Frauen erzählen, hrsg. Karin Berger, Elisabeth Holzinger u. a., Wien 1987

In München geboren. Von München angezogen. Nach München verschlagen. Lesebuch zur Geschichte des Münchner Alltags, hrsg. Landeshauptstadt München, München 1991 (= Geschichtswettbewerb 1989/90). Zit. als *In München geboren*

Jochmann, Rosa: *Zeitzeugin*, hrsg. Maria Sporrer/Herbert Steiner, Wien, München, Zürich ³1987

Josma, J. M.: *Was jede Frau wissen muß*, Hannover 1941

Jugendbilder. Lesebuch zur Geschichte des Münchner Alltags, hrsg. Landeshauptstadt München, München 1989 (= Geschichtswettbewerb 1987).

Kardorff, Ursula von: *Berliner Aufzeichnungen aus den Jahren 1942 bis 1945.* Berlin, Darmstadt, Wien 1962. Neuauflage München 1992

Kästner, Erich: *Notabene 45.* Ein Tagebuch. Mit Zeichnungen von Paul Flora, Frankfurt ⁴1980

Kinau, Rudolf: *Kamerad und Kameradin.* – Bunte Bilder, Gedanken und Worte aus den Morgenfeiern im deutschen Rundfunk, Hamburg 1941

Kracauer, Siegfried: Kult der Zerstreuung. Über die Berliner Lichtspielhäuser, in: Karsten Witte (Hrsg.), *Theorie des Kinos.* Ideologiekritik der Traumfabrik. Frankfurt 1972

Lazarus, Ingrid: Der Krieg ist aus, *Jugendbilder*, S. 149–158

Leitzke, Christel: Die Familie gab uns immer wieder Kraft, in: *Jugendbilder*, S. 108–115

Lepmann, Jella: *Die Kinderbuchbrücke.* Frankfurt 1964

Letzte Briefe zum Tode Verurteilter aus dem europäischen Widerstand. Mit einem Vorwort von Thomas Mann, hrsg. Piero Malvezzi/Giovanni Pirelli, München 1962

Mann, Erika: *Zehn Millionen Kinder.* Die Erziehung der Jugend im Dritten Reich. München ²1990. Erstveröffentlichung unter dem Titel »School for Barbarians. Education under the Nazis«, New York 1938

Maria K., Jg. 1922, in: *Die Kriegsjahre in Deutschland 1939 bis 1945.* Schülerwettbewerb 1982/83, hrsg. Dieter Galinski und Wolf Schmidt, Hamburg 1985, S. 284–286

Meldungen aus dem Reich. Die geheimen Lageberichte des Sicherheits-dienstes der SS 1938–1945, Hamburg 1984. Zit. als *SD-Berichte*

Miller, Maria: Streiflichter, in: *In München geboren*, S. 75–81

Naumann, Bernd: *Auschwitz.* Bericht über die Strafsache gegen Mulka und andere vor dem Schwurgericht Frankfurt, Frankfurt/Bonn 1965

Neumann, Edda Gisela: Nicht mehr Anstand, sondern Anpassung und eifrige Unterordnung – erlebte Jugendbildung im Dritten Reich, in: *Jugendbilder*, 1989

Niedermeier, Margarete: Menschen meiner Umgebung, in: *Arbeit*, S. 181–184

Niedermeier, Margarete: Zwei Generationen, in: *In München geboren*, S. 159–165

NS-FrauenWarte, die einzige parteiamtliche Frauenzeitschrift, 8. Jg. Heft 11, 1939

Nussbaumer, Maria: Erste Berufsjahre, in: *Arbeit*, S. 15–25

Primocic, Agnes: Wir zwei Weiberleut sind gangen, in: *Der Himmel ist blau*, S. 15–29

Riefenstahl, Leni: *Memoiren 1902–1945.* Bd. I, Frankfurt ²1994

Rosenfeld, Siegfried: *Tagebuchaufzeichnungen*, Masch. Manuskript, o. O., o. J.

Ruha, Antonia: *Ich war keine Heldin*, Wien 1984

Scheffen-Döring, Luise: *Frauen von heute.* Frauengedanken zur Sexual-ethik und Bevölkerungspolitik. 2. umgearb. Auflage Leipzig 1931

Schmedding, Heinrich: *Wie ich mein Kind erziehe?* Von der frühesten Jugend bis zur Reife. Ein neuzeitlicher Führer durch die Erziehungs-fragen mit praktischen Beispielen aus dem Leben, Stuttgart 1936.

Schneider, Friedrich: *Deine Kinder und Du.* Siebzig erläuterte Fälle fal-scher und richtiger Kindererziehung für die Hand der Eltern und Erzieher, Freiburg im Breisgau 1937

Schütte-Lihotzky, Margarete: *Erinnerungen.* Widerstand–Verhaftung. Zuchthaus–Befreiung. 1940–1945. Masch. Manuskript o. O., o. J.

Schwerdtfeger-Zypries: *Reichsarbeitsdienst für die weibliche Jugend*, Ber-lin 1940

SD-Berichte s. *Meldungen aus dem Reich*

Sinic, Elisabeth: Die haben nur Flintenweib zu mir gesagt, in: *Der Him-mel ist blau*, S. 89–99

Span, Anna: Arbeit in der Rüstung, in: *Verdunkeltes München*, S. 171–175

Sperber, Manès: Individuum und Gemeinschaft. Zur Dialektik von Anpassung und Widerstand, in: *Die Weiße Rose und das Erbe des deut-schen Widerstandes*, S. 11–32

Stein-Pick, Charlotte: *Meine verlorene Heimat.* Bamberg 1992

Strasser, Marguerite: *Zwischen Hakenkreuz und gelbem Stern*, Masch. Manuskript, München o. J.

Straus, Rahel: *Wir lebten in Deutschland.* Stuttgart 1961

Thiele, Ida: 1931–1951. Beschreibung einer Jugend, in: *Jugendbilder*, 1989

Unsere verlorenen Jahre. Frauenalltag in Kriegs- und Nachkriegszeit 1939–1949 in Berichten, Dokumenten und Bildern. Darmstadt und Neuwied 1985

Verdunkeltes München. Lesebuch zur Geschichte des Münchner Alltags, hrsg. Landeshauptstadt München, München 1987 (= Geschichtswettbewerb 1985/86).

Wellinghusen, Lena: *Die deutsche Frau.* Dienerin oder Gefährtin, München 1934

Widerstand und Verfolgung in Wien 1934–1945. Eine Dokumentation, hrsg. Dokumentationsarchiv des österreichischen Widerstandes. Bd. I–III, Wien [2]1975

Yiengst, Anneliese: Frauenhaushalt, in: *Jugendbilder*, S. 142–147

Zuckmayer, Carl: *Als wär's ein Stück von mir.* Horen der Freundschaft. Frankfurt 1966

Zungenglück und Gaumenqualen. Geschmackserinnerungen, gesammelt v. Andreas Hartmann, München 1994

Zywulska, Krystyna: *Tanz Mädchen …* Vom Warschauer Getto nach Auschwitz. Ein Überlebensbericht. Überarbeitete Neuausgabe München 1988 (Erstveröffentlichung in zwei Teilen, Warschau 1949 und 1963)

Ausgewählte Literatur

Auerbach, Hellmuth: »Lebensborn«, in: *Legenden, Lügen, Vorurteile*, S. 137–140

Bade, Ulrich: *Vom Auswanderungsland zum Einwanderungsland?* Deutschland 1880–1980, Berlin 1983

Bayern in der NS-Zeit. Herrschaft und Gesellschaft im Konflikt, hrsg. Martin Broszat, Elke Fröhlich, Anton Grossmann, Bd. I–VI, München, Wien 1981–1983.

Berloge, Sabine: »Schön war es nur in Wien«. Eine Wienerin in Australien, in: *Das Exil der kleinen Leute*, S. 182–188

Biographisches Handbuch der deutschsprachigen Emigration nach 1933, hrsg. Institut für Zeitgeschichte und Research Foundation for Jewish Immigration. München 1980

Bleuel, Hans Peter: *Das saubere Reich*, Bern/München 1972

Bock, Gisela: Ein Historikerinnenstreit? in: *Geschichte und Gesellschaft 18*, 1992, Heft 3, S. 400–404

Caplan, Sophie: Das Erbe einer Jugend im Exil. Lebensjahre in Belgien, Frankreich, Australien, in: *Das Exil der kleinen Leute*, S. 245–261

Courtade, Francis/Cadars, Pierre: *Geschichte des Films im Dritten Reich*, München/Wien 1975

Dahm, Volker: Kulturelles und geistiges Leben, in: *Die Juden in Deutschland 1933–1945*, hrsg. Wolfgang Benz, S. 75–267

Dammer, Susanna: Kinder, Küche, Kriegsarbeit – Die Schulung der Frauen durch die NS-Frauenschaft, in: *Mutterkreuz und Arbeitsbuch.* Zur Geschichte der Frauen in der Weimarer Republik und im Nationalsozialismus, hrsg. Frauengruppe Faschismusforschung, Frankfurt am Main 1981

Das Dritte Reich. Bd. 2: Weltmachtanspruch und nationaler Zusammenbruch 1939–1945, hrsg. Wolfgang Michalka, München 1985

Das Exil der kleinen Leute. Alltagserfahrungen deutscher Juden in der Emigration, hrsg. Wolfgang Benz, München 1991

Das Tagebuch der Hertha Nathorff, hrsg. Wolfgang Benz, Berlin–New York. Aufzeichnungen 1933 bis 1945. München 1987

Die Juden in Deutschland 1933–1945. Leben unter nationalsozialistischer Herrschaft, hrsg. Wolfgang Benz, München [2]1989

Die Weiße Rose und das Erbe des deutschen Widerstandes. Münchner Gedächtnisvorlesungen. München 1993

Die Zeichen der Zeit. Alltag in München 1933–1945, hrsg. Marita Krauss/Bernhard Grau, München 1991

Durand, Pierre: *Die Bestie von Buchenwald*, Berlin [5]1990

Eiber, Ludwig: Frauen in der Kriegsindustrie. Lebensumstände und Protestverhalten, in: *Bayern in der NS-Zeit*, S. 569–645

Fest, Joachim: *Hitler.* Eine Biographie. Bd. II, Frankfurt/Berlin/Wien 1976

Frauen und Exil. Zwischen Anpassung und Selbstbehauptung, hrsg. Gesellschaft für Exilforschung, Bd. 11, München 1993

Frauen-Verfolgung und Widerstand. Dachauer Hefte, 3. Jg., Heft 3, 1987

Frauenalltag und Frauenbewegung 1890–1980. Katalog, Frankfurt 1981

Frauenleben in Bayern von der Jahrhundertwende bis zur Trümmerzeit, koord. v. Sybille Krafft, München 1993

Fröhlich, Elke: Grenzfälle: Widerstand oder Verrat?, in: *Bayern in der NS-Zeit*, Bd. VI, S. 172–192

Frühwald, Wolfgang: Antigones Tat. Die »Weiße Rose« und der Traum vom anderen Deutschland, in: *Die Weiße Rose und das Erbe des deutschen Widerstandes*, S. 61–80

Geschichtswerkstatt Neuhausen, »Schwester Pia« – Ein Leben für Deutschland?, in: *Frauenleben in Bayern von der Jahrhundertwende bis zur Trümmerzeit*, S. 125–130

Glensk, Evelyn: *Die Aufnahme und Eingliederung der Vertriebenen und Flüchtlinge in Hamburg 1945–1953*, Hamburg 1994

Grau, Bernhard: Die Feldherrnhalle, in: *Zeichen der Zeit*, S. 105–114

Guttmann, Thomas: Der Fall Erna Huber. Eine Giesingerin vor dem Sondergericht München, in: *Unter den Dächern von Giesing.* Politik und Alltag 1918–1954, hrsg. Thomas Guttmann, München 1993, S. 75–77

Hansen, Eckhard: *Wohlfahrtspolitik im NS-Staat.* Augsburg 1991

Heiber, Helmut: *Joseph Goebbels.* Frankfurt [2]1974

Herbert, Ulrich: *Geschichte der Ausländerbeschäftigung in Deutschland 1880–1980.* Saisonarbeiter, Zwangsarbeiter, Gastarbeiter, Berlin/Bonn 1986

Heusler, Andreas: *Zwangsarbeit in der Münchener Kriegswirtschaft 1939–1945*, hrsg. Landeshauptstadt München 1991

Hockerts, Hans Günter: Mythos, Kult und Feste. München im nationalsozialistischen »Feierjahr«, in: *München – »Hauptstadt der Bewegung«*, München 1993, S. 331–357

Ich habe etwas zu sagen. Annette Kolb 1870–1967, hrsg. Bauschinger, Siegrid, München 1993

Kasberger und die Klasse 11d des Michaeli-Gymnasiums, »Heimanlage für Juden Berg am Laim«, in: *Verdunkeltes München*, 1987, S. 21–50

Kasberger, Erich: Verstädterung, in: Christl Knauer-Nothaft/Erich Kasberger, *Berg am Laim*, München 1987, S. 91–104

Klapdor, Heike: Überlebensstrategie statt Lebensentwurf. Frauen in der Emigration, in: *Frauen und Exil*, S. 12–30

Klaus und Erika Mann. Bilder und Dokumente. Katalogbuch zur Ausstellung des Erika und Klaus Mann-Archivs. München 1990

Klee, Ernst: *Euthanasie im NS-Staat.* Die »Vernichtung lebensunwerten Lebens«, Frankfurt [2]1991

Koerner, Miriam: Das Exil der Hertha Nathorff, in: *Frauen-Verfolgung und Widerstand*, S. 231–250

Koonz, Claudia: *Mütter im Vaterland.* Frauen im Dritten Reich. Aus dem Amerikanischen übers. von Claudia Holfelder. Freiburg 1991

Krauss, Marita: » ...es geschahen Dinge, die Wunder ersetzten.« Die Frauen im Trümmeralltag, in: *Trümmerleben.* Text, Dokumente, Bilder aus den Münchner Nachkriegsjahren, hrsg. Friedrich Prinz und Marita Krauss, München 1985, S. 21–74

Krauss, Marita: Eroberer oder Rückkehrer? Deutsche Emigranten in der amerikanischen Armee, in: *Exil 1* (1993), S. 70–85

Krauss, Marita: *Heimkehr der Verfemten.* Emigranten, Verfolgte und München nach 1945, Masch. Manuskript München 1991

Kreis, Gabriele: *Frauen im Exil.* Dichtung und Wirklichkeit, Darmstadt 1988

Kuhn, Annette/Rothe, Valentine: *Frauen im deutschen Faschismus.* Bd. 1: Frauenpolitik im NS-Staat. Eine Quellensammlung mit fachwissenschaftlichen und fachdidaktischen Kommentaren, Düsseldorf ³1987 (= Geschichtsdidaktik Studien 9)

Kuhn, Annette/Rothe, Valentine: *Frauen im deutschen Faschismus.* Bd. 2: Frauenarbeit und Frauenwiderstand im NS-Staat, Düsseldorf ³1987 (= Geschichtsdidatik 10)

Kuhn, Annette: Frauen im Nationalsozialismus. Die Täterschaft deutscher Frauen im NS-System – Traditionen, Dimensionen, Wandlungen, in: *Polis*, hrsg. Konrad Schacht, Wiesbaden 1994, S. 3–31

Leben in München. Von der Jahrhundertwende bis 1933, hrsg. Marita Krauss/Florian Beck, München 1990

Legenden, Lügen, Vorurteile. Ein Lexikon zur Zeitgeschichte, hrsg. Wolfgang Benz, München 1990

Leughers, Antonia: *Widerstand oder pastorale Fürsorge katholischer Frauen im Dritten Reich?* Das Beispiel Dr. Margarete Sommer (1893–1965). Masch. Manuskript 1994

Matzen-Stöckert, Sigrid: Frauen im Faschismus – Frauen im Widerstand, in: *Geschichte der deutschen Frauenbewegung*, hrsg. Florence Hervé, Köln 1990, S. 154 ff

Mehringer, Hartmut: Die bayerische Sozialdemokratie bis zum Ende des NS-Regimes. Vorgeschichte, Verfolgung und Widerstand, in: *Bayern in der NS-Zeit*, Bd. V, S. 287–432

Mehringer, Hartmut: Die KDP in Bayern 1919–1945. Vorgeschichte, Verfolgung und Widerstand, in: *Bayern in der NS-Zeit*, Bd. V, S. 1–286

Mehringer, Hartmut: Emigranten, in: *Legenden, Lügen, Vorurteile*, S. 60–63

Mertz, Peter: *Und das wurde nicht ihr Staat.* Erfahrungen emigrierter Schriftsteller mit Westdeutschland, München 1985

Milton, Sybill: Deutsche und deutsch-jüdische Frauen als Verfolgte des NS-Staats, in: *Frauen-Verfolgung und Widerstand*, S. 3–20

Mitrovic, Emilija: Fürsorgerinnen im Nationalsozialismus: Hilfe zur Aussonderung, in: *Opfer und Täterinnen*, S. 14–36

Montuoro, Maria: Schicht »B«, in: *Frauen-Verfolgung und Widerstand*, S. 221–231

Mutterkreuz und Arbeitsbuch. Zur Geschichte der Frauen in der Weimarer Republik und im Nationalsozialismus, hrsg. Frauengruppe Faschismusforschung, München 1981

Nienhaus, Ursula D.: Von der (Ohn)-macht der Frauen. Postbeamtinnen 1933–1945, in: *Töchter-Fragen*, S. 193–210

NS-Vernichtungslager im Spiegel deutscher Strafprozesse. Belzec, Sobibor, Treblinka, Chelmno. Mit einem Vorwort von Martin Broszat, hrsg. Adalbert Rückerl, München ²1978

Oikos. Von der Feuerstelle zur Mikrowelle. Haushalt und Wohnen im Wandel, hrsg. Michael Andritzky, Gießen 1992

Opfer und Täterinnen. Frauenbiographien des Nationalsozialismus, hrsg. Angelika Ebbinghaus, Nördlingen 1967

Panzer, Marita A.: »Volksmütter«. Frauen im Dritten Reich 1933–1945, in: *Frauenleben in Bayern*, S. 234–319

Rosh, Lea/Jäckel, Eberhard: *»Der Tod ist ein Meister aus Deutschland«*. Deportation und Ermordung der Juden. Kollaboration und Verweigerung in Europa. München 1992

Rothmaler, Christiane: Die Sozialpolitikerin Käthe Petersen zwischen Auslese und Ausmerze, in: *Opfer und Täterinnen*, Nördlingen, S. 75–90

Schäfer, Anka: Zur Stellung der Frau im nationalsozialistischen Eherecht, in: *Töchter-Fragen*, S. 183–193

Schillinger, Anni: Mutterkreuz und Volksverhetzung, in: *Verdunkeltes München*, S. 77–78

Scholl, Inge: *Die Weiße Rose*. Erweit. Neuausg. Frankfurt a. M. 1984

Schrödl, Christine: Mutterkult und Frauenmythos im Dritten Reich, in: *Legenden, Lügen, Vorurteile*, S. 149–153

Schubert, Helga: *Judasfrauen*. Zehn Fallgeschichten weiblicher Denunziation im Dritten Reich. Frankfurt ³1990

Sofsky, Wolfgang: *Die Ordnung des Terrors*. Das Konzentrationslager, ² Frankfurt a. M. 1993

Sommer, Karin: »Überleben im Chaos«. Frauen in der Trümmerzeit 1945–1948, in: *Frauenleben in Bayern*, S. 320–362

Sommer, Karin: »Zwischen Aufbruch und Anpassung«. Frauen in der Weimarer Republik 1918–1933, in: *Frauenleben in Bayern*, S. 171–233

Stoltzfus, Nathan: Widerstand des Herzens. Der Protest in der Rosenstraße und die deutsch-jüdische Mischehe, in: *Geschichte und Gesellschaft 1995*, 21. Jg. H.2, S. 218–247

Strobl, Ingrid: *»Sag nie, du gehst den letzten Weg.«* Frauen im bewaffneten Widerstand gegen den Faschismus und die deutsche Besatzung, Frankfurt am Main 1989

Stürzer, Anna: »Schreiben tue ich jetzt nichts … keine Zeit«. Zum Beispiel: Die Dramatikerinnen Christa Winsloe und Hilde Rubinstein, in: *Frauen und Exil*, S. 127–142

Stuttgart im Zweiten Weltkrieg, hrsg. v. Marlene Hiller, Gerlingen 1989

Szepansky, Gerda: *»Blitzmädel«, »Heldenmutter«, »Kriegerwitwe«.* Frauenleben im Zweiten Weltkrieg. Frankfurt am Main ²1990

Tidl, Georg: *Die Frau im Nationalsozialismus*, Wien 1984

Töchter-Fragen. NS-Frauengeschichte, hrsg. Lerke Gravenhorst/Carmen Tatschmurat, Freiburg 1990 (= Forum Frauenforschung 5)

Vereinigung der Freunde Giesings, Erinnerungen alter Münchnerinnen, in: *Verdunkeltes München*, S. 161–170

Vergangene Tage. Jüdische Kultur in München, hrsg. Hans Lamm, München/Wien 1982

Walter, Hans-Albert: *Asylpraxis und Lebensbedingungen in Europa.* Deutsche Exilliteratur 1933–1950, Bd. 2, Darmstadt/Neuwied 1972

Walter, Uli: *Sozialer Wohnungsbau in München.* Die Geschichte der GWG (1918–1933), München 1993

Werner, Paul/Steen, Ute van: *13 Porträts des Eigensinns*, Frankfurt a. M. 1986

Westenrieder, Norbert: *»Deutsche Frauen und Mädchen!«* Vom Alltagsleben 1933–1945. Düsseldorf 1984

Wetzel, Juliane: Auswanderung aus Deutschland, in: *Die Juden in Deutschland 1933–1945*, S. 413–498

Wistrich, Robert: *Wer war wer im Dritten Reich.* Ein biographisches Lexikon, Frankfurt ³1992

Wüllenweber, Hans: *Sondergerichte im Dritten Reich.* Vergessene Verbrechen der Justiz, Frankfurt 1990

Bildquellennachweis

Erich Andres 197
Archiv für Kunst und Geschichte, Berlin 171
Maja Bachmann 81
Bundesbahnausbesserungswerk, München-Freimann 109
Adelheid Dworski 225
Peter Ernst 41
Prof. Ernst Feldtkeller 23, 193
Inge Gabert 154
Gemeinnützige Wohnungsbaugesellschaft, München 21
Kurt Hailmann 31
Heinrich R. Hoffmann, Presseillustration – Zeitgeschichtl. Bildarchiv 9
Erich Kasberger 15, 18, 73, 88, 137, 182, 205, 207
Hilde Langbein 37, 101, 103
Münchner Stadtbibliothek, Handschriften- und Monacensia-Abteilung
    159
Privatbesitz 213
Helene Schluttenhofer 35
Fotostudio Schmidt-Luchs, Hamburg 187
Stadtarchiv München 65, 163, 225
Süddeutscher Verlag, München 54, 55, 97, 133, 159, 165, 169
Ullstein Bilderdienst, Berlin 45, 115, 123, 125

Ingeborg Prior

Der Clown und die Zirkusreiterin

Eine Liebe in finsterer Zeit. 239 Seiten mit 29 Schwarz-weißfotos. SP 2832

Was wie eine schöne, aber nicht ungewöhnliche Liebesgeschichte beginnt, entwickelt sich zu einem gefährlichen Spiel: Die achtzehnjährige Irene verliebt sich in den Clown Peter Bento. Um bei ihm sein zu können, reist sie mit dem Zirkus Althoff als Kunstreiterin, Clownesse, Akrobatin. Aber man schreibt das Jahr 1941 – Irene ist Jüdin. Und dann geschieht das Wunder: Die Zirkusfamilie nimmt Irene auf und versteckt sie. Es beginnt eine dramatische Geschichte vom Leben und von der Liebe im Untergrund. Ständig bedroht von Denunziation und Verhaftung bleibt das junge Paar zusammen und bekommt zwei Kinder, von denen niemand wissen darf. Allabendlich tritt Irene mit strahlendem Lächeln vor das Publikum und weiß doch, daß jede Vorstellung ihre letzte sein kann...

Júlia Nery

Der Konsul

Roman. Aus dem Portugiesischen von Verena Grubenmann Schmid. Vorwort von Patrik von zur Mühlen. Nachwort von Ilse Pollack. 205 Seiten. SP 2782

Bordeaux 1940: Tausende von jüdischen Flüchtlingen aus ganz Europa sammeln sich an der Atlantikküste. Sie wollen nach Portugal, Etappenziel beim Exodus aus Europa, doch die notwendigen Papiere sind kaum zu beschaffen. Der portugiesische Konsul in Bordeaux, Aristides de Sousa Mendes, steht vor der Wahl, entgegen der Weisung seiner Regierung die Juden mit Einreisevisa zu versorgen oder sie ihrem Schicksal zu überlassen. Er entscheidet sich für das Leben dieser Menschen – in einem Wettlauf mit der Zeit unterschreibt er Visum um Visum und rettet über zehntausend Menschen das Leben. Er wurde von seiner Regierung geächtet, verlor seine Stellung, seine gesellschaftliche Existenz und seine Familie. Verarmt und vereinsamt starb er 1954. Erst ein halbes Jahrhundert später wurde er rehabilitiert.

SERIE PIPER

Jeremy Josephs
mit Susi Bechhöfer

Rosas Tochter

Bericht über eine wiedergefundene Kindheit. Aus dem Englischen von Michael Hofmann. 191 Seiten mit 17 Fotos. SP 2944

Als es Nacht über Deutschland und die Judenverfolgung unübersehbar geworden war, beschloß 1939 die englische Regierung eine besondere Hilfsaktion: Über 10000 jüdische Kinder durften ohne Visum aus Deutschland einreisen – mit Namensschild, Notgepäck und Kuscheltier kamen sie in London an. Susi Bechhöfer und ihre Zwillingsschwester Lotte, drei Jahre alt, waren unter ihnen. Jahrzehnte später erst fand Susi den Mut, die Spuren ihrer Herkunft zu suchen.

»Ein erschütterndes, nichts beschönigendes Zeitdokument, das der Leser, einmal begonnen, nicht mehr aus der Hand gibt.«
Münchner Merkur

Jack Kuper

Jankele lebt!

Ein jüdisches Kind auf der Flucht. Aus dem Englischen von Katja Sund, Sandra Gerstner und Daniela Beyer. 288 Seiten. SP 2929

Ein kleines Dorf in Polen 1941: Der neunjährige Jack Kuper alias Jankele kommt eines Abends nach Hause, aber dort ist niemand mehr. Seine Familie ist verschwunden – sie ist mit allen anderen Juden des Ortes von den Nazis deportiert worden. Jankele taucht unter. Um zu überleben, muß er seinen Namen ändern, seine Religion aufgeben und seine Sprache vergessen. Auf seiner abenteuerlichen Flucht kann er sich hin und wieder auf Bauernhöfen nützlich machen, bis ihn die Angst weitertreibt ... Jack Kuper hat den Holocaust überlebt und schrieb darüber das erschütternde Dokument der Flucht eines Kindes, voller Wärme und Menschlichkeit, voller Weisheit und Tiefe.

Tadeusz Borowski

Bei uns in Auschwitz

*Erzählungen. Nachwort von
Andrzej Wirth. Aus dem
Polnischen von Vera Cerny.
280 Seiten. SP 258*

Diese Erzählungen Borowskis – 1963 unter dem Titel »Die steinerne Welt« erstmals erschienen – gehören zu den beklemmendsten Zeugnissen des zwanzigsten Jahrhunderts. Einer, der das Inferno der Konzentrationslager erlebt hat, berichtet über Bedrohung und Versuchung, Angst und Hoffnung. Die Einmaligkeit von Borowskis Werk besteht nicht nur darin, daß er die Greuel der Vernichtungslager mit literarischen Mitteln zu beschreiben versucht – ganz und gar eigenständig ist auch die Konzeption der Tragik, die einen Unterton von scheinbarem Zynismus, scheinbarer moralischer Indifferenz bedingt.

Lawrence Sutin

Eine Liebe im Schatten des Krieges

*Aus dem Amerikanischen von
Barbara Heller. 320 Seiten. SP 2650*

Die berührende, authentische Liebesgeschichte der beiden jüdischen Partisanen Jack und Rochelle ist zugleich ein Bericht über den alltäglichen Überlebenskampf im polnischen Untergrund. Beide kamen aus angesehenen jüdischen Familien einer Kleinstadt in Ostpolen, lernten sich auf einem Tanzfest in den dreißiger Jahren kennen und trafen sich im Winter 1942 unter völlig veränderten Umständen wieder: Unabhängig voneinander war es ihnen gelungen, dem Hunger und dem Terror des Ghettos zu entfliehen und sich in den nahen Wäldern zu verstecken. Sie überlebten, drei Jahre kämpften sie gegen die ständige Todesgefahr – und ihre Liebe half ihnen dabei.

»Seine große Aufrichtigkeit macht dieses schonungslose, berührende Buch zu einer wirklichen Bereicherung der Holocaust-Literatur.«
The New York Times Book Review

Politik und Zeitgeschichte

Enzyklopädie des Holocaust

Die Verfolgung und Ermordung der europäischen Juden. Hauptherausgeber: Israel Gutman. Herausgeber der deutschen Ausgabe: Eberhard Jäckel, Peter Longerich, Julius H. Schoeps. Vier Bände in Kassette. Zusammen 1912 Seiten. SP 2700

In über 1000 Stichworten wird der Versuch unternommen, die Hintergründe, Abläufe und Auswirkungen des Holocaust zu untersuchen. Neben der gesetzlich verankerten Rassenideologie des NS-Staates und den Maßnahmen der Ghettoisierung, Deportation und Ermordung der Juden wird den Verfolgten im nationalsozialistisch beherrschten Europa breiter Raum gewidmet. Die Haltungen der Menschen sowohl in den besetzten Ländern als auch in den freien Demokratien zu den Juden werden ebenso untersucht wie die Auswirkungen des Holocaust.

»Wer immer sich ins Studium dieser Schreckensgeschichte vertiefen will, findet hier eine unerschöpfliche Quelle für biographische Details, wissenschaftliche Skizzen oder lexikalische Informationen.«
Frankfurter Rundschau

»Eine Fundgrube für jeden zeitgeschichtlich Interessierten.«
Frankfurter Allgemeine

Hans-Günter Richardi

Schule der Gewalt

Das Konzentrationslager Dachau. 331 Seiten. SP 2057

Hans-Günter Richardi gibt einen dokumentarischen Bericht der beiden ersten Jahre des Konzentrationslagers Dachau. Sein Buch ist nicht nur ein Standardwerk zur Geschichte dieses Lagers. Es leistet auch einen entscheidenden Beitrag zur historischen Erforschung des Dritten Reiches, denn in Dachau wurden die Weichen gestellt für die Entwicklung des Systems der nationalsozialistischen Konzentrationslager. Dachau war das Vorbild aller Konzentrationslager.